느리고 요령 없는 빅풋 부부의 순례기

# 산티아고,
# 이제는 북쪽 길로 가자

글·사진 박성경

KP140824

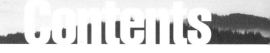

느리고 요령 없는 빅풋 부부의 순례기

# 산티아고,
# 이제는 북쪽 길로 가자

| 만든 사람들 |

**기획** 인문·예술기획부 | **진행** 한윤지·윤지선 | **글·사진** 박성경 |
**편집·표지디자인** D.J.I books design studio

| 책 내용 문의 |

도서 내용에 대해 궁금한 사항이 있으시면
저자의 홈페이지나 J&jj 홈페이지의 게시판을 통해서 해결하실 수 있습니다.
**제이앤제이제이 홈페이지** www.jnjj.co.kr
**디지털북스 페이스북** www.facebook.com/ithinkbook
**디지털북스 카페** cafe.naver.com/digitalbooks1999
**디지털북스 이메일** digital@digitalbooks.co.kr
**저자 블로그** blog.naver.com/molla2001

| 각종 문의 |

영업관련 hi@digitalbooks.co.kr
기획관련 digital@digitalbooks.co.kr
전화번호 (02) 447-3157~8

# 06 신의 땅, 갈리시아로...

**에필로그, 피스테라에서**

# 프롤로그

우리 부부는 스스로 별칭을 '빅풋Big Foot 부부'라고 붙였다. 발이 크지도 않고, '빅풋'이라 불리는 정체불명의 괴 생명체와는 더구나 상관없는 인물들이다. 단지 걷는 것을 사랑하고 걷는 여행을 좋아해, 한 걸음 내딛는 것이 얼마나 큰 의미를 지니는지를 누구보다 잘 안다는 뜻을 담은 것이다. 지난 10여 년 간 꾸준히 여행하는 삶을 살기 위해서 우리 부부는 남들과는 다른 한 걸음을 내딛어야 했고, 두 번의 산티아고 순례길에 서기 위해서도 몸과 마음의 부담을 떨친 한 걸음이 필요했다. 하루 8km 이상을 걷는 일상을 위해서 약속 시간보다 1시간 앞서 집을 나서는 한 걸음의 부지런함도 지키며 생활했다.

하지만 그 걸음들이 모두 성공적이지는 않았다. 우리는 2013년, 산티아고 순례길에서 가장 널리 알려진 프랑스 길을 걷는 800km의 첫 순례를 완주하지 못했다. 트레킹 대회에 나선 것처럼 경쟁하듯 걷는 수많은 사람들 속에서 우리는 위안과 사색에 더해 절망과 분노를 느꼈다. 천천히 걷고 길 위에 오래 머무르며 요령 부리지 않고 걷던 우리는 숙박할 마을에 매번 꼴찌로 도착할 수밖에 없었다. 겨우 알베르게 가장 불편한 자리에 침대 하나를 얻거나 아주 비싼 숙소에 머무르거나를 반복하다 결국엔 누울 자리가 단 한 곳도 없어 버스를 타고 다음 마을로 가야하는 일도 생겨버렸다.

경쟁하듯 걷고 싶지 않았다. 그렇다고 버스를 타고 순례길을 건너뛰고 싶지도 않았다. 그래서 예기치 않게 한 발을 내딛은 곳이 북쪽 길이었다. 정보가 너무 없었던 탓에 짧은 구간만을 경험하고 다시 프랑스 길로 내려와 미완으로 첫 순례를 마무리 지었지만, 그때 '성큼' 내딛은 발걸음은 4년 뒤 우리를 또 순례길 위에 오르게 했다.

그동안 걸음이 빨라진 것도, 없던 요령이 생긴 것도 아니다. 모든 것은 길 위에 있으리라는 믿음만 갖고 우리는 산티아고 북쪽 길 850km를 향해 또 한 걸음 겁 없이 내딛었다. 책장을 넘겨 이 글을 읽고 있는 여러분 역시 이미 한 걸음 길 위로 발을 뻗었고, 순례는 시작됐다. 느리고 요령 없는 빅풋 부부와 함께.

느리고 요령 없이 걷는 빅풋 부부의 순례길

# El Camino Norte de Santiago

Santander

Bilbo   Gernika-Lumo

Irún

Bayonne

# CHAPTER 1.
## 프랑스에서의 나흘, 힘겨운 워밍업

**바욘, 북쪽 길 순례의 출발지**
[1구간] 바욘 ~ 생장 드 뤼즈 28.41km
[2구간] 생장 드 뤼즈 ~ 이룬 14.5km

# 북쪽 길 순례의 출발지, 바욘

우리는 파리<sup>Paris</sup>에 도착한 다음 날 아침, 순례 시작점인 바욘<sup>Bayonne/Baiona</sup> 1
으로 직행했다.

4년 전 프랑스 길 순례에선 파리에 일주일을 머물렀다. 파리의 순례 출발
점인 생 자크 탑<sup>Tour Saint Jacques, 성 야고보 탑</sup>을 돌고, 프랑스의 중요한 순례 기점 중
하나인 샤르트르<sup>Chartres</sup>도 다녀왔다. 걷는 것은 스페인과의 국경부터지만 파
리에서 몸과 마음의 순례 준비를 충분히 하고 떠나겠다는 의미였다. 하지만
이번에는 바로 바욘으로 향했다.

파리에서 바욘까지는 테제베<sup>TGV</sup>로 5시간 10분, 프랑스 남쪽 끝을 향해 달
린다. 바욘까지 가는 기차 안에서는 순례자를 참 많이 만난다. 그들 중 다
수는 바욘을 그저 스쳐간다. 프랑스 길을 걸을 순례자들은 이곳에서 생 장
피드 포르<sup>St. Jean pied de port</sup>로 가는 버스로 갈아타고, 북쪽 길을 걸을 순례자도
대부분 바욘을 지나쳐 북쪽 길의 첫 스페인 마을인 이룬<sup>Irún/Irun</sup>으로 가버린

---

1 북쪽 순례길의 지명은 프랑스어와 스페인어를 대표 명칭으로 썼으며, 바스크어 지명이
따로 있는 곳은 로마자만 병기했다. 예를 들어 바욘의 'Bayonne'은 프랑스어, 'Baiona'는 바
스크어 지명이다.

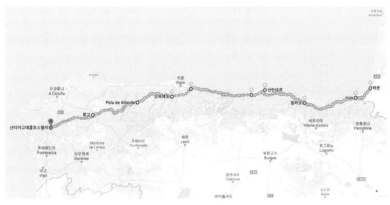
2017년 5월 13일부터 6월 23일까지 우리 부부가 걸었던 북쪽 길 순례 경로

다. 하지만 우리 부부는 프랑스의 파리나 투르, 혹은 아르모리크 반도에서 출발한 중세의 순례자들이 북쪽 해안 길로 들어섰던 곳, 바욘에 일단 짐을 풀기로 했다. 프랑스 바욘에서부터 스페인 산티아고 데 콤포스텔라<sup>Santiago de Compostela</sup>까지 북쪽 순례길 850km를 온전히 걷기로 한 것이나.

9세기 야고보 성인<sup>Santiago</sup>의 유해가 발견되고 그 지점에 성당이 세워지면서, 산티아고 데 콤포스텔라는 성지가 되었다. 유럽 각지에서 이곳으로 향하는 산티아고 순례 행렬은 11~14세기 황금기를 맞았지만, 그 후 수 세기 동안 사람들의 기억 속에 지워져 있었다. 그러다가 1987년 파울로 코엘료의 작품 〈순례자<sup>The Pilgrimage</sup>〉를 통해 세계적인 주목을 받았고, 이후 1993년 유네스코 세계문화유산으로 지정되며 제 2의 황금기를 맞고 있다. 물론 지금의 황금기는 종교보다는 미디어의 발달과 걷는 여행의 돌풍이 가져왔다는 아주 다른 이유가 있지만 800km가 넘는 길이 오롯이 '순례의 길'이란 사실에는 변함이 없다.

커다란 배낭을 메고 설렘과 두려움 반반의 표정을 한 여러 예비 순례자들과 함께 바욘 기차역에 내렸다. 하지만 바욘의 구시가를 향해 난 다리를 건너는 건 역시 우리 두 사람뿐이었다. 그런데 아두르Adour 강을 가로지르는 다리에 들어설 때부터 겅중겅중 커다란 개가 뒤를 따랐다. 4년 전 순례길에서 발에 차일 때까지 무섭게 짖으며 따라와 눈물을 쏙 빼놓은 개가 순식간에 떠올랐다. 이 여정이 스페인 서쪽 끝 산티아고 성인의 무덤을 향한 낯선 땅을 걷는 오랜 고행이란 것이 현실로 다가왔다.

북쪽 순례길의 출발점 바욘은 아두르 강과 니브Nive 강이 만나는 바스크Basque 지역 도시다. 푸른 강을 끼고 5월의 봄기운을 품은 바욘은 상큼했다. 바욘을 찾는 여느 여행자처럼 우리도 일단은 구시가를 구경하며 1854년에 문을 연 초콜릿 가게 카제나브Cazenave에서 거품 가득 얹은 핫 초콜릿의 달콤함부터 맛봤다. 그리고 1년 넘게 숙성시켜 만든 프랑스 최고의 햄 하몬Jambon

북쪽 순례길의 출발지 바욘. 니브 강변의 풍경

de Bayonne을 얹은 빵으로 식사를 했다. 우리가 오는 걸 기다리기라도 한 듯 중앙광장에 펼쳐진 앤티크 벼룩시장도 신나게 구경했다. 그런데 참 희한하게도 바욘에 내릴 때부터 겅중겅중 따라오던 커다란 개가 구시가를 구경하는 내내 우리 주변을 맴도는 듯했다.

"너희는 그냥 여행자가 아니라 순례자야."

이렇게 속삭이면서. 어서 순례를 위한 준비를 시작하라고 말이다.

순례길의 시작이 프랑스라 하지만, 사실 국가라는 테두리보다 더 끈끈하고 오랜 역사로 묶여있는 '바스크 지방'에서 시작된다는 말이 더 맞을 듯하다. 바욘 구시가의 모퉁이를 돌 때마다 커다란 벽 그림으로, 액자로, 예쁜 소품으로, 일상적인 대문 지킴이로, 바스크 깃발 '라 이쿠리냐La Ikurrina'가 갖가지 모습으로 눈앞에 나타나 그걸 증명해준다.

'하느님이 하느님이기 전에, 바위는 바위였고 바스크 인들은 바스크 인이었다.'라는 말이 있을 정도로 바스크의 기원은 오래고 멀다고 한다. 그러나 우리가 아는 것은 피레네 산맥 서부의 프랑스와 스페인에 걸쳐 있는 자긍심 강한 고대 문명사회라는 것, 그들만의 언어가 있고, 끊임없는 분리 독립 운동을 하며, 고집의 상징처럼 보이는 바스크 모자를 여전히 쓰는 사람이 많다는 것, 그것이 전부였다. 스페인 게르니카와 빌바오에 이르기까지 순례길내내 만나게 될 바스크 지역 사람들에 대한 예의로라도 이 얇은 지식에 살을 좀 붙여야 했다.

바욘에는 5만 여점의 바스크 관련 유물을 소장하고 있고 2,000여 점을 상설 전시하고 있는 바스크 박물관Musee Basque이 있다. 프랑스 국가 문화재로

바스크 깃발 '라 이쿠리냐'를 마을 곳곳에서 볼 수 있다.

지정된 17세기 수녀원 건물을 박물관으로 쓰고 있는데, 현지 어르신들 몇 분 말고는 관람객이 없어 그야말로 조용히 바스크 문화에 접근할 수 있다. 순례길에서 참 많이도 봤던 바스크 지방의 독특한 건축과, 지금은 볼 수 없는 바스크 전통 의상, 어디선가 들어본 듯도 아닌 듯도 한 음악과, 전통 축제 모습을 고스란히 담은 그림들, 스쿼시의 기원이 됐을 법한 스포츠 용품과 다양한 생활 도구들까지……. 비록 박물관 한곳에서 벼락치기처럼 하는 공부였지만 '이게 바스크구나' 하는 느낌만은 선명하게 지니고 박물관을 나설 수 있었다.

우리는 앞으로 바스크, 칸타브리아, 아스투리아스, 갈리시아 지역을 거쳐 850km 순례길을 걷게 될 것이다.

이제 남은 준비는 단 하나, 순례자 여권 '크레덴시알<sup>Credencial del Peregrino</sup>'을

바스크 박물관 외관. 17세기 건물로 수녀원, 병원으로 쓰이다 1924년 박물관으로 개관했다.

만드는 것이다. 크레덴시알은 일종의 순례자 증명서라고 할 수 있는데, 여기에 자신이 묵는 숙소나 걸으며 들르는 성당 등에서 확인 도장 세요<sup>Sello</sup>를 받는다. 그것으로 자신의 순례 구간을 증명받는 것이다. 이 순례자 여권이 있어야 순례자 숙소인 알베르게<sup>Albergue</sup>에서 묵을 수 있으며, 식당에서 순례자 메뉴를 먹거나 성당의 입장료를 할인받는 등 순례자 혜택을 누릴 수 있다. 그리고 산티아고 데 콤포스텔라에 도착했을 때 여기에 마지막 순례 도장을 찍고 순례를 모두 마쳤다는 증서인 '콤포스텔라<sup>Compostela</sup>'를 받는다.

바욘에서는 대성당에서 순례자 여권을 만들 수 있다. 따로 사무실이 있는 것이 아니라 성당 안으로 들어서면 왼쪽 구석에 작은 테이블이 있고 카미노 친구들 협회 소속인 친절한 봉사자가 예비 순례자를 맞이한다. 바욘에서 출발하는 외국인 순례자가 많지 않아서 그런지 영어가 거의 통하지 않았다. 하

바스크 박물관. 250만 바스크인의 문화와 역사가
담긴 유물 5만여 점을 소장하고 있다.

지만 우리에겐 손발이 있고, 웃음과 윙크가 있고, 상대의 모든 것을 이해하겠노라는 넓은 마음이 있으니 통하지 못할 것도 없다.

순례자 여권을 만드는 비용은 1인당 2유로로, 순례자를 상징하는 조가비는 약간의 기부금을 내면 얻을 수 있다. 이때 바욘에서 산티아고 데 콤포스텔라에 이르는 북쪽 길 숙소 정보도 함께 제공받는다.

수십 개의 칸으로 이루어진 순례자 여권에 바욘 대성당의 세요가 첫 칸에 찍혔다. 프랑스 봉사자가 알아듣지 못할 격려의 말을 쏟아놓는다. 말은 통하지 않지만 그도 우리도 잘 알고 있었다. 순례자 여권을 손에 쥐고 흰 조가비를 가방에 다는 것의 의미, 설렘 뒤로 두려움이 몰려오고 벅찬 마음 위로 가늠하지 못할 힘겨움이 얹어지는 느낌, 그걸 모두 싸 짊어지고 어쨌든 내일부턴 길 위에 있게 되리라는 사실을.

우리가 성당에 들어설 때부터 진행되고 있던 엄숙한 미사가 젊은 파일럿의 장례 미사라는 걸 성당을 나설 때에야 알았다. 미사가 끝나고 영구차를 보내야 하지만 차마 그럴 수 없는 수많은 사람들이 통곡 없는 눈물을 쏟아

바욘 대성당 내부의 순례자 여권을 만드는 데스크. 1인당 2유로를 내면 순례자 여권을 만들 수 있으며 순례자의 상징인 가리비도 일정액을 기부하고 받을 수 있다.

내고 있었다. 누군가의 생이 마감되는 곳에서 새로운 걸음을 준비하게 되다니. 850km의 길을 걸으며 하게 될 수많은 기도 위에 그의 평온한 안식을 비는 기도 하나를 더 얹는다.

순례자 여권에 처음 찍힌 바욘 대성당의 도장.

## [1구간] 바욘 ~ 생장 드 뤼즈 28.41km
## "드넓은 바다가 위안이 되는 첫 날"

6.04km 　　 3.50km 　　 5.38km 　　 3.29km 　　 10.2km

바욘　　　앙글레공항　　비아리츠　　비다르　　게타리　　　생장드뤼즈

"오리송으로 가는 길이 폐쇄됐대. 여긴 비가 오지만 거긴 폭설이 내렸나봐."

　4년 전 프랑스 길을 걷는 첫날, 생 장 피드 포르의 아침은 수많은 순례자들의 웅성거림으로 시작되었다. 혹시나 정보가 없어 곤란을 겪는 순례자가 있을까봐 떠날 채비를 하는 누구에게나 자신의 정보를 큰 소리로 공유하는 것이었다. 그러면서 순례자들의 설렘과 긴장까지 공유되었었다. 그런데 북쪽 순례길의 첫날, 첫 걸음을 내딛는 바욘의 대성당 앞은 고요 그 자체였다. 북쪽 길을 걷는 순례자 대부분이 프랑스 바욘이 아닌 스페인의 첫 마을, 이룬Irún에서 시작한다는 말이 맞나 보다. 바욘Bayonne에서 생 장 드 뤼즈St. Jean de Luz까지 28.41km의 긴 거리를 남편과 나, 둘만 걷게 되리라는 생각에 두려움의 크기가 커졌다.

　바욘을 빠져나가는 길은 아름다웠다. 대성당 첨탑이 삐죽 튀어나온 바욘의 풍경은 멀어지면 멀어질수록 조용히 흐르는 강물과 어우러져 더없이 평화로운 빛깔을 뿜어냈다. 강 옆으로 산책로가 시작되는 지점에 이르자 이 길이 산티아고 데 콤포스텔라로 향하는 카미노<sup>Camino, 길</sup>라는 걸 보여주는 공식 표지판이 나타났다. 함께하는 순례자가 없어 두려웠던 마음도 공식 카미노 표지를 본 뒤로는 평화를 되찾았다. 그 평화가 그리 오래가진 않았지만.

출발 후 처음 본 순례 표지

"너무 힘들다고!"


바욘을 채 벗어나기도 전에 온 몸이 아우성을 치기 시작한다. 시작부터 짐이 정말 짐이 되고 있었다. 이미 한 번의 경험이 있었기에 배낭을 최대한 가볍게 싸야 한다는 걸 누구보다 잘 알고 있었다. 하지만 4년만큼 몸은 늙었고 그 동안 살도 많이 쪄버렸다.

"아이고, 아이고…" 후회의 곡소리가 입에서 떠나질 않았다. 바욘에서 6km 정도 떨어진 앙글레 국제공항<sup>Anglet Aeropuerto</sup> 인근까지 가는데도 길가에 철퍼덕 주저앉아 두 번이나 쉬었다. 무거운 걸음을 옮겨 비행기가 뜨고 내리는 걸 보면서 공항 옆 철조망을 따라 걷는데, 저 멀리 굳게 잠긴 철문이 보였다. 이 길이 아닌가, 조바심을 안고 철문 10m 앞까지 다가가자 왼쪽 숲으로 길이 하나 나 있었다.

"북쪽 순례길 안내서에 공항을 우회하면 숲으로 내려가는 길이 나온다더니, 여기인가 보다."

우리는 닫힌 철문까지는 가볼 생각도 하지 않고 왼쪽 숲길로 발을 옮겼다. 입구에 커다란 돌이 놓여있어 들어가지 말라는 뜻인가 하고 잠시 망설였지만, 아직 잘 닦여지지 않은 북쪽 순례길의 특징이라 여겼다. 처음엔 사람들이 다닌 흔적이 또렷이 있었고 장승같은 나무 조각 작품들도 세워져 있어 길이 아니라는 의심을 하지 않았다. 그런데 숲이 깊어질수록 길은 있다가 없어지고를 반복했고 위협적으로 우거진 가시덤불은 다리에 상처를 남기기까지 했다. 숲길 헤매기를 30여분. 길은 더 이상 이어지지 않았다. 방법은 공항 철문 앞으로 되돌아가는 것 뿐.

"아! 이걸 못 봤네. 가운데에 커다랗게 화살표 하나는 그려놔야지, 이게 뭐고?"

잘못 든 길을 똑같이 되돌아나와 잠겨있던 철문 앞에 바짝 다가가니 탄식이 절로 난다. 닫힌 철문 왼쪽 옆으로 작은 오솔길이 나 있었다. 그리고 정말 갓난아기 손바닥만 한 순례길 표지가 그 길을 향해 붙어 있었다. 4년 전 짧게 북쪽 길을 경험한 적이 있어 순례 표지가 프랑스 길처럼 잘 돼 있지 않다는 건 익히 알고 있었지만, 첫날 순례 표지 찾기는 정말 보물찾기 수준이었다. 너무 작아 풀숲에 가려 보이지 않고 낡고 색이 바래 분간하기 힘들었고, 그나마도 잘 없었다. 비아리츠<sup>Biarritz</sup> 역 앞 카페에서 주스와 크루아상으로 원기 보충도 했지만, 무거운 짐을 진 채 여러 번 길을 헤매며 허비하는 시간이 늘어날 때마다 힘이 쭉쭉 빠졌다. 과연 이 길을 끝까지 걸을 수 있을까, 순례 첫날 하기에는 위험한 생각까지 똬리를 틀려 했다. 그런데 그럴 때마다 '안돼~'하고 경종을 울려주는 소리가 있었다.

"봉주르Bonjour, 안녕~"

맞다. 아직 '부엔 카미노Buen Camino, '좋은 길'이란 뜻으로 순례자들에게 하는 스페인어 인사'가 아니다. 여긴 '봉주르~'다. 북쪽 길 중에서도 프랑스 구간을 걷는 순례자가 워낙 많지 않아 더 그랬겠지만, 길에서 만난 프랑스 사람들은 모두 놀람의 표정과 함께 '봉주르~' 하고 큰 소리로 인사를 해줬다. 곧 이어 던지는 말은 '산티아고 데 콤포스텔라?'였고 다음은 '엄지 척'과

동네 어르신, 조깅을 하다 멈추고 "봉주르~" 인사를 하시더니 남편과 인증 사진까지 찍으셨다.

'함박웃음' 순서였다. 서로의 언어를 몰라 그 의미를 자세히 물어볼 수는 없었지만 내 마음은 이렇게 해석한다.

"힘들지?"
"산티아고 데 콤포스텔라까지 무려 850km를 걷는다니 대단해!"
"마음으로 함께할게. 신의 가호가 있을 거야!"

비아리츠에서 비다르<sup>Bidart/Bidarte</sup> 마을까지는 무리스코 호수도 나오고 싱그러운 숲길도 나온다. 그런데 자연의 향기는 잠깐, 보행로가 없는 완만한 오르막 찻길이 끝도 없이 이어진다. 차와 오토바이가 날리는 먼지를 뒤집어쓰며 위협적인 그들의 속도를 더디기만 한 몸뚱이로 받아내야 한다. 점심을 먹고 화장실을 이용할 수 있는 비다르 마을 외곽의 한 식당에 도착할 때까지 남편과 나는 한 마디 대화도 나눌 수 없을 만큼 녹초가 되었다.

순례길 위의 감격적인 첫 식사는 빙글빙글 돌아가는 화로에 통째로 구운 닭고기와 러시안 샐러드. 뭘 먹어도 맛있을 테지만, 우리는 얼음 가득 채운 콜라와 함께 먹는 이 순례 첫 끼에 감격해 '메르시<sup>Merci, 감사합니다</sup>'를 남발했다.

점심을 먹고 충분한 휴식을 취한 뒤, 바스크 지방의 전형적인 마을이라는 비다르 마을 뒷산을 올라 오늘 걸어야 할 길의 절반을 넘긴 시점, 눈앞에 멋

길 위 어디에서든 쉴 수 있다는 건, 순례 준비가 끝났다는 것! 신발과 양말을 벗고 쉬어주면 좋다.

칸타브리아 해. 산티아고 북쪽 순례길은 바다를 끼고 걷는 아름다운 길로 유명하다.

진 바다 풍경이 펼쳐졌다. 칸타브리아 해<sup>Mar Cantabrio</sup>다. 순례길은 1820년에 지어진 하얗고 조그맣고 예쁜 마들렌 소성당 옆, 전망대 쪽으로 이어져 있어 푸른 바다 전망을 마음껏 보며 걸을 수 있다. 확 트인 바다가 배경이 되니 걷는 내내 버리고 싶던 무거운 배낭도 순례의 당당한 상징인 것 같고, 소금기 가득한 얼굴도 진정한 순례자의 모습 같아 보인다.

　산티아고 북쪽 순례길은 바다를 끼고 걷는 아름다운 길로 유명하다. 그리고 학자들마다 다른 의견이 있긴 하지만 산티아고로 가는 순례자들이 최초로 이용한 길이라 여겨져 보다 의미 깊은 길이다. 9세기 야고보 성인의 무덤이 발견되었을 당시에는 이슬람 세력이 스페인 땅 대부분을 점령하고 있었다. 그 때문에 널리 알려진 내륙의 순례길을 통과하는 것은 위험한 일이었고, 순례자들은 칸타브리아 산맥이 이베리아 반도의 나머지 지역을 막고 있어 보다 안전했던 북쪽 바닷길을 주로 이용했다고 한다.

　오래 전 고래잡이 항구였던 게타리<sup>Guéthary/Getaria</sup>에서 목적지인 생 장 드 뤼즈까지 가는 10km는 참 지루하고 힘들었다. 순례 안내서를 통해 이미 알고 있던 길인데도 음침하고 낮은 터널을 지나야 하는 것에 짜증이 났고 자잘하게 쪼개진 유리 파편이 덮인 길옆으로 황소들이 여유롭게 풀을 뜯는 모습에도 콧방귀가 뀌어졌다. 어깨와 발바닥의 통증 때문에 얼마 걷지도 못하고 배낭을 기댈 난간만 나오면 선채로 쉬고 또 쉬며 길을 걸었다. 친절하지 않은 길 표시 때문에 몇 번이나 길을 헤맨 끝에 첫 순례 구간 28.41km를 11시간에 걸쳐 걸어 생장 드 뤼즈에 도착했다. 고개를 제대로 못 들 정도로 몸은 만신창이가 되었지만 마을 입구에 고기잡이배들이 올망졸망 어깨를 맞대고 정박해있는 예쁜 항구가 한눈에 들어왔다.

순례자 숙소인 알베르게도 없는 곳, 생장 드 뤼즈는 순례자들에겐 좀 무심한 곳이다. 호기심 가득한 사람들의 시선은 넘쳐나지만, 순례자를 위한 편의시설은 찾아볼 수 없다. 우리는 미리 예약해둔 숙소에 짐을 풀기 전 첫날 순례를 확인해 줄 세요Sello,도장를 받을 수 있을까 싶어 성당부터 들렀다.

성당 안팎에서 조가비를 단 허름한 동양인 순례자 둘에게 관심이 쏟아졌

첫 순례날의 목적지 생 장 드 뤼즈

다. 호기심 어린 시선은 물론이고 배낭에 달린 조가비를 이리저리 만져보며 진짜 산티아고 데 콤포스텔라까지 가냐는 질문을 끊임없이 한다. 하지만 그 단 둘뿐인 순례자에게 순례 확인 도장을 찍어 줄만한 곳은 어디에도 없었다. 조금 전 혼배미사를 마친 신혼부부와 그 가족들만이 성당 앞에서 흥겨움을 뿜어내고 있었다. 어제 출발 준비 때는 장례미사더니 오늘 순례 마감 때는 혼배미사라니! 시작과 마침, 출발과 쉼이 마구 뒤섞이는 느낌이다.

숙소에 짐을 풀고 나서야 발에 물집이 4개나 잡힌 것을 발견했다. 걷는 내 내 발이 아파도 그저 첫날이라 그러려니 했다. 따뜻한 물에 몸을 씻고 나니 온 뼈마디와 근육들이 이 짓을 왜 하냐고 난리다.

"나도 모르겠다. 마음이 자꾸 간다잖냐!"

생 장 밥티스트 성당 내부. 1659년 프랑스 루이 14세와 스페인의 펠리페 4세의 딸 마리아 테레사의 결혼식이 거행된 역사적인 곳이다.

생장 성당 앞. 혼배 미사를 마친 신혼부부에게 축복의 말들이 쏟아졌다.

## [2구간] 생장 드 뤼즈 ~ 이룬 14.50km
## "국경을 넘다"

온 몸이 두들겨 맞은 듯 아파 이른 새벽 눈이 떠졌지만 알람이 울릴 때까지 산송장처럼 침대에 누워있었다. 기억은 나지 않지만 밤사이 꿈을 꾸었다면 틀림없이 배낭에서 필요 없는 물건을 골라내는 꿈을 꾸었으리라. 숙소에서 간단히 아침을 먹으며 의논을 끝낸 남편과 나는 배낭에서 로션, 가이드북 따위를 나름 이유를 달아 꺼내 놓았다.

버리기엔 너무 새 것들이라 숙소 직원들이라도 필요하면 쓰라고 테이블 위에 고이 모셔두고 길을 나섰다. 우리의 몸 상태와 달리 날씨는 더없이 맑음. 생 장 드 뤼즈도 어제 본 그대로 평화롭고 예쁨이다.

생 장 드 뤼즈에서 다리 하나를 건너면 곧바로 시부르Ciboure/Ziburu다. 이 마을을 지나는 순례길엔 '볼레로Bolero'를 작곡한 모리스 라벨Maurice Ravel, 1875~1937의 생가가 있는데, 모리스 라벨 길 27번지가 그곳이다. '볼레로'는 인상주의 음악을 대표하는 작곡가 라벨의 세련된 무곡이지만, 우리에겐 이 음악하면 왜 옛 개그 프로그램의 우스꽝스런 춤이 먼저 떠오르는지. 캠코더로 힘들게 순례길 동영상을 찍고 있는 남편도 웃겨볼 겸, 라벨의 생가 앞에서 나만의 코

'볼레로'의 작곡가 모리스 라벨의 생가

밀한 볼레로 춤을 선보였다. 배낭을 메고서 춤과 개그가 가능하다니, 아침에 몇 가지 물건을 덜어낸 효과가 있긴 있었나 보다.

바스크 양식의 집들이 즐비한 골목을 지나고 과거 순례자 숙소가 있었음을 알리는 1616년에 세워진 십자가를 사진에 담고서 시부르 마을을 빠져나오는 길. 그늘 없는 시골길을 걷다 휴식이 절실하다 싶을 때쯤 라룰레타 Larrouleta 캠핑장이 나온다. 캠핑장 입구 그늘진 곳에 대충 배낭을 굴려놓고 주차 방지 기둥에 걸터앉아 다리를 쉬었다. 온몸을 적신 땀이 식어 서늘한 기운이 느껴진다 싶은데, 저 멀리 양손으로 등산 스틱을 찍으며 걸어오는 사람이 보였다. 우리 쪽으로 조금씩 다가오는 모습은 할아버지였고, 배낭을 멨으며, 가리비 문양을 배낭에 새긴, 분명 순례자였다!

"산티아고 데 콤포스텔라까지 가세요?"

우린 할아버지에게 달려가 프랑스 사람들이 끊임없이 우리에게 했던 질문을 던졌다. 할아버지는 긍정의 끄덕임과 함께 '너희도 순례를 하는구나, 난 빨리 가야겠어, 너희는 쉬다 와.'라는 의미로 느껴지는 프랑스 말을 해왔다. 순례 이틀 차에 처음 만나는 동료 순례자라 반가움은 이루 말할 수가 없

시부르 마을의 순례길 표지 뒤로 바스크 양식들의 집들이 보인다.

는데, 그 감격을 표현할 방법이 없다니.

"부엔 카미노Buen Camino, '좋은 길'이란 뜻으로 순례자들에게 하는 스페인어 인사"

우리는 스페인에 들어서면 수없이 하게 될 평범한 인사를 하고 말았다.

한가로운 농촌 풍경을 지나고 14~17세기에 지어진 성채 샤토 뒤르튀비 Château d'Urtubie를 담장 너머로 구경하며 위리뉴Urrugne/Urruña에 도착했다. 일요 일을 맞은 성당 주변은 벼룩시장이 열려 왁자하다. 틀림없이 미사가 있을 시 간인데 모두들 미사는 안 드리고 놀고만 있나 했는데, 성당 안은 입구까지 사람들이 빽빽이 들어서서 발 딛을 틈도 없다. 유아 세례식이 있어 그런지

위리뉴 성당에서는 유아세례를 위한 미사가 열리고 있었다.

성당 안은 경건함 속에 생기가 넘쳐났다. 그저께는 장례 미사, 어제는 혼배 미사, 오늘 세례 미사까지. 3일 사이에 우리는 죽음과 출발과 탄생의 순간에 서게 된 셈이다. 순례길은 이렇게 삶의 여러 장면들을 무심히 던져주고 내가 살아낼 삶에 대해서도 숱한 생각을 던져준다.

위리뉴에서 프랑스 마지막 마을 엉데Hendaye/Hendaia까지는 날이 더워 힘들었고, 어제와 똑같이 풀숲에 가려진 순례 표지를 찾느라 힘들었고, 그마저도 없어 여러 번 길을 헤매느라 힘들었다. 그래도 위안이 된 건, 푸른 바다와 싱그러운 들꽃을 보며 여유롭게 쉴 만한 곳들이 있었다는 것이다. 사실 화장실을 이용해야 할 상황이 아니라면 순례 중 가장 편히 쉴 수 있는 곳은 들꽃이 핀 시골길 나무그늘 아래다. 준비해간 비닐 매트를 깔고 무거운 배낭을 내리고 바닥에 다리 죽 뻗고 앉아 발목까지 꽉 잡고 있던 신발을 벗고 나면, 나를 옥죄던 모든 삶의 짐에서 벗어난 느낌이다.

과연 순례길이 맞을까 싶은 사유지도 지나고, 민둥산 같은 언덕을 넘고 수풀을 헤쳐 엉데에 도착했다. 우리의 계획은 엉데에서 밥을 먹고 국경을 넘는 것. 하지만 길이 여러 갈래인 마을로 들어서자 온 신경을 집중해도 순례길을 찾지 못해 헤매기 일쑤였고, 그 힘든 길 찾기 과정에 허기를 달래줄 식당은 한 곳도 보이지 않았다.

오후 3시를 훌쩍 넘긴 시간, 얼떨결에 국경에 서게 되었다. 4차선 도로 한가운데 놓인 사각형 돌덩이 하나가 국경표시다. 힘들고 배고프고 허탈한 상황인데도, 국경이란 곳은 묘한 감흥을 준다. 우리는 욕심을 내 프랑스 내륙에서부터 북쪽 순례길을 걸어왔지만, 일반적으로는 비다소아 강을 가로지르는 이 산티아고 다리 위에서 북쪽 길이 시작된다고 하니, 우리는 또 다른 출발점에 선 셈이었다.

프랑스 엉데에서 스페인 이룬을 잇는 산티아고 다리 위 국경 표시석. 일반적으로 북쪽 순례길의 출발점을 이곳으로 삼는다.

"프랑스 오르부아Au revoir, 올라Hola 스페인!"

돌로 표시된 국경 지점을 한 발 넘어서자, 스페인이라는 실감이 제대로 났다. 눈앞에 놓인 가로등 때문이다. 프랑스 땅부터 있던 가로등이랑 생긴 건 똑같은데 기둥에 커다

이룬 초입에서 만난 첫 공식 순례 표지석

란 노란 화살표를 그려 놓았다. 쭉 뻗은 대로밖에 달리 갈 길도 없는데 직진을 알리는 화살표라니.

'여긴 순례의 본고장 스페인이야! 이제 길 잃을 염려는 하지 마.'

노란 페인트로 '굳이', 투박하고도 커다랗게 그려놓은 화살표는 그런 뜻인

듯했다. 저 멀리 산타 마리아 델 훈칼<sup>Santa María del Juncal</sup> 성당의 꼭대기가 보일
만큼 도심에 다가서자 내 허리 높이만큼 오는 순례길 공식 표지석도 처음으
로 보인다. 북쪽 순례길에서 만나는 스페인 첫 마을 이룬<sup>Irún/Irun</sup>은 이렇게 격
하게 순례자를 환영한다.

일요일이라 문을 닫은 훈칼 성당이 고마웠다. 문이 열려 있었다면 아무리
배가 고파도 11세기 '검은 성모상'을 모셔둔 성당을 그냥 지나칠 수 없었을
것이다. 순례 화살표를 따라 성당 옆 계단을 올라 구시가 중심에 서니 온통
문을 닫은 상점들뿐이다. 그래도 죽으란 법은 없나 보다. 좁은 골목 모퉁이,
바르<sup>Bar</sup>를 겸하고 있는 식당 문이 열려 있었다. 얇게 구운 소고기와 크로켓,
감자튀김, 콜라. 감격스런 오후 4시의 점심 식사였다.

이룬의 공립 알베르게<sup>Albergue, 순례자 숙소</sup>는 찾기 쉽다. 구시가에서 역으로 향
해 있는 육교를 건너 오른쪽으로 100m 정도만 가면 된다. 알베르게 입구에
도착을 하니 오전에 라룰레타 캠핑장 앞에서 만난 순례자 할아버지가 눈인
사를 건넨다. 벌써 씻고 옷도 갈아입고 마을을 돌아보러 나서는 눈치다. 나
이에 비해 날렵하고 단단해 보이는 몸에서 내공이 느껴진다.

알베르게는 건물 2층(지상 층을 0층으로 보는 유럽식으로는 1층이다)에
있는데, 계단을 오르면 사무실 겸 식당이 먼저 보이고 그 옆으로 2층 침대들
이 놓인 방이 있는 구조다. 사무실로 들어서자 이곳을 책임지는 건장한 남
성 오스피탈레로<sup>Hspitalero, 순례자 숙소의 봉사자</sup>가 두 팔을 활짝 펼쳐 우리를 맞는다.
봉사자와 우린 짧은 포옹을 나눴다. 온 몸에서 땀 냄새가 풀풀 났지만, 그게
순례자라는 증명 아니겠는가.

순례자 여권에 확인 도장을 받고 남편이 물집으로 엉망진창인 나의 발 상
태를 설명했다. 콤피드<sup>Compeed, 순례자들에게 물집 특효약이라 불리는 밴드</sup>를 사고 싶은데 주변

에 문을 연 약국이 있는지도 물었다. 봉사자는 일요일이라 문을 연 약국을 찾기는 힘들 거라 하더니 주섬주섬 약 상자를 꺼내 남은 몇 개의 콤피드를 모두 내 손에 쥐어줬다. 콤피드는 아니지만 넓게 번진 물집에 좋다며 소독약이 발린 거즈도 함께 내주었다. 그리고 어디서 나타났는지 희끗희끗 머리가 새기 시작한 스페인 순례자 한 명이 다른 모양의 콤피드를 걱정스런 표정으로 내밀었다. 내일 사면된다고, 다 가지지 않아도 된다고 말했지만, 그들은 빨리 낫길 바란다며 되받기를 거절했다.

"에스케릭 아스코Eskerrik asko, '감사합니다'란 뜻의 바스크어!"

남편과 내가 바스크어로 감사를 표하자, 두 사람의 눈이 반가움으로 커졌다. 서툴기는 하지만 그들의 문화를 알려고 노력하는 마음이 전해진 것 같았다. 짧지만 감동적인 이런 순간들이 길고 고통스런 순례를 포기하지 않게 만드는 힘이리라. 순례길을 걷는 동안 작지만 많은 감동을 주는 사람이 될 수 있기를, 오늘의 순례는 이 하나의 기도로 마무리한다.

# El Camino Norte de Santiago

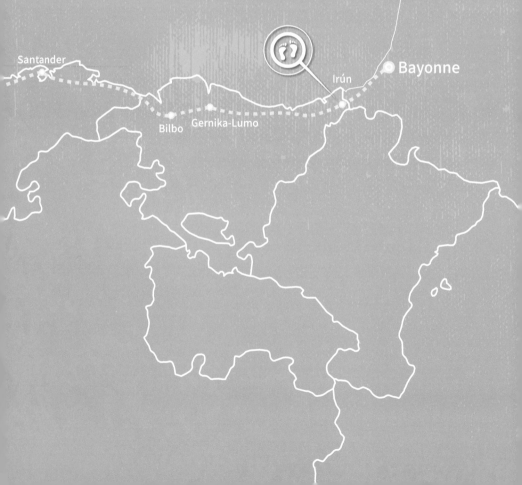

Santander

Bayonne

Irún

Bilbo

Gernika-Lumo

# CHAPTER 2.

## 이제 스페인 땅, 바스크는 계속된다

## [3구간] 이룬 ~ 산 세바스티안 24.8km
## "짧은 뱃길이 이렇게 아름다울 줄이야"

한국에서의 나는 완벽한 올빼미 형 인간이다. 늦게 자고 늦게 일어나며 아침잠을 사랑한다. 하지만 순례는 아침잠을 버리는 것부터 시작된다. 오늘은 새벽 5시 30분 기상. 길 떠날 준비를 모두 마친 후 값싼 호스텔의 1층 식당을 찾았다. 식당엔 손님 한 명에 직원 한 명 뿐이었다. 더없이 고요한 이룬 Irún/Irun의 아침 풍경이다. 남편과 나는 크루아상과 커피를 주문하고 그 소박한 평화 속에 자리를 잡았다. 그런데 직원이 우리에게 주문받은 커피를 뽑으려고 등을 돌리는 순간, 매캐하고 미세한 가루들이 눈과 코와 귀와 피부 곳곳으로 달려들었다. 우리는 최루탄 쏘아대는 시위 현장으로 순간이동을 한 줄 알았다. 발작적인 재채기가 쉴 새 없이 이어지고, 눈물, 콧물도 연신 흘러내렸다. 겨우 눈을 떠서 주변을 보니 손님과 직원은 멀쩡하게 우릴 보고 웃고 있는 게 아닌가.

"괜찮니? 청소차가 지나가서 그래. 도로를 쓸면서 지나가니까."

직원은 어깨를 한번 으쓱 하더니 빵과 커피를 내온다. 그는 아침마다 일어나는 일에 눈물, 콧물을 쏟아놓는 우리가 정말 이상하다는 표정이다. 어떤 혹독한 환경에도 적응되기 마련이라 했던가. 이제 겨우 순례 3일차에 새벽 기상도, 빵과 커피로 시작되는 아침도, 무거운 배낭도, 온종일 걷기도, 불편한 숙소도 모든 것이 오히려 마음 편해지는 때가 올 수 있을 것인지. 무엇보다 매일 물집을 더 크게 만들어내는 이 신발에 과연 언제쯤 적응할 수 있을지. 아직은 모든 것이 적응되기 전의 아침이었다.

이룬 중심지에서 빵을 몇 개 산 뒤 본격적인 카미노에 올랐다. 이룬을 빠져나가면 오랜 시간 하이스키벨 산<sup>Monte Jaizkibel</sup> 자락을 타야 하니 충분한 물과 달콤한 간식을 준비하는 것은 필수다. 정말 대부분의 북쪽 길 순례자들은 이룬에서 순례를 시작하는 듯 했다. 이룬 시내를 통과하는 동안 '순례자로 보이는' 사람들을 여럿 만날 수 있었다. 우리는 순례를 다시 시작한다는 느낌에 더해 지난 이틀간 보기 힘들었던 순례 동지들이 생긴 기분이라 조금 설레었는데, 그 마음은 그리 오래가지 않았다. 조가비를 달았으니 틀림없이 순례자인데 눈이 마주쳐도, 우리를 추월해서 지나가면서도, 전혀 인사가 없었다. 눈인사를 먼저 건넨 우리를 무표정으로 지나쳐 머쓱한 것도 여러 번이었다. 4년 전 프랑스 길에서는 너무 많은 순례자들이 거의 하나도 빠짐없이 인사를 건네 와 인사로 지칠 정도였던 것과는 딴판이다. 그러고 보니 어제 알베르게에서도 너무나 감동적인 환대와 친절을 경험했으나, 프랑스 길에서 받은 느낌과는 조금 온도차가 있었던 것 같다. 북쪽 길을 걷는 순례자들의 특징이랄까. 처음에는 전혀 무관심으로 일관하다가 만남이 잦아지면 살짝 인사를 하고, 같은 곳에 쉬면서 말을 트게 되면 이렇게 좋은 사람들이 없다 싶을 정도로 살갑게 다가온다. 하지만 이 역시 적응하기까지 시간이 필요할 것이다.

　행정구역이 이룬에서 온다리비아<sup>Hondarribia</sup>로 바뀌고 생태공원을 지나다 보면 오늘 넘어야 할 하이스키벨 산이 나타난다. 넘는다기보다는 에둘러간 다는 말이 맞을 텐데, 산이라는 존재는 덜컥 걱정부터 안긴다. 산길로 들어 서니 이날 유일하게 반갑게 인사한 앳된 여성 순례자가 풀어진 신발 끈을 조이며 웃음을 던진다. 그녀는 파사이 도니바네<sup>Pasai Donibane/Pasaia San Juan</sup>까지 18km만 갈 예정이라는데, 우리를 앞질러 걷는 걸음이 가볍다. 그녀보다 무 려 10km를 더 걸어야 하는 나의 걸음은 더디고 무겁기만 했다. 남편과 나는 이룬에서 6km 정도 떨어진 과달루페 성소까지 걷고 첫 휴식을 갖자고 계획 했지만, 오르막길이 시작되자 그럴 수 없다는 걸 깨달았다. 얼마 걷지도 않 았는데, 발바닥 곳곳 새로운 물집이 생겨나는 게 느껴졌다. 15세기에 지어진

스페인 땅에 접어들면 순례표지가 많아 방향 걱정은 하지 않아도 된다.

산티아고 소성당 Ermita de Santiago에서 일단 배낭을 내렸다. 발바닥을 어르고 달래가며 산티아고 소성당을 출발했는데, 과달루페 성소까지 2km 남짓의 오르막길은 등반을 한다 싶을 정도로 가팔랐다. 그러니 원래 쉬려고 했던 과달루페 성소 Santuario de Guadalupe에서도 또 다시 쉴 수밖에 없었다.

과달루페 성소 옆 넓은 쉼터에는 등산복 차림의 사람들로 가득했다. '어디서 이렇게 많은 순례자들이 한꺼번에 나타났지?'했는데, 알고 보니 우리를 포함해 대여섯 명만 순례자이고 대부분은 단체 등산객이었다. 관광버스를 타고 와서 이곳에서부터 등산을 시작하려는 모양이었다. 쉼터 끝에 서면 이른 아침부터 열심히 빠져나온 이룬 시가지가 멀리 보이고, 더 멀리는 칭구디 만 Bahia de Txingudi이 희뿌연 안개와 어우러져 떠나온 길을 더 아련하게 만든다. 등산을 하려는 이들도, 순례 중인 이들도 먼 풍경을 바라보며 심호흡을 한다.

과달루페 성소 앞 광장에서 다시 길을 떠날 채비를 하는 순례자들.

4시간을 꼬박 걸어야 했던 산길은 조금은 지루했으며 특별히 아름다울 것이 없었다. 그러나 그것이 800km를 넘게 걸어야 하는 순례자에게 좋고 나쁨의 감흥을 줄 이유는 없다. 순례자에게 그 길은 어떻든 걸어내야 할, 그저 '길'일 뿐이다.

　나무 그늘이 보이면 자리를 깔고 앉기를 몇 번이나 했는지는 기억에 없다. 신발에 적응 못한 발이 난리가 나서 바닥에 엉덩이를 붙이면 신발부터 벗었다. 4년 전 프랑스 길을 걸었을 때도 발뒤꿈치에 물집이 하나 생겼지만 치료 후 하루 만에 사라졌다. 그런데 이번엔 치료를 해도 새로운 물집이 자리를 바꿔가며 생겨났다.

　울퉁불퉁 흙길이 끝나고 매끈한 아스팔트길로 접어들면 하이스키벨 산을 다 빠져나온 것이다. 그 때부터는 오른쪽으로 칸타브리아 해<sup></sup>Mar Cantábrico를 보며 계속 걷는다. 바다 빛깔과 하늘 빛깔이 누가 더 파란지 내기라도 하는 듯하다. 너무 쨍한 날씨 덕에 눈은 예쁜 풍경을 얻고 몸은 땀 한 바가지와 쉰 냄새를 얻었다. 파사이 도니바네Pasai Donibane/Pasaia San Juan까지 계속되는 하늘과 바다의 푸른 빛깔은 우리를 급경사 내리막길로 안내한다. 물집이 발가락과 앞 발바닥 쪽에 몰려 생긴 나는 할 수 없이 뒷걸음질, 옆걸음질을 번갈아 해가며 내려갔다. 급경사 아스팔트길이 끝나고 더 급경사인 계단을 내려가면 파사이 도니바네다. 작아서 예쁜 것인지, 작아도 예쁜 것인지. 빅토르 위고도 홀딱 반해버렸다는 말은 진실이 분명했다.

　우리는 정말 손바닥만 하다는 말이 맞을 정도로 작고, 예쁘고, 예스러운 산티아고 광장에 배낭을 내렸다. 바다를 향해 있는 멋진 노천카페에서 점심을 먹게 되다니. 메뉴는 오징어 튀김과 크로켓 정도로 소박한데, 왠지 엄청난 호사를 누리는 기분이다. 땀을 식히고 배를 채우며 오가는 사람들 구경도 할 수 있는 노천카페에 있다 보니, 온종일 유일하게 친절했던 여성 순례자를 또 만날 수 있었다. 그녀는 벌써 알베르게에 배낭을 줄 세워 놓고 동네 산책을 나서는 길이라 한다.

파사이 도니바네의 알베르게는 오후 4시에 문을 연다. 오래된 성당을 개조해 만든 이곳의 공립 알베르게는 전망이 좋기로 유명하다. 침대가 14개뿐이지만 과거엔 북쪽 길을 걷는 순례자들이 소수였고 순례자들 대부분이 산 세바스티안까지 가는 일정을 택하기 때문에 숙박이 어렵지 않았다고 하는데, 지금은 이곳이 독특하고 예쁘다는 입소문을 타 배낭을 줄 세워야 하는 지경이란다.

파사이 도니바네에서 건너 마을 파사이 산 페드로<sup>Pasai San Pedro</sup>까지 거리는 불과 200m. 엎어지면 코 닿을 곳이지만 바닷물이 두 마을을 가로막고 있어 배를 타고 가야만 한다. 배 삯은 0.75유로, 천원 남짓이고 배를 타는 시간은 1분 정도 걸렸을까? 짧고 독특한 경험에 순례자들은 배에서 내려서도 한동안 자리를 뜨지 못한다. 바닷물 너머 보이는 파사이 도니바네 풍경을 사진에 담고 손님을 태워 다시 떠날 채비를 하는 배를 찍고 커다란 바스크 깃발이 휘날리는 파사이 산 페드로의 작은 선착장을 호기심어린 눈으로 돌아다닌다.

순례길은 항구를 따라 해안가 절벽으로 나 있다. 무심하게도 노란 화살표는 급경사 계단을 오르라는 표시를 하고 있다. 계단이 30개 정도씩 지그재

빅토르 위고도 반했다는 파사이 도니바니 풍경.

파사이 도니바니에서 파사이 산 페드로를 잇는 배. 200m의 짧은 뱃길도 순례길이다.

그로 나있어 도무지 얼마나 더 올라야 계단이 끝나는지를 알 수가 없었다. 순례 안내 책자에는 계단이 1km나 이어진다는데, 오르막 계단으로는 그게 얼마나 길고 힘든지 가늠이 되질 않았다. 30미터도 못 오른 것 같은데 심장은 거칠게 뛰고 땀은 비 오듯 쏟아졌다. 바닷가 하얀 등대 아래서 어린 커플이 요가까지 하며 일광욕을 즐기는 모습이 우리를 더 힘들게 했다. 오르막 계단은 1km가 아닌 300m 정도밖에 되지 않았다. 책 내용이 틀린 걸 이렇게 감사하게 될 줄이야!

계단을 다 오르고 해안 절벽 길을 모두 지나자 또 산이 나타났다. 울리아산Monte Ulia이다. 북쪽 순례길에서 하루에 산 두 개 넘기는 기본이라는 것을 이때는 알지 못했다. 쉬면서 신발을 벗을 때마다 발에 물집이 더 커진 게 확인되었지만 3일을 걷다보니 물컹물컹 물집을 달고 걷는 것에 적응이 돼버렸다. 발이 신발에 적응하는 속도보다 물집에 적응하는 속도가 더 빨랐던 것이다. 산길은 8km나 더 이어졌다. 걸음을 옮길 때마다 피로가 누적되어 기운은 더 빠른 속도로 빠져나갔다. 그래도 한적한 숲길 곳곳 순례길 안내 표지를 만날 때마다 안도의 미소가 번졌다. 오늘의 목적지인 산 세바스티안San Sebastián/Donostia에 가까워지자 순례자 숙소에서 내건듯 한 멋진 순례자 그림과 환영 문구가 우리를 맞는다.

"El amor encuentra el camino"

카미노에서 사랑을 발견하라는 의미인가? 낭만적인 문구이기는 하지만 산 넘고 물 건너 28km 가까이를 걸어온 우리의 몸과 마음은 사랑을 논할 처지가 못 되었다.

순례자 환영하는 문구를 볼 때마다 안도의 미소가 번진다.

산길을 거의 빠져나오자 발 아래로 그 유명한 산 세바스티안의 해변이 펼쳐졌다. 5월 중순인데도 수많은 사람들이 해수욕을 즐기고 있다. 해가 뜨면서부터 온종일 해와 함께 걸어온 우리는 정말 그럴 만한 날씨라는 걸 인정했다. 시가지에 들어서자 커다란 물부터 사고, 약국에 들러 물집 밴드인 콤피드도 샀다. 콤피드 가격이 생각보다 너무 비싸서 놀랐는데, 똑같은 콤피드라도 도시마다 약국마다 가격이 천차만별이라는 걸 나중에서야 알았다.

그렇게 우리는 10시간 40분 만에 3일째 순례를 끝내고, 이틀 동안 묵게 될 호스텔에 짐을 풀었다.

# 산 세바스티안,
# 19세기 귀족들이 반해버린 휴양지

땟국 줄줄 흐르는 우리가 순례자임을 분명히 알 텐데도 산 세바스티안의 친절한 호스텔은 스페인에서 가장 유명한 해변을 지닌 휴양 도시로서의 숙소 서비스를 아낌없이 제공했다. 아직 성수기 전이라 그렇겠지만 위치도 좋고 시설도 좋은 호스텔의 2인실 방값이 5만 원정도 밖에 하지 않았다. 여직원은 깨끗한 카펫이 깔려 있는 방 안까지 따라 들어와 욕실 사용법과 각종 편의시설 등을 알려준다. 무엇보다 미식가들의 도시, 핀초pincho, '꼬챙이'라는 뜻. 조그만 빵이나 바게트 위에 식재료들을 올려 꼬챙이로 꽂아 놓은 것의 고장이라는 명성을 마음껏 즐겨보라는 듯 핀초 가게들이 즐비한 거리를 지도에 표시하며 강조한다.

"어디가 가장 맛있어요?"

이런 질문은 하지 않는다. 입맛이란 게 나라마다 다르고 사람마다 다른 법이니까. 그녀 역시 그런 설명은 할 마음조차 없는 듯하다. 가 보면 안다. 아고스토 거리Agosto Kalea는 특색 있는 핀초 가게들이 즐비하고 어느 가게가

저녁을 먹으러 나선 길. 산 세바스티안 해변 풍경

가장 유명하다 할 수 없을 정도로 모든 가게들이 취향에 맞는 핀초를 찾아온 사람들로 북적인다. 우리는 최대한 관광객 같은 옷차림을 하고 여유 가득한 여행자인 척 골목을 느릿느릿 걸었다. 실은 배고픔에 허덕여 빨리 걷고 싶어도 삭신이 쑤셔서 그것이 안 되는 순례자였지만 말이다. 남편과 나는 적당히 손님이 있고 둘만의 건배를 할 수 있을 만큼 자리가 여유로운 가게를 찾아 마주앉았다. 우리 입맛에 맞을 법한 해산물이 올려진 핀초들을 골라 맥주로 건배했다. 북쪽 순례길의 36구간 중 이제 겨우 세 구간을 왔는데, 울컥하는 기분이 들었다. 사실 첫 날에도, 둘째 날에도 똑같은 기분이었다. 그저 걷는 행위에 불과하다 싶어도 하루하루가 힘겨운 순례인 것을, 나만의 짐을 진 고행인 것을, 마음은 알고 있다며 울컥댔다.

4년 전 프랑스 길 순례에서도 그랬지만, 우리는 순례 중에도 좀 더 알고

우리는 해산물이 올려 진 핀초들을 골라 맥주로 건배했다.

싶고 더 머무르고 싶은 도시가 있으면 하루를 더 숙박하며 순례길 위에 놓인 도시들을 탐험했다. 물론 중도 포기 없는 순례를 위한 휴식이기도 했다.

산 세바스티안에서는 먼저 욕심 부려 싸온 짐을 추려 스페인에 사는 지인에게 부쳤다. 4년 전 프랑스 길을 걸을 때는 산티아고 데 콤포스텔라의 우체국으로 짐을 부쳤었다. 산티아고 우체국에서는 순례자의 짐을 한 달간 무료로 보관해주었다. 그런데 요즘은 처음 보름만 무료이고 이후부터는 날짜를 쳐서 보관료를 받는다고 한다. 하지만 우리는 순례 후 지인을 만날 예정이라 그녀의 집으로 짐을 보내기로 한 것이다.

그렇게 욕심을 보내니 마음이 가볍다. 부엔 파스토르 대성당$^{Catedral del Buen}$ $^{pastor}$ 앞 광장에서 따끈한 토스트를 먹고 커피도 마셨다. 성당에서 잠시 묵상의 시간을 가지고 번화한 로이올라 거리$^{Loiola Kalea}$를 살랑살랑 걸어 다녔다.

나무와 꽃늘로 가득한 기푸스코아 광장Plaza Gipuzkoa을 지나 커다란 재래시장에 이르러서는 사람 냄새도 실컷 맡아본다. 산으로 들로, 한적한 해안 절벽 길로 '순례'의 길을 걸을 때와는 전혀 '다른' 행복이 느껴진다. 파랑과 오렌지 색 덧문의 아케이드가 멋진 헌법광장Plaza de la Constitución에도 들렀다. 원래 이곳은 '새Nuevo 광장'이었는데, 1820년 의회가 구성된 것을 기념해 '헌법광장'이라는 이름으로 바꾸었다 한다.

이곳이 과거 투우장으로 쓰였던 흔적도 볼 수 있다. 광장을 둘러싼 건물에 적힌 숫자가 그것인데, 숫자가 쓰인 건물의 발코니가 투우장의 좌석이었고 숫자가 쓰인 곳만 입장권을 판매했다고 한다.

현지 사람들의 소중한 기도처 같은 산 비센테 성당Iglesia de San Vicente은 조용히 기도하는 사람도 많았지만, 그저 드나드는 사람도 많아 조금 부산스러웠다. 이어서 찾은 산타 마리아 엘리사 대성당Basilica de Sta. Maria Eliza은 추리게라 양식Churrigueresco, 과도한 장식이 특징인 바로크 말기의 스페인 건축양식의 외관에 걸맞게 관광객들에 휩싸여 화려함을 뽐냈다. 성당 안으로 발을 들여놓자 어둠 속 빛이 은은하게 시

산타 마리아 엘리사 성당. 과도한 장식이 특징인 스페인 추리게라 양식으로 지어졌다.

산타 마리아 엘리사 성당 내부

야를 밝히고 필요한 만큼의 고요함이 낮게 번진다. 바깥 인기와 다른 내부의 고요함은 아무래도 입장료 때문인 것 같았다. 성당 내부에는 입장료를 받고 성당을 안내하는 무표정한 중년의 아저씨가 있었다. 우리는 성당과 보물관을 모두 관람할 수 있는 입장권을 사고 순례자 여권을 꺼내 순례 확인 세요Sello, 도장를 받을 수 있는지 물었다. 그때까지 무표정했던 아저씨의 입 꼬리가 살짝 올라간다. 아저씨는 우리 순례자 여권에 본인의 사인을 힘차게 써넣은 다음 성당의 상징이 새겨진 푸른 도장을 찍어준다. 아니, 바로 주지 않고 입으로 후후 불어 도장의 인주가 번지지 않게 섬세한 뒤처리까지 해서 건네준다. 아저씨의 행위는 중세 순례자들의 발자취를 따라 산티아고 데 콤포스텔라를 향해 걷는 우리의 느린 발걸음에 보내는 예의 갖춘 응원 같았다.

성당 내부는 화려함에 중후함까지 갖췄다. 보물관은 금으로 만들어진 다양한 미사 도구들과 상아나 대리석 같은 값비싼 재질에 정성스레 조각된 작품들이 길게 줄지어 전시되어 있다. 하지만 우리 발길이 유일하게 오래 머문 곳은 투박하게 조각된 야고보 성인 앞이었다. 순례 초반이라 그런지 온전히 순례를 마무리하게 해달라는 기도만이 계속 마음을 두드린다.

산 세바스티안은 19세기부터 스페인 귀족들이 반해버린 스페인에서 가장 아름다운 해변으로 손꼽힌다. 우리는 구시가를 빠져나와 해변이 조개 모양이라 콘차La concha, 조개라는 이름이 붙은 백사장을 걷고, 바다에 발도 한번 담그고, 넋 놓고 바다를 바라보며 차 한 잔 홀짝였다. 원래 온다레타Ondarreta 해변 끝에서 파도에 부딪치며 서 있는 유명한 조각 작품 〈바람의 빗Peine del Viento〉도 보고 어제 지나온 우르굴 산의 서쪽 끝으로 가서 〈텅 빈 건축Construc- ción Vacía〉이란 조각 작품도 보려 했지만, 순례 중인 우리의 체력은 그걸 허락하지 않았다.

콘차 해변. 5월임에도 해수욕을 즐길 만큼 날씨가 덥다.

밤 10시가 돼서야 해가 지는 긴 하루가 주어졌는데, 대낮같은 저녁 시간에 산 세바스티안의 하루를 마무리 해버렸다. 바다도 멋지고 햇살도 사랑스러웠지만, 바다에 햇살에 몸을 던져 휴가를 즐기는 사람들과 우리는 같은 마음이 될 수 없었다. 우리는 내일 또 뚜벅뚜벅 길을 떠나야 하는 순례자니까.

## [4구간] 산 세바스티안 ~ 사라우츠 22.2km
## "호세 마리 할아버지를 만나다"

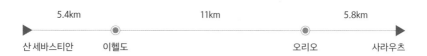

| 5.4km | | 11km | | 5.8km |
|---|---|---|---|---|
| 산 세바스티안 | 이헬도 | | 오리오 | 사라우츠 |

콘차 해변의 뜨는 해를 등지고 길을 나섰다. 온다레타 해변을 지나 이헬도Igeldo를 향해서 해안 길만 따라 걸었다. 해변이 끝나고 카미노는 계단을 올라 숲길로 들어선다. 계단에 이어 평평하게 잘 닦인 흙길이 나오지만, 이 역시 오르막이다. 멀리 하얀 등대와 옛 성채처럼 보이는 놀이 공원을 보며 높은 해안 길에 오르는 동안, 아직 인사는 데면데면하지만 같을 길을 걷는 많은 순례자들을 만날 수 있었다. 앞서 걸어온 길이 4km 남짓, 순례길 화살표가 가리키는 찻길을 따라 1km 남짓을 더 걸으면 이헬도 마을이다. 그런데 우리와 같은 곳에서 아침 식사를 한 할아버지들이 마을 담벼락 밑에서 웅성이며 서 있는 것이 보였다. 내가 다가가자 단체 사진을 부탁한다. 그들이 배경을 삼으려는 곳은 산티아고 데 콤포스텔라까지 795km를 남았다는 글씨 아래 물과 테이블이 놓인 간이 쉼터였다.

"아! 호세 마리Jose Mari라는 분이 만들어놓았다는 쉼터가 여기구나."

나는 순례 안내서에서 읽은 내용을 단숨에 기억해내고선 가로, 세로 두 번에 걸쳐 할아버지들의 단체 사진을 찍어드렸다. 우리도 좀 쉬어 가려고 배낭을 내려놓는 사이 어르신들은 호세 마리라는 사람이 마련해 놓은 가로로 긴 조가비 문양의 세요Sello, 도장를 찍는다. 우리는 할아버지들이 했던 순서대로 아직 산티아고까지 795km나 남았다는데도 그저 좋다며 그 표시 아래서 기념촬영을 하고, 순례 확인 세요를 찍고, 이 길을 지나는 이들 모두에게 행복한 순례길이 되라는 한글 문장을 방명록에 남겼다. 고마운 휴식을 마치고 길을 나섰는데, 한 200m쯤 걸었을까? 남편이 장갑을 두고 왔단다.

쉼터로 되돌아가니 남자 셋이 왁자하게 이야기를 나누고 있다. 두 사람은 미국인 순례자, 가장 나이 많아 보이는 어르신은 새 물을 가져다 놓으려고 들른 이 쉼터의 주인공 호세 마리Jose Mari '할아버지'였다. 팔순의 호세 마리 할아버지는 61세에 첫 순례를 했으며 지금까지 10번의 순례 경험이 있다고

10번의 순례 경험이 있다는 호세 마리 할아버지가 순례자들을 반갑게 맞아준다.

자랑하셨다. 뽀빠이처럼 양 팔을 들어 올리며 아직은 몸이 팔팔해서 앞으로 몇 번은 더 거뜬히 걸을 수 있다고 하시는데, 이야기들이 살짝 뻥튀기된 느낌도 들었지만 순례자들에게 행복한 기운을 전해주는 유쾌함이 좋았다. 그의 작은 친절은 고행을 하며 내면의 안식을 찾는 순례가 결국에는 타인에 대한 배려와 베풂으로 이어져야 한다는 걸 일깨워 주었다. 두고 왔다는 남편의 장갑은 배낭 허리 부분에 꽂혀있어 되돌아간 길이 허무하게 되었지만, 호세 할아버지를 만날 수 있었으니 행운이었다.

이제 오리오Orio까지 10km는 쉬어 갈 만한 카페 하나 없는 산길과 찻길을 번갈아 걸어야 한다. 흐린 날씨 탓에 희뿌연 바다 풍경이 나른하게 오후를 맞고, 들판에 소들도 지루한 듯 느린 몸짓으로 시간을 보낸다. 그래도 젖소 농장에 견학 온 아이들의 흥겨움과 긴장한 농민의 바쁜 움직임과 다양한 나라에서 온 순례자들의 발걸음이 산골 풍경에 생기를 불어넣고 있다. 해가 없어 굳이 나무 아래 쉴 곳을 찾을 필요가 없었다. 시야가 흐려 바다 같지 않아 보이는 바다를 앞에 두고 폭신한 풀밭 위에 주저앉아 신발, 양말 모두 벗고 맨발로 쉬었다. 이곳 농장으로 견학 온 아이들 수십 명이 줄을 지어 지나간다.


"올라hola, 안녕." "올라~" "올라!" "오~올라"


지나는 모든 아이들에게 인사를 건넸다. 반갑게 답인사를 하는 아이들도 있고 머쓱하다는 듯 쳐다만 보는 아이들도 있고 눈길은 주지도 않고 입으로만 인사하는 아이들도 있다. 우리는 그 모든 반응들이 예뻐 다양한 억양에 다른 목소리로 더 정성스레 인사를 했다. 매일 비슷해 보이지만 다른 숲길이 이어지고 비슷하거나 더 힘든 오르막이 나타나고 끝나지 않을 것 같은 돌멩이 내리막길이 어제와 그제처럼 통증을 몰고 올 테지만, 그 모든 걸 견디게 하는 건 길 위의 작은 친절이며 일상의 평화로운 움직임인 걸 알기 때문이다.

점심도 먹고 커피도 마실 수 있다는 기대를 안고 오리오<sup>Orio</sup> 마을을 향해 다시 걷기 시작하는데, 순식간에 바람에 몸을 실은 구름이 초록 언덕을 넘어 우리 주변을 뒤덮는다. 안 그래도 늦은 오후부터 비가 내린다는 예보가 있어 발걸음을 재촉하

힘겨운 순례를 견디게 하는 건 길 위의 작은 친절이며 일상의 평화로운 움직임이다.

고 있는데, 홀딱 비를 맞으며 식당을 기웃거리게 되는 건 아닌지 걱정이 앞섰다. 하지만 오랜 내리막길을 걷고, 바스크 전통 와인인 차콜리의 원료가 될 포도밭도 지나고, 산길을 벗어나 찻길도 걷고, 가파른 오르막을 올라 산마르틴 소성당<sup>Ermita de San Marin</sup>에 이르기까지 비는 오지 않았다. 오히려 비를 걱정하지 않아도 될 만큼 하늘이 맑아졌다.

몇몇 순례자들과 함께 무사히 오리오에 도착해 작고 예쁜 회랑이 있는 산 니콜라스 데 바리<sup>San Nicolás de Bari</sup> 성당을 짧게 구경했다. 17세기에 바로크 양식으로 지어진 이곳은 나무 기둥으로 형태를 갖춘 주 제단이 특별하다 하는데, 문이 잠겨있어 내부를 볼 수가 없었다. 우리는 작은 중심 광장에 있는 북적대는 바르<sup>Bar</sup>에서 점심을 먹을까도 했지만, 오리아<sup>Oria</sup> 강을 따라 주택가 쪽으로 더 들어가 스파게티를 주로 하는 조용한 식당에서 점심을 먹고 커피를 마셨다. 음식을 만들고 서빙을 하는 것까지 혼자 도맡고 있는 아주머

니는 바쁜 와중에도 친절했다. 땀범벅인 동양인 순례자들에게 통하지 않는 말 대신 최대한 따뜻한 웃음과 몸짓을 전했다. 식당에 들어가면서 동네의 큰 마트를 봐뒀는데, 나오면서 보니 시에스타<sup>Siesta, 지중해 연안 국가의 낮잠 풍습</sup>라 문을 닫았다. 밥 먹기 전 물을 샀으면 작은 물 두 개에 70센트 정도면 될 것을, 광장의 바에서 사느라 2유로를 지불했다. 시에스타를 항상 염두에 두라는 것과, 문을 연 큰 마트를 봤을 때 필요한 건 바로 사두라는, 순례길의 교훈을 담고 다시 길에 나섰다.

목적지인 사라우츠<sup>Zarautz</sup>까지 가는 6km 정도는 순례길 표시가 잘 된 평범한 길들이 이어졌다. 밥을 먹고 나니 정신은 나른해지고 몸은 무거워져 길은 더 멀어 보였다. 그래도 생각에 빠져 걸었는지, 생각 없이 걸었는지, 사라우츠 해변이 보이고서야 쉼없이 걸어왔다는 걸 깨달았다. 한때 수많은 고래들이 뛰어올랐다는 바다가 흰 거품만 안고 해안으로 밀려든다. 구름 가득한 하늘에 바람도 한 가득이다. 이제 정말 비가 올 모양이다.

오리오 가는 방향 표지. 왼쪽은 자전거 순례길, 오른쪽은 도보 순례길로 방향이 다르다.

# [5구간] 사라우츠 ~ 이치아르 18.4km
## "바스크 해양지질공원 수마야 해안에 비바람이!"

| 3.8km | 2.6km | 3km | 3.8km | 5.2km |
|---|---|---|---|---|
| 사라우츠 | 헤타리아 | 아스키수 | 수마야 | 엘로리아가 | 이치아르 |

"이런 날이 올 줄은 알았지만, 이렇게 빨리 올 줄은 몰랐네요."

    사라우츠Zarautz 무시카 광장Plaza Musica에서 출발 동영상을 찍으려는 남편의 캠코더를 향해 나는 이렇게 소리쳤다. 어쩐지 새벽 5시에 맞춰 놓은 알람이 울려도 눈이 떠지지가 않았다. 남편과 나는 오늘 걸을 길은 20km가 안 되니까, 어제보다 훨씬 짧으니까, 변면에 변명을 대가며 자다 깨다 침대에서 1시간을 미적거린 후에야 겨우 일어났다. 아침은 어제 마트에서 사놓은 빵과 주스, 천도복숭아로 간단히 먹고 길을 나섰다. 무시카 광장에서 역사지구를 지나 2.5km에 걸쳐 펼쳐진 사라우츠 해변 끝에 이르자 거칠 것 없는 바람이 굵은 빗방울을 안고 몰아쳤다. 물에 젖은 솜처럼 무겁게 움직이는 우리 몸을 '정신 차려!'하며 앞뒤 좌우로 두드려대는 것만 같았다. 밑단이 넓은 판초 우의는 그야말로 춤을 췄다. 뒤집힐 듯 쉼 없이 펄럭이는 비옷의 아랫단을 꼭 붙들고 걷느라 힘은 두 배가 들었다.

    사라우츠에서 헤타리아Getaria까지 4.2km에 이르는 공식 카미노는 해안

비바람이 몰아쳤던 사라우츠 해변. 사진 속에 담긴 순간의 모습은 평화로워 보인다.

가 절벽 길로 나 있다. 하지만 우리는 보행자 길이 설치된 해변 길을 선택했다. 앞서 길을 간 선배 순례자들이 사라우츠를 출발할 때 날이 좋다면 산길로 들어서지 말고 매력적인 사라우츠 해변을 따라 걸어보라고 추천했었다. 그런데 우리는 비바람이 몰아쳐 바다 경치가 눈에 들어오지도 않을 판에 해변 길을 선택했다. 조금 먼 길로 돌아가게 되겠지만 아무래도 길이 잘 닦여 있어 걷기 쉽고 위험도 덜할 것이라는 판단에서다. 이후 다른 순례자들의 후기를 보니, 우리의 판단은 옳았던 것 같다. 이날 해안 절벽 길을 선택한 이들은 비바람에 길을 잃고 미끄러운 바위들 때문에 곤욕을 치렀다는 경험을 쏟아냈다.

　해안선을 따라 만들어진 보행자 길은 안전했다. 그리고 비바람 몰아치는 사라우츠 해안은 터너Turner(1775-1851), 영국의 풍경화가의 그림 같은 풍경을 우리에게 안겼다. 바다가 있고 비가 있고 바람이 있고 속도가 있었다. 실눈을 뜨고 보는 모든 풍경은 빗방울인지 파도가 뿌려놓은 바닷물 방울인지 모를 수증기 너머로 정형화되지 않은 채 움직였다. 격정적인 몸짓의 사라우츠 해변 위로 희뿌연 수증기가 덮여 자연에 낭만을 덧입힌 한 폭의 터너 풍경화가 된 것이다. 남편과 나 역시 움직임을 만들며 풍경화 한쪽 작은 배경을 이뤘으리라.

헤타리아를 상징하는 고래 그림들이 해변 길에 나타나고 멀리 마을과 항구가 보일 때쯤 비는 조금 잦아들었다. 하지만 방향을 이리저리 바꾸며 부는 바람은 여전했다. 15세기 고딕양식의 살바도르 교회가 보이는 헤타리아 구시가의 고즈넉한 길로 접어들었는데, 그 멋을 만끽할 겨를도 없이 뒤쪽에서 골바람이 몰아쳤다. 우리는 마치 등 떠밀려 들어서듯 구시가의 카페에 발을 들였다. 따뜻한 온기와 오렌지 빛 아늑한 불빛, 갓 구운 달콤한 빵 냄새와 마음까지 파고드는 커피 향까지. 판타지 드라마나 영화에서처럼 문을 열고 들어서니 다른 세계에 와 있더라고 느낄 정도의 비현실적인 느낌이었다.

카페에서 몸을 데우고 옷까지 조금 말리고 나왔는데, 무심히도 빗방울은 더 거세져 있었다. 카미노에 다시 오르기 위해 구시가가 시작되는 곳으로 되돌아 나오자 후안 세바스티안 엘카노Juan S. Elcano라는 사람의 기념비가 서 있다. 그는 1519년부터 1522년까지 마젤란과 함께 최초의 세계 일주를 했던 항해가인데, 이곳 헤타리아 출신이다. 그가 세계사에 다시없을 항해를 할 수 있었던

1519년부터 1522년까지 마젤란과 함께 최초의 세계 일주를 했던 항해가 후안 세바스티안 엘카노 기념비

뿌리는 아마 드넓은 칸타브리아 해를 보며 자랐던 데 있었으리라. 산타바르바라 전망대가 있는 망루에 올라 고래의 움직임을 관찰하는 어른들 곁에서 이 작은 헤타리아를 벗어나 끝 모를 바다를 헤엄치는 고래의 꿈을 꾸었겠지. 중세의 골목을 달려 등대가 있는 바다 끝에 서서 세상을 끝없이 돌고 돌겠다며 다짐했을 지도 모를 일이다. 우리도 그의 발걸음을 따라 걷고 싶었지만, 비바람이 우리를 재촉했다.

마을을 벗어나 오르막 산길에 이르자 흙탕물이 얕은 개울물처럼 끊임없이 흘러내렸다. 커다란 물웅덩이도 숨 돌릴 틈 없이 나타났다.

"우와! 정말 방수 제품 시험하는 날 같다."

우리는 이번 순례에서 신발만 새로 샀을 뿐 방수 기능이 있는 모자와 판초 우의와 스패츠spats, 습기로부터 다리와 발을 보호해주며 보온역할도 한다. 등은 4년 전 순례 때 썼던 것을 그대로 가져왔다. 바람에 취약한 판초 우의만 조금 불편했을 뿐 나머지는 괜찮은 것 같았다. 이때까지만 해도!

흙길을 빠져나와서는 차들이 빗물을 튀기며 쌩쌩 달리는 찻길도 걸어야 했지만, 연초록 들판이 끊이지 않고 함께 가주어 그나마 위로가 되었다. 우리는 아스키수Azkizu의 산 마르틴 성당Iglesia de San Martin 처마를 빌어 잠시 쉬었다. 몸에서 나는 열 때문에 안경에는 뿌옇게 김이 서렸다. 힘들 걸 모르고 발을 뗀 것이 아니기에 매일 밤 '내일 걸을 땐 그런 말은 하지 말아야지'하고 다짐하는데, 나도 모르게 '아이고, 힘들어'라는 말이 쏟아져 나온다. 가방을 내리지도 못한 채 짧게 서서 쉬고는 마을을 떠난다.

키 낮은 포도밭의 연초록 나뭇잎이 보일락 말락 할 때쯤 여름 장맛비처럼 빗줄기는 더 굵어졌다. 나는 걸음을 멈추고 포도밭 사이길 물웅덩이를 휴대 전화 동영상에 담았다. 거짓말 같지만, 흙길 중간에 생긴 물웅덩이에 빗방 울이 돋는 소리가 너무 경쾌해 온몸의 힘겨움은 깜빡 잊었다. 오히려 잊고 있던 해방감이 되살아났다. 맞다, 우리는 비를 사랑하는 사람들이었다. 비 오는 날 오토바이 여행을 할 정도로 비를 맞는 것도 사랑하는 사람들이다.

하지만 순례길 빗속에서의 해방은 그리 달콤하지 않다는 걸 깨닫는 데 그 리 오래 걸리지 않았다. 어쩌면 마흔 중반의 빗속 해방은 방수기능이 뛰어난 비옷과 신발과 모자가 있을 때에만 가능한 것일지도 몰랐다. 4년 전 첫 순례 때 장만한 우리의 비옷과 모자는 집요하게 빈틈을 파고드는 빗물을 견디지 못했다. 새로 장만한 중등산화가 제 기능을 하고 있어 그나마 다행이었다.

잠시 후, 이 길을 걸어간 대부분의 순례자들이 사진 속에 남겨놓을 정도 로 예쁜 수마야Zumaia 해안가 풍경이 나타났다. 이곳은 무려 6천만 년 나이 의 암석들이 절경을 이뤄 바스크 해양지질공원으로 지정된 곳이지만, 우리 는 그저 지나쳐 가야 했다.

우리는 수마야 중심지에 도착해 카페에서 잠시 쉬어가기로 했다. 하지만 카페 내부는 이미 만석, 비에 젖은 몸이 으슬으슬 떨려와 내부에 꼭 앉고 싶 었지만 방법이 없었다. 카페 벽을 따라 외부에도 테이블과 의자가 놓여있었 는데, 회랑 형식으로 된 건물이라 다행히 비를 피할 수도 있었다. 우리는 카 푸치노 두 잔을 받아들고 바깥 자리에 앉았다. 비옷을 벗어보니 겉이나 속 이나 별 다를 바가 없이 젖어있고, 머리카락도 마찬가지였다. 비옷이나 스 패츠의 방수 기능이 떨어지지 않았는지 한국에서 미리 확인하고 오지 못한 후회가 뒤늦게 밀려왔다.

바스크 해양지질공원으로도 지정돼 있는 6천만 년 나이의 수마야의 해안 절벽

"이 비옷으로 순례를 끝까지 할 수 있을까?"

"갈리시아 지방에 가면 비가 더 많이 올 텐데, 4년 전에도 그랬잖아."

"비옷을 새로 사야 할까? 이 마을에서 살 수 있을까?"

이런 대화를 나누고 있으려니, 할머니 순례자 두 분이 우리 자리 옆 물기를 말리기 위해 펼쳐놓은 우비를 걷어 입고 길을 나설 채비를 하셨다. 우리의 시선은 할머니들의 비옷에 꽂혔다. 무릎 아래로 길게 내려와 펄럭일 염려도 없고 등 쪽에는 배낭 모양을 따라 볼록 솟아있어 편해보였다. 내 판초 우의는 버려버리고 할머니와 똑같은 걸 갖고 싶었다. 카페에 있는 마을 사람들에게 비옷을 살 수 있는 곳이 있냐며 손짓발짓해서 물었지만 허탕이었다. 그 정도 물어서 없다면 포기를 할 법도 한데, 우리는 카미노에서 조금 멀어지더라도 비옷 가게가 있는 곳으로 찾아가보자는 의논을 했다. 그런데 갑자기 '휙~' 찬바람을 따라 회랑 안으로 빗방울이 몰아쳤다.

"가자! 너무 오래 쉬었어."

우리는 조금 전까지도 버리고 말겠다던 그 비옷을 다시 입으며 웃었다. 부끄러웠다. 8kg이 안 되는 배낭 하나만 있어도 삶이 살아진다는 걸 매일 경험하는 순례길인데, 폭발적으로 치솟던 그 욕심은 어디에서 왔을까? 그 배낭 하나의 무게도 힘들어 날마다 덜어낼 것이 더 없는지 고민하면서도 왜 그 순간 채울 생각만 났을까? 비옷도 없이 바람막이 점퍼 하나만 입고 배낭에 레인커버를 씌운 채 걷는 순례자도 여럿 봤는데, 왜 그땐 그 할머니 순례자들의 비싸 보이는 비옷에만 눈이 갔을까?

그런 생각 속에 걷다 보니, 마을 안에서 순간 길을 잃었다. 이름 모를 조그만 광장에서 여유로운 웃음으로 나타난 할아버지 한 분이 엘리베이터를 타

우리에게 비옷 욕심을 일으켰던 두 할머니 순례자가 앞서 걷고 있다. 8kg이 안 되는 배낭 하나만 있어도 삶이 살아진다는 걸 매일 경험하는 순례길인데, 폭발적으로 치솟던 그 욕심은 어디에서 온 것일까.

라고 손짓하셨다. 감사의 고개를 숙이고 엘리베이터를 타기는 했지만 이 길이 정말 맞는 길인지 의심이 들어 함께 탄 젊은 임산부에게 한 번 더 카미노를 물었다. 그녀는 우리의 손을 이끌어 산 호세 수도원Convento de San Jose 옆, 노란 화살표가 그려진 지점까지 데려다 주고는 자신의 갈 길을 간다. 욕심에다 의심까지, 그 민망한 감정들이 이 험난한 비바람 때문이라고 탓하는 마음이 또 민망하다.

수마야에서 엘로리아가Elorriaga까지는 3km 남짓. 도착해보니 엘로리아가의 유일한 바르Bar는 문을 닫았다. 그래도 휴식이 꼭 필요했던 우리는 입구에 쪼그려 앉아 비를 피했다. 바르의 처마가 조금만 더 넓었으면 그나마 나았을 텐데, 비를 반은 피하고 반은 맞으며 다리와 허리를 쉬었다. 다행히 산길을 빠져나와 국도가 시작되는 곳에 닿으니 식당이 보인다. 메뉴가 뭔지, 가격은 어떤지, 분위기는 괜찮은지, 따질 때가 아니었다. 적당한 시간에 눈앞에 식당이 나타난 것만으로도 감지덕지다. 식당 안에 들어서니 그야말로 사람들로 와글와글, 만석인 것처럼 보였다. 빗물이 뚝뚝 떨어지는 비옷을 벗으며 꼭 여기서 밥을 먹고야 말겠다는 의지를 나이 지긋한 여직원에게 전달했다. 아주머니는 커다란 기둥 옆 단체 손님들 자리 끝에 작은 테이블 하나를 분리해 딱 우리 두 명이 앉을 자리를 마련하고는 테이블보를 펼쳤다. 우리가 앉으니 정말 남은 자리가 하나도 없이 꽉 차 버렸다.

순례길 중에는 물론이고 스페인 여행을 하다보면 메뉴 델 디아Menu del Dia, '오늘의 요리'를 많이 먹게 된다. 전채요리와 본 요리, 후식까지 코스로 먹을 수 있고 8-14유로 정도의 가격에 물 또는 와인이 포함돼 있어 단품을 먹을 때보다 훨씬 경제적이다. 알베르게가 있는 순례 마을에서는 '순례자 메뉴'라고 해서 순례자들에게만 더 저렴하게 오늘의 메뉴를 제공하기도 한다. 다

엘로리아가의 유일한 바르가 문을 닫아 좁은 처마를 빌어 비를 피했다.

만 영어가 되는 큰 도시나 메뉴판이 있는 식당에서는 별 문제가 없는데, 오늘의 메뉴만 있고 메뉴판도 없는 이런 시골 마을의 식당에서는 조금 난감할 수가 있다. 메모지를 든 아까 그 아주머니가 정말 빠른 스페인어로 혀를 굴리며 뭔가를 끊임없이 물어온다. 일단 눈치로 물과 와인 중에서 물을 선택하는 데는 성공. 하지만 코스 메뉴를 설명하는 부분에서는 도무지 한 단어도 알아들을 수가 없었다.

  "제가 좀 도와드릴까요?"

한 테이블 건너에서 들려온 영어다. 말괄량이 삐삐처럼 생긴 경쾌한 표정의 여성. 그녀는 순례중인 스페인 대학생이라 했고 함께 앉은 아저씨는 샌프란시스코에서 온 순례자라 소개했다. 아주머니와 우리는 모두 기쁜 표정으로 그녀에게 집중했다. 스페인 여대생의 도움을 받아 우리는 토마토가 들어간 참치 샐러드와 소고기 요리, 후식으로는 과일을 선택했다. 왁자지껄한 스페인어 속에서 조금은 정신없이 음식을 먹기는 했지만, 이곳은 '맛집'으로 통할 게 틀림없어 보였다.

식당에서 만난 두 명의 순례자가 먼저 길을 떠나고 우리도 같은 길을 따라 걸었다. 이치아르Itziar까지 5km에 이르는 길을 쉬지 않고 걸었다. 찻길이 계속되다 숲길로 이어지고 빗물로 진창이 된 오르막길을 지나, 막아놓은 나무문을 열거나 돌아가며 사유지도 지났다. 사라우츠에서 순례의 하루를 시작한 순례자들은 보통 데바까지 가서 기차역 2층에 마련된 독특한 알베르게에 묵으려 하지만, 우리는 데바 이전 마을인 이치아르에서 걸음을 멈췄다. 비바람에 오르막 내리막, 돌밭, 똥밭, 진창길까지 순례길의 종합선물세트를 받은 이날 나는 엄청 커다란 새 물집까지 선물 받았다. 비가 온 탓에 한 번도 신발을 벗고 발을 쉬어주지 못해 조금 낫는 듯 보였던 물집이 더 번진 듯했다.

짐을 정리하고 숙소를 나설 무렵에 비는 말끔히 그쳐 있었다. 우리는 일단 마을 중심 이치아르 성당Iglesia de Itziar으로 향했다. 성당 제단 장식 벽에는 13세기에 만들어진 '아기예수와 함께 있는 성모상'이 있다. 지금껏 지나온 성당은 대부분 문이 닫혀있었는데, 이곳은 입구의 작은 문이 열려 있었다. 유명하다는 13세기 제단은 화려하지 않았다. 단지 중앙의 '성모자상'만 조명을 받아 금빛으로 빛났다. 빛나는 성모자상 뿐 아니라 본당 내부의 차분하고 단아한 분위기가 비바람을 헤치고 온 우리 마음을 포근하게 보듬어주는 듯했다. 사실 순례자들 사이에는 이곳의 상징이라고 할 수 있는 '성모자상'

이치아르 성당 내부. 제단 장식벽 중앙에 13세기에 만들어진 '아기예수와 함께 있는 성모상'이 모셔져 있다.

이치아르 성당의 세요 안내문. 일본과 중국 국기는 없는데 한국 국기가 그려져 있는 것이 신기하다.

이 새겨진 세요를 찍어주는 것으로 잘 알려져 있었다. 입구에는 세요를 찍고 가라는 안내 그림도 떡하니 붙여져 있었는데, 정작 있어야 할 세요는 없어서 조금 아쉬웠다.

성당에서 광장 쪽으로 걸음을 옮기니 요리사 모자까지 그대로 쓴 채 휴식을 취하고 있는 식당 직원이 먼저 인사를 건네 온다. 사람 마음이 참 신기하다. 그 인사 하나가 뭐라고, 온종일 비바람에 떨었던 마음이 사르르 녹는다. 남편과 나도 반갑게 인사를 건넨 뒤, 마을에 식료품을 살 수 있는 마트가 있는지 물었다. 그가 알려준 마트는 그야말로 구멍가게. 그래도 없는 게 없다. 젤리를 사러 온 아이들 틈에서 맥주 두 캔과 물, 내일 걸으며 먹을 간식들을 고른다. 아직 해가 남은 하늘은 노을에 젖기 이른 시간이었지만, 우리 마음은 조금씩 순례하는 일상에 젖어들고 있었다.

바람에도 말렸다가 소낙비가 쏟아져 실내에도 널었다가 잠시 가동된 히터 위에도 얹어두었던 빨래들이 아침에 보니 결국은 젖은 채였다. 양말은 한 짝씩 가방 옆에 걸고 속옷 등은 비닐봉지에 싸서 배낭에 넣었다. 오늘 우리는 대부분의 순례자들이 어제 이미 걸었을 데바<sup>Deba</sup>까지의 3km를 더 걸어야 한다. 5월의 새벽 공기는 단 한 줌의 싸늘함이나 더위 없이, 단 한 뼘의 과도한 어둠이나 밝음도 없이, 우리를 감싸 안는다. 자박자박 걷는 우리 걸음이 이 새벽의 고요에 첫 울림을 주고 있는 건 아닐까 싶어, 살짝 들뜬 마음도 들었다. 그런데 희한하고도 엄청난 소리로 새벽은 전혀 고요하지 않을 수 있다는 것을 단숨에 일깨워주는 생명들이 나타났다.

*"꾸어억… 꺼어어억… 히어억… 히잉꾸억…"*

발걸음 정도로 새벽을 깨운다니, 어림도 없다는 소리를 내며 당나귀 한 마리와 말 한 마리가 달려온다. 특히 당나귀는 얼굴에 하회탈을 씌워놓은 듯 미소 짓는 표정이다. 풀을 뜯어 주니 와작와작 이빨을 보이며 잘 도 먹는다. 보아하니 울타리를 쳐 놓은 안쪽 풀들은 이 녀석들이 거 의 다 뜯어먹어 밑동만 남아있었 다. 곧 이 두 녀석의 울타리는 사람 무릎 길이로 자라있는 옆 풀밭으로

순례길 대표 귀염둥이 당나귀. 미소 짓는 얼굴이 사랑스럽다.

옮겨질 것 같았다. 소 한 마리를 초원에서 1년 동안 키우려면 서울시 면적의 100배가 필요하다는 글을 읽은 적이 있는데, 말과 당나귀도 소처럼 많이 먹을까? 스페인은 땅도 넓고 풀도 많으니 그래도 괜찮을까? 연신 풀을 뜯어주며 생각했다. 그렇게 먹어치운다는데 이렇게 한 줌씩 뜯어 줘봐야 간에 기별이나 가겠나, 우스운 생각이 들어 하회탈 표정의 당나귀 콧등을 살살 간질여주고는 안녕을 고했다.

대부분의 순례자들이 전날에 이미 데바까지 걸어간 것은 이유가 있었다. 이치아르에서 데바까지의 3.4km는 결코 쉬운 길이 아니었다. 특히 데바에 도착하기 직전 길고 험한 자갈밭 내리막길은 밤사이 잘 다스려놓은 발을 일찌감치 고통 속으로 몰아넣었다. 우리는 폭우 때문에 내린 결정이었지만, 별다른 사정이 없다면 사라우츠에서 데바까지 21.8km를 걷고, 다음날 데바에서 마르키나까지 24km를 걷도록 나눠놓은 순례 안내서를 따르는 편이 좋을 듯싶다. 그래도 지금은 고생길이 조금은 줄었다. 카미노가 닿는 데바의 고지대에서 도심으로 곧바로 내려가는 엘리베이터가 생긴 것이다. 순례길이 변형 없이 고스란히 보존되고 중세시대 순례자들이 걸었던 옛 길을 요령 없이 따르면 좋겠지만, 지나온 내리막의 고통을 생각하면 남은 내리막을 엘리베

이터로 대체해주신 신의 뜻에 엎드려 절하고픈 심정이 된다.

카미노는 데바의 산타 마리아 성당 Iglesia de Sta. Maria 으로 나 있었다. 14-16세기에 지어진 바스크 지방에서 가장 멋진 교회 중 하나라고 하는데, 이른 아침이라 그런지 문은 닫혀 있었다. 이 성당의 정면에는 12사도와 부활한 그리스도, 성모의 생애와 천사들의 모습 등, 성서 속 인물들이 섬세하게 조각돼 있는데 독특하게도 여러 색깔로 채색돼 있다고 한다. 그런데 그 정면은 굳게 닫힌 문이 열려야 볼 수 있는 것인지, 카미노를 따라 걷는 우리 눈에는 성당의 투박한 회색 벽돌 외관만 보일 뿐이었다.

구시가를 빠져나오니 철길이 보이고 데바의 역도 보인다. 이곳 기차역은 2층을 공립 알베르게로도 쓰고 있다. 순례를 준비하면서 데바의 이 독특한 알베르게에서는 꼭 묵었으면 좋겠다는 얘기를 남편과 나누었는데, 결국 그러지 못하고 사진으로만 남기게 되었다. 그런데 우리와 같은 마음, 같은 행동 중인 독일인 순례자가 있었다. 함께 사진을 찍고 밝은 얼굴로 인사를 나눈 그녀와 우리는 기찻길을 건너 함께 숲길로 들어섰다.

그녀는 우리만큼이나 걸음이 느렸다. 몇 미터를 사이에 두고 만나고 헤어지기를 반복했다. 숨을 고르는 그녀를 앞서가면서 우리는 잠시 후 또 보자며

데바 역. 2층은 공립 알베르게로 쓰인다.

데바에서 만나 느린 순례에 대해 이야기를 나누고 있는 독일 순례자와 남편

인사를 하고, 그녀는 먼 산을 보고 서 있는 우리를 지나치며 '잠시 후엔 너희가 나를 추월하게 될 거야'라며 손을 흔들었다. 거위들이 맛있는 먹이를 달라는 듯 꽥꽥거려 녀석들에게 풀을 뜯어줄 때도 그녀는 웃는 얼굴로 우리를 지나쳐 갔고, 칼바리오 소성당Ermita del Calvario에서 내가 신발을 벗고 새로 생긴 물집을 치료할 때는 옆 자리에 앉아 안타까운 눈빛을 건넸다.

"우리는 정말 느리게 걸어.
힘들면 길바닥에 주저앉아 하염없이 쉬고, 길이 좋아도 그냥 멈춰.
캠코더나 카메라로 우리의 발자취를 남기는 일에도 시간을 들이고,
그러면서 모든 걸 오래 들여다 봐. 그러니까 느려.
하지만 차를 타거나 코스를 건너뛰는 건 용납이 안 돼.
그래서 4년 전 프랑스 길 순례에서는 묵어야 할 마을에 도착하는
순위가 늘 꼴찌였어.
자야 하는데 베드를 구하지 못하는 일이 계속 생기더라고.
결국 그 순례는 중간 구간을 몇 군데 건너뛰어 실패하고 말았지.
도보 완주가 아닌 순례가 실패라면 말이야."

우리는 4년 전 프랑스 길을 걷다가 늘 꼴등 순례자가 되었던 이야기를 했다. 순례가 알베르게의 베드를 차지하기 위한 경쟁처럼 여겨져 중간에 걸음을 멈추었고, 그 때문에 단 하나의 정보도 없이 북쪽 길을 짧게 걸었던 경험도 이야기했다. 레온부터 다시 프랑스 길을 걸어 순례를 끝냈지만, 북쪽 길에 대한 강렬한 끌림 때문에 지금 이곳에 다시 서게 되었다는 이야기도 전했다. 그녀는 우리의 서툰 언어에도 깊이 공감해 주었다. 모두 그녀와 우리의

걸음이 느렸기에 가능한 것이었다.

> "나는 보다시피 빨리 걸을 수 없는 몸이야.
> 하지만 이렇게 순례길을 걸을 수 있다는 것만으로도 좋아.
> 우리는 어쩌면 느리게 걸어서 더 행복한 순례자인지도 몰라."

고도 비만 때문에 한 걸음 한 걸음이 힘들지만 순례길에서의 이 느리고 작은 '전진'이 그녀에게는 살아갈 큰 힘이 된다고 했다. 그녀와는 고작 4,5km 정도를 함께 걸었을까? 올라츠<sup>Olatz</sup>에 도착하기도 전에 그녀는 산속에 자리한 사립 알베르게 벤치에 배낭을 내렸다. 아직 숙소가 문을 열 생각도 하지 않았지만, 그녀의 체력으로는 그곳까지가 한계라고 했다. 준비해온 간식을 먹고 주변도 좀 둘러보며 주인이 올 때까지 '천천히' 기다리면 된다고 했다. 이번에 그녀는 산 세바스티안에서 출발해 5일만 걷는다고 하는데, 오늘이 나흘째. 내일은 이번 순례의 마지막 길을 걷고 일터로 돌아간다고 한다. 보통 사람들은 3일이면 도착할 거리를 그녀는 5일에 걸쳐 걷는 셈인데, 그녀에겐 그것도 대단한 도전일 게 분명했다. 휴가를 낼 수 있을 때마다 순례를 이어갈 예정이라는 그녀. 우리는 온 마음으로 그녀를 응원한 뒤 순례길을 이어갔다.

그런데 조금 서러웠다. 느리게 걷는다는 것만 같을 뿐, 우리는 그녀처럼 진정으로 여유로울 수는 없는 입장이다. 유럽인인 그녀는 가까운 곳에 살기에 느리게 걷다가 다 못 걸으면 다음을 기약할 수 있지만, 우리는 비행기 값을 생각하면 한 번에 끝내야 한다. 타박타박 느리게 나아가는 순례에 있어 이 얼마나 '불순한' 조건인지. 조금 전까지만 해도 소망을 안고 소망하는 길

"우리는 어쩌면 느리게 걸어서 더 행복한 순례자인지도 몰라"

위를 걷는 행위 자체가 그저 행복했는데, 이 '한 번'을 위해 이겨내야 했던 수많은 현실들이 떠올라 서글퍼졌다.

셀라예타$^{Zelaieta}$ 소성당을 보고서야 올라츠 마을에 도착했다는 것을 알았다. 소성당 건너편에 바르$^{Bar}$가 하나 있고 띄엄띄엄 민가가 몇 채 보이는 47명에 불과한 작은 마을 소성당 내부는 이곳 사람들 모두가 앉을 수 있을까 싶을 만큼 작지만 신자들의 믿음이 응축된 정갈한 모습이다. 우리는 점심을 꼭 먹어야 할 만큼 배가 고프지 않은데도 마을의 유일한 식당이자 바르에 자리를 잡고 앉았다. 올라츠 이후에는 마을이 전혀 없이 15km의 산길만 이어질 예정이었다. 식사가 될 만한 먹을거리를 배낭에 챙겨오지 않았다면 이곳에서 음식을 먹고 출발하는 것이 좋다. 우리는 갓 만든 계란부침이 들어간 바스크 샌드위치를 먹고 콜라와 커피도 마셨다. 앞으로 순례자가 폭발적으로 많아지면 어떨지 모르겠지만 아직까지는 산골 마을의 저렴한 물가와 친절을 유지하고 있었다. 계산대에 순례자를 위한 세요도 있어 올라츠를 거쳐 갔다는 확인을 순례자 여권에 남기고서 다시 길을 나섰다.

왼쪽은 셀라예다 소성당. 오른쪽은 유일한 식당 겸 바르.

지금까지 걸어온 길보다 더 먼 산길만이 남았다. 순례길이 맞나 싶은 황량한 벌목 현장을 지나니 어제 내린 비로 생긴 진창이 나타났다. 물웅덩이를 피해 질퍽한 진흙을 밟고 걸어야만 하는 길. 신발과 바지 아랫단이 흙투성이가 되지 않도록 스패츠를 착용한 건 잘한 일이다. 스패츠는 바지와 신발이 빗물에 젖는 것도 막아주지만 진흙의 무차별 공격에서도 우리를 지켜준다. 진창길을 걷는 것이 쉽지 않다보니 모두들 걸음이 느려지고 북쪽 순례길에서 보기 힘든 정체 현상까지 빚어졌다. 앞 사람이 밟았던 자리를 그대로 밟아가며 대략 열 명쯤 되는 순례자들이 앞뒤로 서서 걸었다. 내가 밟은 곳은 뒷사람의 발이 진흙 속으로 쑥 빠지지 않게 하는 징검다리가 되고 있었다. 앞서 간 누군가의 걸음걸이가 그 옛날 야고보 성인의 유해가 있는 곳을 안내하던 신비로운 들판의 별, '콤포스텔라'가 되고 있었다.

산티아고, 즉 야고보 성인은 예수 그리스도의 열두 제자 중 한 분이다. 그리스도가 십자가에 못 박혀 돌아가셨다가 부활한 뒤 열두 제자는 세계 각지로 선교에 나섰는데, 야고보 성인은 이베리아 반도로 떠나게 된다. 하지만 7년간의 선교는 그다지 신통하지 못했다. 다시 팔레스타인으로 돌아가 활발한 전도활동을 벌인 그는 기원후 44년 헤로데 아그리파 1세의 명령에 따라 참수당한다. 열두 제자 중 첫 순교였다. 그의 신봉자들은 성인의 유해를 안전한 곳에 모시기 위해 유해를 훔쳐 배에 실었고 천사들이 뱃길을 안내했다. 전설이 시작되는 지점이다. 유해를 실은 배는 7일간의 항해 끝에 갈리시아 지방에 있는 이리아 플라비아, 지금의 파드론 마을 근처에 상륙했다. 지역 주민들의 격렬한 반대가 있었지만 야수 같은 들소들이 성인의 유해를 끌며 온순해진 기적과 유해를 뒤쫓던 병사들을 가로막은 급류의 기적, 여기에 반대

앞서 간 누군가의 걸음걸이가 그 옛날 야고보 성인의 유해가 있는 곳을 안내하던 신비로운 들판의 별, '콤포스텔라'가 되고 있었다.

파의 선봉자였던 루파 여왕이 개종하는 기적까지 더해져 야고보 성인의 유해는 여왕의 궁궐을 둘러싼 성벽 내부에 묻히게 되었다고 한다. 하지만 야고보 성인이 묻힌 정확한 장소는 700여 년이라는 세월 속에 그만 잊혀 버렸다.

810년경 가톨릭 수사였던 '은둔자' 펠라지우스('펠라요'라고도 한다.)는 꿈속에서 야고보 성인의 유해가 묻힌 장소를 계시 받는다. 그는 밝게 빛나는 한 무리의 별빛이 비추는 갈리시아의 구릉에서 야고보 성인이라고 믿을 만한 유골을 발견하게 된다. 이 소식을 들은 알폰소 2세 왕은 당장 이곳에 성당을 건설하라고 명령했고, 무덤이 있던 곳은 캄푸스 스텔라에<sup>Campus Stellae</sup> '별이 있는 들판'이라는 뜻라고 불렸다가 콤포스텔라<sup>Compostela</sup>로 바뀌게 되었다.

이 이야기를 믿든 아니든 길 위에 선 순례자들은 서로가 서로에게 '콤포

스텔라'가 되어주며 조금씩 야고보 성인의 품 안으로 걸어 들어간다. 힘들게 진창을 빠져나온 순례자들은 길 위에 주저앉아 거친 숨을 고르기도 하고 목도 축였다. 하지만 뭉친 다리 근육은 쉽게 풀리지 않았다. 15km의 산길은 쉽게 끝나지 않았다. 시원하게 뻗은 산맥을 바라보며 정상에 올랐다고 환호를 하려 하면, 순례길은 이제 내리막이 남았다고 약을 올린다. 마르키나에 도착하기 전까지 그야말로 살인적인 내리막이 이어졌다.

발 아래로 목적지인 마르키나<sup>Markina</sup>가 보였지만, 도무지 다리가 움직이지 않아 또 한 번을 쉬어야 했다. 그러다 산 미겔 데 아레치나가<sup>San Miguel de Arretxinaga</sup> 소성당이 나오자 정말 '다 왔구나!'하는 마음이 들었다.

중세에 지어졌으나 1740년에 한 번 보수가 된 이 소성당은 평범한 외관과 달리 내부에는 쉽게 상상 못할 제단이 자리하고 있다. 세 개의 커다란 바위가 서로를 지탱하고 서 있는 가운데 작은 성상을 모신 제단이다. 신비롭게 서 있는 세 개의 바위는 모두 자연 거석이라고 하는데, 4천만 년이 넘었다는 이야기가 전해진다. 이 바위들이 있어 이곳에 제단이 만들어지고 그 토대 위에 성당을 지은 것으로, 오랜 거석 신앙이 기독교화 되었음을 보여주는 증거라고 볼 수 있다. 1년 안에 결혼을 하고 싶으면 이곳에서 세 번 기도를 드리면 된다는 말도 있으나, 우리 부부가 그 기도를 할 일은 없어 숙소로 총총 걸음을 옮겼다.

마르키나의 산 미겔 데 아레치나가 소성당. 4천만 년이 넘은 자연 거석이 서로를 지탱하고 서 있다.

# [7구간] 마르키나 ~ 게르니카 24.6km
## "게르니카는 굴하지 않았다"

|  | 3.8km | 2km | 1.2km | 4km | 6.2km | 3km | 4.4km |
|---|---|---|---|---|---|---|---|
| 마르키나 | 이루수비에타 | 볼리바르 | 시오르차 | 무니티바르 | 올라베 | 마르미스 | 게르니카 |

　마르키나의 중앙 광장에서 또 하루의 순례길이 시작되었다. 그런데 무슨 잔치가 벌어질 참인지 이른 아침부터 광장 한쪽에서 건장한 남성들이 양고기 처리에 분주하다. 오늘은 토요일. 양고기 굽는 냄새가 마을 전체를 뒤덮고 흥겨운 음악소리와 사람들의 웃음소리, 한껏 높여도 부끄럽지 않은 이야기 소리들이 마을의 하루를 들썩이게 할 모양이다. 아, 놀고 싶다. 힘들게 걷지도 않고, 무얼 먹을까 고민하지도 않고, 내가 누울 곳은 또 어딜까 하는 불안감도 없이, 그저 축제가 벌어지는 이곳에 털썩 자리 잡고 앉아 온종일 시간을 보내고 싶다. 중세의 순례자들은 어땠을까. 먹는 것, 즐기는 것, 편안한 잠자리까지. 수많은 유혹들이 그때도 틀림없이 밀려들었을 텐데, 지금을 사는 우리들보다 더 간절한 소망이 있었던 걸까. 절절한 신앙심으로 버텼던 걸까. 걸음을 붙잡는 잡념을 떨쳐내려고 평소보다 큰 보폭으로 성큼성큼 광장을 벗어났다.

　마르키나를 거의 빠져나오니 순례길은 희한하게도 어느 공장의 담벼락 안으로 나 있다. 노란 화살표가 그렇게 그려져 있으니 카미노가 분명할 텐데, 공장 주인이 흔쾌히 뒷마당을 순례자들에게 열어주었다는 것이 신기하고 감사하다. 카미노는 귀여운 오리 가족이 줄지어 걷는 농가를 지나 강을 따라 숲길로 이어진다. 이루수비에타<sup>Iruzubieta</sup> 마을에서 바르 벽면에 걸터앉아 잠시 휴식을 취했던 우리는 볼리바르<sup>Bolibar</sup>에 도착해서는 광장 바르에 테이블을 잡

시몬 볼리바르 광장. 산토 토마스 교회와 볼리바르를 기리는 기념비가 보인다.

고 앉아 여러 순례자들과 함께 차를 마시며 쉬었다.

볼리바르는 이름부터가 참 독특한 마을이다. 볼리바르는 베네수엘라 태생의 크리오요<sup>Criollo, 신대륙발견 후 아메리카 대륙에서 태어난 에스파냐인과 프랑스인의 자손들을 일컫는 스페인 말</sup>로, 라틴아메리카를 스페인으로부터 해방시키는데 큰 공을 세운 인물이다. 우리가 쉬었던 광장도 그의 이름을 그대로 빌린 '시몬 볼리바르'이고 광장에는 그를 기리는 기념비도 멋지게 서 있다. 남미의 해방 영웅 볼리바르는 스페인의 입장에서 본다면 적으로 여겨질 인물일 텐데, 그를 기리며 마을 이름을 짓고 박물관까지 만들어 놓다니. 식민 지배에 대한 사죄의 의미일까? 그의 뿌리는 역시 스페인이라는 자긍심에서일까? 그를 기리는 박물관 건물이 그의 후손들이 살았던 집이라고 하니, 그 단순한 이유 때문일까? 박물관이 문을 닫아 관람은 불발됐고, 결국 우리는 이 바스크 지방의 작은 마을 이름이 볼리바르가 된 이유를 알아내지 못한 채 다시 길을 나섰다.

볼리바르에서 시오르차<sup>Ziortza/Ziorza</sup>까지는 중세에 만들어진 돌길을 따라 걷는다. 오르막인데다가 울퉁불퉁 돌길이라 편한 길은 아니지만 '중세'라는 수

식어가 왠지 운치를 더해준다. 그리고 시오르차에 도착하면 또 한 번 중세의 아름다움이 순례자의 걸음을 붙잡는데, 15세기에 지어진 세나루사 수도원 Monasterio de Cenarruza이 그곳이다. 수도원 내부로는 수도원장의 거처 아래에 있는 아치를 통해 들어갈 수 있다. 아치 위에는 이 지역의 문장인 왕관을 쓴 독수리가 발톱에 두개골을 움켜쥐고 있는 모습이 조각되어 있다. 수도원 내부로 들어서자 소성당에서 나온 신자들이 따스한 표정으로 눈인사를 건넨다. 그들이 나온 문을 통해 안으로 들어가니 정갈한 소성당이 모습을 드러낸다. 조금 전 그 신자들이 내일 주일 미사를 위한 청소를 한 때문인지, 성당 내부는 티끌 하나 없을 듯 깔끔했다. 로마네스크 양식의 주 제단 장식 벽은 꼭 봐야 할 작품으로 알려져 있는데, 화려한 듯 품격 있는 그림과 조각도 소중하게 잘 보존된 느낌이다.

소성당에서 나온 우리는 르네상스 양식의 수도원 회랑으로 걸음을 옮겼다. 유럽의 많은 도시들을 여행하면서 수많은 크고 화려한 회랑들을 봤지만, 이처럼 소담하게 아름다운 회랑은 없었던 듯하다. 순례를 상징하는 조가비 조각도 그 어느 곳에서 본 것보다 가슴 뭉클하게 다가온다. 회랑 반대편에는 중세의 순례자 숙소가 있었지만, 1956년 화재로 인해 모두 소실되었다고 한다. 정말 이곳에 순례자 숙소가 있었다면 어떤 이유나 조건을 따지지 않고 하루 묵어갔을 것 같다. 회랑에서 나온 나는 수도원 처마와 돌 의자를 빌어 발에 생긴 물집을 말 그대로 '수술'했다. 15세기부터 늘 있던 수도원이 갑자기 치유의 힘을 발휘했을 리 만무하겠지만, 수도원을 나서면서부터 발 상태가 눈에 띄게 나아졌다.

무니티바르Munitibar로 가는 시간은 좋고 또 좋았다. 길을 따라 핀 작고 예쁜 꽃무더기를 지날 때는 감탄사를 연발했다가, 귀여운 스페인 꼬마 아이에게

시오르차 세나루사 수도원 성당 내부                    15세기에 지어진 세나루사 수도
                                                    원 회랑

한껏 소리 높여 '올라' 인사도 하며 걸었다.

　1366년에 건설된 무니티바르의 중심가는 고풍스럽고 아름다웠다. 우리
는 마을의 작은 식당에서 토마토소스로 버무린 단순하고도 따뜻한 스파게
티를 감사히 먹고 광장에 섰다. 오전에 걸어온 것보다 더 먼 길이 남았다는
표지판에도 힘이 빠지기는커녕 온 몸에서 자신감이 뿜어져 나왔다. 아직 가
야 할 길이 한참 남았는데, 뭐가 그리 긍정적이냐는 남편의 물음에 나는 이
렇게 답했다.

　"긴 순례길, 일희일비 하지 않는 게 좋겠지만
　기쁠 땐 기쁘고 아플 땐 아프고 좋을 땐 그냥 좋기로 할래!"

　올라베<sup>Olabe</sup>로 향하는 길에서 캐나다에서 온 노부부와 이야기를 나누고는
더 힘을 얻었다. 이날 이 부부가 순례길 내내 나직이 대화를 나누며 서로를
살뜰히 챙기는 모습을 계속 봤다. 그 모습이 너무도 예쁜 울림을 줘서, 우

리는 그들 뒤를 천천히 따라 걸으며 저렇게 나이 들어가자 다짐도 했다. 2년 전 프랑스 길을 걸었고 이번 북쪽 길은 두 번째 순례라고 하셨다. 한 번의 순례가 두 번으로 이어진, 우리와 같았다.

두 번째 순례길이라는 캐나다에서 온 순례자 부부. "함께여서 좋아"

"왜 두 번이나 순례길을 걸으시나요?"

"함께여서. 이렇게 함께 순례길을 걸을 수 있다는 게 정말 감사하지 않아?

함께여서 한 번의 순례가 참 좋았고, 두 번도 가능했던 것 같아.

아마 세 번째도 함께라면 용기가 생길 것 같은데?"

맞다. 홀로 순례길에 선 이들이 존경스러울 정도로 소심한 나는, 남편과 함께하지 않았다면 이 길에 서지 못했을 것이다. 그것도 두 번이나. 그동안 내 몸이 힘든 것에만 신경을 쏟느라 함께하는 감동을 잊고 있었나 싶었다. 그런데 또 아니다. 함께였기 때문에 마음껏 아파할 수도 있었을 테니까.

엘레할데Elexxalde까지 오르막을 계속 올라 산토 토마스 성당Iglesia de Santo To-mas 앞에 섰다. 지난 걸음에 대한 보상이라는 듯 발 아래로 시원한 풍경이 펼쳐졌다. 성당 옆을 돌자 커다란 돌 십자가 위에 사람들이 소망 돌멩이를 가득 올려놓은 것이 보였다. 우리의 세 번째 순례를 향한 간절한 소망이 생긴 걸 어떻게 알았을까? 기적이라도 만난 듯 나도 돌멩이 하나를 들고 십자가로 다가갔다. 그런데… 이런, 키가 작아 십자가 위까지 손이 닿지 않았다. 키 큰 서양 사람들 기도만 들어주는 십자가인가, 키 작은 설움에 앞서 웃음이 터졌다. 남편의 손을 빌어 키 큰 십자가 위에 소망 하나를 올려놓고 남은 카미노를 성실히 걷겠노라 다짐했다.

목적지인 게르니카<sup>Gernika</sup> 시내에 들어서자 80년 전 참혹상을 알리는 거대한 사진이 길가에 걸려 있다. 도시는 완전히 재건되어 80년 전 참상의 흔적은 찾을 길이 없는데, 오히려 말쑥한 도시를 보니 무언가 몸속 가장 깊은 곳까지 쑥 내려앉는 느낌이 든다.

1937년 4월 26일. 게르니카는 독일군에게 3시간 여 동안 1,000파운드의 폭탄을 맞고 인구의 30퍼센트가 몰살되고 건물 80퍼센트가 파괴되었다. 이곳은 전략적 요충지도 아니었다. 단지 프랑코 독재정권의 바스크 민족주의 말살 정책과 히틀러의 신무기 성능 테스트를 위한 야합으로 빚어진 비극이었다. 세계적인 비난이 들끓자 프랑코는 이 만행을 부인하며 오히려 바스크인의 책임으로 몰아갔다. 이 비극적인 소식에 충격을 받은 피카소는 노여움과 경고를 담아 그 유명한 그림 〈게르니카〉를 그렸고, 프랑코 독재가 계속되는 한 스페인에 결코 돌아가지 않겠다는 선언을 했다.

그 청천벽력 같은 일을 겪고도 게르니카와 바스크는 굴하지 않았다. 도시는 재건되었고 복구되었다. 우리는 숙소에 짐을 풀고 게르니카 시내를 돌아보았다. 곳곳에 그들만의 국기가 걸려있고 누구에게도 종속되지 않는 독립국임을 천명하는 선언이 오늘도 이어지고 있었다. 집집마다 담벼락에는 자신들의 영역을 알리는 바스크 '나라' 지도도 걸려 있었다.

1826년에 지어진 카사 데 훈타스<sup>Casa de Juntas</sup>를 보면 게르니카는 단 한 번의 흔들림도 없이 바스크 지방의 자유와 자치의 상징으로 그 자리를 지키고 있었음을 알 수 있다. 1937년 그 날, 거의 유일하게 폭격의 피해를 당하지 않았던 것도 절대 파괴될 수 없는 바스크 정신이 이곳에 깃들어 있어서인지도 모르겠다. 이곳 카사 데 훈타스의 정원에는 오래된 떡갈나무가 있다. 예로부터 바스크 사람들은 이 나무 밑에 모여 바스크의 자주와 독립을 맹세하고, 국왕도 나무 밑에서 바스크에 일정한 자치를 부여한다는 선언을 했다고 한다. 1483년에 이사벨 여왕도 이곳을 방문했다고 전해진다. 기둥과 지붕으로 보호되고 있는 나무가 유서 깊은 진짜 떡갈나무이고, 이 나무를 복제한 또 다른 나무도 있다. 바스크 자치 정부의 의사 결정을 하는 이곳의 건물 내부에는 비스카야 영주들의 초상화가 걸려있고 천장 스테인드글라스에는 정원의 떡갈나무 아래서 시위하는 바스크 시민들을 묘사해놓고 있다. 내부 관람이 가능하긴 하지만, 우리는 순례 뒤 너무 늦은 시간에 도착한 탓에 내부 관람은 할 수가 없었다.

평범한 가정집 현관. 게르니카의 참상을 그렸던 피카소의 그림 옆으로 바스크 깃발이 휘날리고 있다.

바스크 의사당인 카사 데 훈타스

시계를 보니, 숙소에서 알려준 마트의 마감시간이 다가오고 있었다. 토요일이라 늦은 오후까지 문을 여는 곳은 그 한 곳 뿐인데, 그곳에 들르지 못한다면 내일 순례를 위한 저렴한 간식 준비에 차질이 빚어질 게 뻔했다. 걸음이 빨라졌다. 하지만 마음은 상처 입은 게르니카 곳곳을, 보란 듯이 새로 일군 삶의 터전을, 단 한 번도 파괴된 적 없었을 바스크의 정신 속을 느리게 걸었다.

[8구간] 게르니카 ~ 빌바오 31.6km
"노란 화살표의 의미"

6.93km     9.3km     1.4km    3.44km    3km     7.8km

게르니카    산에스테반     고이콜레할데   라라베추   레사마 사무디오     빌바오
        데헤레키스

     게르니카를 떠나는 카미노는 산티아고 순례자상을 품고 있는, 1449년에
지어진 산타 마리아 성당Iglesia de Santa Maria을 지난다. 그리고 바로 옆, 어제 이
미 둘러봤던 바스크 자치의 상징 카사 데 훈타스를 지나 평화의 조각상들이
있는 유럽 국가들의 공원Parque de los Pueblos de Europa 옆을 돌아 나가게 되어있다.
이 공원에는 영국 출신의 추상 조각가 헨리 무어Henry Moor의 〈피난처에서의
위대한 모습Gran Figura en Refugio〉 등의 작품을 비롯해 평화를 상징하는 조각들
이 공원 곳곳에 전시돼 있다. 하지만 게르니카를 아침 일찍 떠나는 순례자들
은 닫힌 공원의 울타리 사이로 그 분위기만을 느낄 뿐이다.

     게르니카에서 빌보/빌바오Bilbo/Bilbao, 우리가 흔히 부르는 '빌바오'는 바스크어 지명이다.까지
31.54km를 걷는 여덟 번째 구간이 시작되었다. 결론부터 말하자면, 이날은
극도로 힘들었다. 순례길은 모든 날이 힘들지만, 그 '힘듦의 크기'는 언제든
갱신될 수 있다는 것을 땀과 눈물로 경험한 하루였다. 남편과 내가 꼽은 북
쪽 순례길 중 가장 힘들었던 세 구간 안에 들었던 날. 휴대전화 어플에 남겨
진 기록을 보니, 우리는 이날 11시간 동안 총 57,364걸음을 걸었고 94층에

산타 루시아 공원(Parque Santn Lucía)에 있는 순례자상. 순례자의 피카소적 해석인가?

달하는 높이를 오르내렸다.

　게르니카의 도심을 빠져나와 미케노<sup>Mikeno</sup> 개천을 지나면 본격적으로 산을 오른다. 5만 7천 보의 초입, 94층 높이에 한걸음 내딛는 순간이다. 카미노는 게르니카 이후 첫 마을이 나올 때까지 16km정도가 산길로 이어져 있다. 길 모양도 나무의 크기도, 구름의 모양과 바로 옆 풀들도 저 멀리 보이는 능선도, 모두 같은 듯이 보일 때도 있지만 사실 움직이는 거리마다 조금씩 모습과 빛깔을 바꾸며 나의 호흡에 보조를 맞춰 움직인다. 그리고 깜빡깜빡 경고등처럼 잊을 만하면 나타나는 노란 화살표는 기나긴 산길을 걷는 동안 '너는 아주 특별한 길을 걷는 거야'라며 끊임없이 알람을 울려댄다. 그리고 때마다 말도 걸어온다. 갈림길이 나올 때면 '깜빡. 이쪽이야' 그 길이 오르막일 때면 '깜빡. 마음 단단히 먹어' 나른한 오후의 허허벌판 위에서는 '깜빡. 물 한 모금 마시고 쉬었다 가' 경치가 끝내주는 산등성이에서는 '깜빡. 힘들어도 땅만 보면 안 돼' 등등. 그 경고등은 담벼락에도 바위 위에도 나무 둥치에도 사유지를 알리는 기둥에도 친절히 그려져 있었다. 그리고 산골 모퉁이, 바퀴가 다 빠진 폐차의 빨간 바탕 위에도 그려져 있어 피식 웃음이 났다. 그런데 수많은 노란 화살표가 그 방향을 따라 걷는 순례자들에게 끈질기게 말하고 싶은 것은 단 한 가지일 것 같았다.

노란 화살표를 고안하고 산티아고 순례길을 부활시킨 삼페드로 신부를 기리는 비석

"넌 혼자가 아니야."

노란 화살표를 고안한 사람은 카미노 데 산티아고를 부활시키는 일에 자신의 인생을 바친 엘리아스 발리냐 삼페드로Don Elias Valiña Sampedro, 1929-1989 신부다. 그는 1960년대 중반에 산티아고 순례길 연구로 박사학위를 받은 뒤 유럽 전역에 강연을 다녔고, 체계적인 순례길의 보존과 복구를 위해 '카미노 친구 협회'도 설립했다. 그리고 1984년에는 처음으로 카미노 프랑스 순례길의 전 구간을 노란 화살표로 표시했다. 그가 바로 우리가 걷고 있는 현대의 순례길을 확정지은 사람이다. 엘리아스 발리냐 신부가 프랑스 길이 지나는 오 세브레이로O Cebreiro의 교구에 몸담고 있었기에, 이 성당 앞에는 그를 기리는 흉상이 서 있다. 4년 전 프랑스 길을 걸으며 그의 흉상 앞에 섰을 때도 이런 이야기가 들렸던 것 같았다.

"노란 화살표를 따라 걷는 모든 이들은 혼자가 아닌, 하나랍니다."

산 에스테반 데 헤레키스<sup>San Esteban de Gerekiz</sup> 소성당을 지나 등산은 계속되었다. 좁은 산길을 빠져나가 임도<sup>林道</sup>를 가로질러야 하는 지점에 이르렀는데, 눈앞에 한 남자가 휙 지나간다. 그가 끝이 아니었다. 여러 명의 남자가, 또 여러 명의 여자들이 휙휙 지나갔다. 몸에 번호표를 부착한 산악 마라톤 참가자들이었다. 순례자와 마라토너의 만남. 뛰고 걷는 속도는 다를지 모르겠으나, 느리더라도 멀더라도 꼭 목적한 곳에 이르고자 하는 의지를 지닌 사람들, 그걸 위해 스스로를 믿으며 오로지 혼자의 힘으로 걷고 뛰는 사람들. 우리는 같은 주자였다. 우리와 마라토너들은 누가 먼저랄 것도 없이 눈빛을 맞추고 서로에게 엄지를 척 들어보였다. 마라톤 코스를 안내하는 아저씨도 마라토너들에게 응원하듯 우리를 향해 한 손을 들며 인사와 응원을 보내왔다. 그리고 마라토너들에게 음료와 간식을 나눠주는 부스의 아주머니들은 순례 경주를 펼치고 있는 우리에게도 똑같이 물과 오렌지를 나눠주었다. 다른 하나가 있었다면 우리는 "부엔 카미노" 인사까지 덧붙여 받았다는 것. 오렌지를 입 안 가득 베어 무는데, 무덥기만 했던 산길에 산들 바람이 불어온다.

드디어 고이콜레할데<sup>Goikolexalde</sup> 마을이 보이고, 16km의 산길을 걸어온 순례자들에게 간절하고도 절실했던 바르가 나타났다. 일흔은 훌쩍 넘겼을 백발의 할머니가 커피도 내리고 서빙도 하고 물론 계산도 하는, 그야말로 1인 운영 가게였다. 다른 순례자와 인사를 나누고 있자니 스페인어와 영어를 섞어가며 유쾌하게 말을 걸어오는 부부 순례자가 나타났다. 아내는 노르마, 남편의 이름은 미겔이라 했다. 우리의 이름도 물어봐서 알려주었더니, 수많은 외국인들이 그랬듯 발음이 어렵다며 고개를 절레절레 흔든다. 마르키나에

카미노를 반대로 뛰는 산악 마라토너들

순례자들에게 자비를! 마라토너 부스는 순례자들에게 흔쾌히 물과 과일을 제공했다.

서도 본 적이 있는 이 부부는 멕시코 출신으로 미국 텍사스에 거주하고 있다고 했다. 노르마와 미겔은 먼저 온 남성 순례자들이 스페인 사람이라는 걸 알고는 엄청난 스피드로 스페인어 질문을 쏟아 붓는데, 과묵한 남자 둘은 맥주 한 잔을 단숨에 마시고는 두 손 들었다는 표정으로 바르를 나갔다. 부부가 동시에 그러기는 참 힘들 것 같은데, 두 사람 모두 말도 많고 말하는 속도도 엄청 빨랐다. 스페인어와 영어 모두 능숙하지 않은 우리 부부는 그들과 대화를 하는 동안 정신이 하나도 없었다. 땀을 많이 흘리는 순례길에서는 염분 보충이 필수라며, 말하는 중에도 자신들이 주문한 절인 올리브를 계속 건네주었다. 우리는 한국에서 준비해간 전통 책갈피를 선물로 주었는데, 감사의 포옹과 볼 키스도 그들의 수다만큼 빨랐다. 알고 있는 모든 정보를 주겠다며 덤비는 감당 불가의 수다만 아니라면 정말 재미있고 유쾌한 두 사람. 좋은 순례길 되라고 인사를 건네고, 우리는 그들의 수다보다 빠르게 가게를 빠져나왔다.

고이콜레할데에서 라라베추Larrabetzu까지 가는 짧은 구간에는 이곳이 바스크 지방임을 알려주는 구호가 곳곳에 쓰여 있었다. 바스크 깃발인 '이쿠리냐'가 벽 그림으로 자랑스럽게 표현돼 있는 라라베추 마을 광장에 도착하자,

10여 명의 주민들이 바스크어로 쓴 긴 현수막을 펼쳐놓고 구호를 외치며 시위를 하고 있었다. 눈치코치로 알아보니 바스크인 포로의 석방을 요구하는 시위였다. 시위가 과격하지는 않았지만 단호하고 강렬했다. 역시 게르니카에서 빌바오에 이르는 이 지역이 바스크의 중심이라는 것이 아주 분명하게 느껴졌다. 우리가 인상 깊게 시위를 지켜보는 동안 텍사스 부부도 어느새 도착했다. 마을에는 시위를 하는 사람들만 있는 것이 아니었다. 마을에 있는 식당과 바르에는 빈자리 하나를 찾기 힘들 정도로 붐볐고, 광장의 계단과 작은 공원의 벤치에는 휴일의 여유를 즐기는 사람들로 흥겨웠으며, 광장 뒷골목은 축구를 하는 아이들로 떠들썩했다. 그런데 우리가 마을을 둘러보는 동안, 오늘 계속 함께 걷게 될 것 같던 텍사스 부부가 보이지 않았다.

그런데 텍사스 부부만 사라진 것이 아니었다. 오전 내내 만났다 헤어졌다 했던 스위스 순례자 둘과 아까 바르에서 만났던 마드리드 순례자 둘도 사라졌다. 작은 배낭을 메고 여러 명 함께 걷던 순례자들도 못 만났다. 레사마

라라베추 마을 광장에서 바스크인 포로의 석방을 요구하는 시위를 하고 있다.

Lezama까지 가는 동안에도, 레사마의 길가 식당에 앉아 샌드위치와 토르티야 Tortilla, 스페인식 감자오믈렛로 점심을 때우며 쉬는 동안에도 순례자들은 보이지 않았다. 아직 빌바오까지는 11km나 남았는데 내 속도가 너무 늦은 것은 아닌지, 조금 걱정도 되었다. 그런데 식당에서 나와 레사마 마을의 버스 정류장을 지나는데, 오전에 봤던 독일 순례자 커플이 정류장 의자에 배낭을 올려놓고 서있는 것이 보였다. 우리가 낙오된 것이 아니었구나, 안심이 되었다.

"빌바오까지 걸어가려고?"

여성 순례자가 말을 걸어왔다. '당연히' 우리는 "당연하지!"라고 답을 했다.

"와우~ 이후에는 공업단지하고 산 밖에 없어. 그리고 엄청 힘들대.
우리는 여기서 버스를 타려고.
조금 있으면 온다는데, 너희도 같이 타지 그래? 이미 라라베추에서 택시나 버스를 타고 간 사람들도 많아."

앞으로 남은 길이 힘들고 별 볼 것이 없으니 걷지 않겠다는 의미다. 우리는 되었다고, 그냥 걸어보겠다고, 억지웃음을 지으며 그들에게 안녕을 고했다. 아… 오전까지 비슷한 속도로 걷던 사람들이 감쪽같이 사라진 것이 그런 이유였더란 말인가. 마음이 씁쓸하고 허탈했다. 온종일 노란 화살표를 '함께'라는 신호로 보고 그렇게 힘을 내서 걸어왔는데, 한순간에 다리가 풀리는 느낌이었다.

이후의 카미노는 정말 밋밋한 찻길과 볼 품 없는 공장지대, 높고 힘든 산길 순서로 이어졌다. 16세기 산토 크리스토의 십자가가 있는 산타 마리아 교회를 지나 사무디오의 공업단지까는 그늘 하나 없는 찻길이 직선으로 뻗어있었다. 해를 머리 꼭대기에 달고 걷는 느낌이라 더 빨리 지쳤다. 우리는 15-16세기에 지어진 사무디오의 산 마르틴 성당Iglesia de San Martin에서 배낭을 내렸다. 일요 미사가 끝난 소성당 문은 굳게 닫혀 있어 성당의 넓은 처마 아래에 자리를 잡고 쉬었다. 성당 바깥이라 신발까지 벗고서는 정말 편히 쉬었다. 쉬어가지 않으면 안 되는 몸 상태일 때, 이렇게 좋은 휴식처가 나타나면 뜻하지 않은 행운을 만난 것 같다. 우리는 이후 도착한 공업단지에서도 행운이 깃들었다고 생각했다. 순례 안내서를 보면 공업단지와 손디카 공항이 있는 사무디오 근처는 지구의 멸망이 다가왔음을 느낄 정도로 혼란스럽다고 돼 있다. 그런데 오늘은 공장들이 모두 문을 닫은 일요일, 다행히 그런 지옥은 경험하지 않았다. 단지 사람 하나 없는 공장지대를 걷자니 조금 서글펐을 뿐.

이제 이투리추알데 산만 넘으면 빌바오다. 그런데 그 산이 참 만만치가 않고, 햇살이 가장 강하고 기온이 높은 시간대에 산을 넘는다는 것도 악조건이었다. 이미 긴 시간을 걸어온 터라 체력이 떨어질 대로 떨어져서 그런지 힘든 느낌이 더했다. 시간이 너무 늦어질까 싶어 오래 쉬지 않고 조금씩 자주 쉬었다. 어디 걸터앉을 곳이 있으면 배낭을 맨 채로 엉덩이만 쉬었다. 혹여나 산을 다 넘기도 전에 준비한 물이 떨어질 까봐 물도 조금씩 아껴가며 먹는데, 눈물이 찔끔 났다. 산길을 한창 걷는 중에 어디서 바비큐 냄새가 난다 했더니 바비큐 시설을 갖춘 공원이 보였다. 가족끼리 연인끼리 휴일을 즐기러 온 사람들로 북적였다. 빌바오에 가까워졌다는 신호였다. 아니나 다를까, 숲길을 거의 빠져나오자 빌바오가 한눈에 펼쳐진다. 도로 위의 육교를 지나 빌바오 중심으로는 이제 내리막뿐이지만 상상 이상으로 길고 가파르고 지루하기 때문에 마음을 단단히 먹어야 한다. 그리고 이곳에서부터는 바닥에 세라믹으로 표시된 순례길 표시도 놓치지 않도록 신경 쓰며 걸어야 한다. 빌바오에서는 순례길 방향 표시가 바닥에만 되어 있어 무심코 지나치기가 쉽다.

빌바오 초입. 어느 집 대문 옆 작은 순례길 표시 타일이 정겹다.

내리막을 걷고 또 걷다 보니 산을 넘는 것이 문제가 아니었구나 싶었다. 그야말로 '살인적인 내리막'이 아주 끈질기게 이어졌다. 직사각형 바실리카 형식을 갖춘 베고냐 성당

바실리카 베고냐. 13세기 말부터 빌바오의 수호성인을 모시고 있는 곳이다.

Basilica de Begoña에서 가쁜 숨을 진정시키고 다시 길을 나섰다. 조용한 성당에 앉아 차를 타고 사라진 수많은 순례자를 미워하거나 비난하지 않게 해달라고 기도를 했지만, 아래로 향한 213개의 계단과 돌로 포장된 급경사 내리막길을 만나니 기도의 평화는 사라져 버렸다. 해야 할 일들이 쌓여 있고 시간은 넉넉지 않아 마음이 다급할 때 나는 가끔 그런 꿈을 꾼다. 누군가에게 쫓겨 달리고 있는데 신발 끈이 풀어져 발목을 휘감는 꿈. 더 빨리 달려서 쫓아오는 사람을 벗어나고 싶지만 발은 끈에 걸려 무겁게 휘청대는 꿈. 그 꿈 속 상황보다 100배는 힘들고 난감한 것이 빌바오 구시가로 가는 내리막길이었다면 그 힘겨움이 좀 느껴질까.

# 빌바오, 구겐하임의 도시

 

빌바오에 도착한 날이 일요일, 그러다보니 빌바오에서 하루 더 묵으며 관광을 하게 된 날이 하필 구겐하임 박물관이 쉬는 월요일이다.

우리는 빌바오를 가로지르는 강을 느릿느릿 걸으며 여유를 부렸다. 빌바오는 역시 중세 유럽의 중후한 느낌보다는 근대 산업도시의 산뜻한 느낌이다. 빌바오는 바스크 산업의 중심지이자 스페인의 으뜸 무역항으로 손꼽히는데, 19세기 중엽 빌바오 북서쪽 광산에서 철광석이 채굴되기 시작하면서 산업 도시로 번성했다고 한다. 한때 심각한 환경오염 문제도 있었고 난개발로 도시 분위기가 어수선했지만 침체에 빠진 공업도시를 활기찬 문화예술 도시로 탈바꿈시키기 위한 도시 개발 계획이 착실히 진행되어 오늘의 빌바오가 만들어졌다. 그리고 그 중심은 역시 구겐하임 박물관이다.

빌바오의 구겐하임 박물관Museo Guggenheim은 건축물 자체가 예술인데, 1997년 건축가 프랭크 게리Frank O. Gehry가 7년에 걸친 공사 끝에 완성한 작품이다. 물고기의 이미지로 외관을 스케치하고 중공업지대였던 빌바오의 과거를 상징하기 위해 60톤의 티타늄 재료로 외벽을 뒤덮었다. 날씨가 흐릴 때는 금색으로, 맑은 날에는 은색으로, 밤에는 또 다른 색으로 쉴 새 없이 변화된 건물. 우리는 너무도 맑은 5월의 하늘 아래, 은빛 곡선들이 춤을 추는 빌바오 구겐하임을 보았다.

구시가 쪽에서 구겐하임으로 진입한 우리는 제프 쿤스^Jeff Koons, 미국의 대표적인 현대조각가의 작품 〈강아지(Puppy)〉가 맞이하고 있는 박물관 입구를 향해 가게 돼 있었다. 저 멀리 독특한 티타늄 소재의 반짝임을 보면서 곧 '거대'하지만 '귀여운' 형상의 강아지가 보이겠지, 기대를 잔뜩 기대하고 걸어갔다. 그런데 다가가면 다가갈수록 강아지 형상을 실사화 해놓은 가림막만 크게 보일 뿐이다. 제프 쿤스의 작품 'Puppy'는 높이 13m에 2만개의 화분이 강아지 형상의 골격에 장식돼 있는데, 관개시설을 갖춰 꽃이 피고 지며 계절마다 다른 모습을 보여준다. 빌바오 구겐하임의 대표 전시물이면서 상징인 〈Puppy〉가 따뜻한 봄날에는 어떤 모습일지 상상하고 기대하며 갔는데, 안타깝게도

빌비오 구겐하임 박물관. 제프 쿤스의 작품 〈튤립〉도 보인다.

우리는 사면을 가리고 보수중인 현장만을 보게 된 것이다.

　그래도 제프 쿤스의 〈튤립(Tulips)〉은 멀리서나마 관람할 수 있었다. 연못 너머 스테인리스 스틸로 주조한 후 크롬 도금으로 광택을 낸 서로 다른 빛깔의 일곱 송이 튤립이 탐스럽게 자리하고 있다. 휴관을 맞아 박물관 외벽을 청소하는 인부들의 오르내림 속에 제프 쿤스의 '튤립'은 화려한 빛깔로 반짝였다. 햇살을 직접 받아 반짝였고, 햇살을 받은 박물관 외벽의 티타늄에 반사돼 또 반짝였고, 찰랑이는 강물의 반짝임으로 인해 다시 한 번 더 반짝였다. 그리고 마지막, 묵묵히 일하는 인부들의 단조로움에 대비돼 더 화려하게 반짝였다. 그러고 보면, 현대의 조각 작품들은 그 자체로서의 빛남보다는 인간의 삶과 어우러져 그 빛을 뿜낼 때가 참 아름답구나, 그런 생각이 들었다.

아니쉬 카푸어의 작품 〈큰 나무와 눈〉.

　구겐하임 박물관 바깥에서 볼 수 있는 또 하나의 세계적인 작품으로는 아니쉬 카푸어<sup>Anish Kapoor, 인도 태생의 영국 조각가</sup>의 〈큰 나무와 눈(Tall tree & the eye)〉이다. 가까이 다가가 보면 크롬으로 도금된 반짝이는 구의 표면에 또 다른 구들이 비치고 조금 멀리 떨어져 보면 파란 하늘도 두둥실, 구름도, 잔잔한 강물도, 심지어 그것을 보는 내 얼굴도, 동그란 구위에 얹혀 둥글게 흐른다. 아니쉬 카푸어는 라이너 마리아 릴케의 시 〈오르페우스에게 바치는 소네트〉에서 영감을 받아 이 작품을 제작했다고 한다.

저기 나무 한 그루 솟았다. 오, 순수한 상승이여!
오, 오르페우스가 노래한다. 오, 귓전에 선 높은 나무여!
만물은 침묵했다.
그런데 그 침묵에서 조차 새로운 시작이, 몸짓과 변화가 일어났다.

-릴케, 〈오르페우스에게 바치는 소네트〉 부분

오르페우스는 그리스 신화에 나오는 인물로 음유시인이자 하프의 일종인 리라$^{lyre}$의 명수로 알려져 있다. 그의 리라 연주에는 목석도 춤을 추고 맹수도 얌전해졌다는데, 릴케의 시에서 영감을 받았다는 아니시 카푸어는 만물을 춤추게 하는 오르페우스의 연주뿐만 아니라 연주 없는 침묵 속에서조차 변화하는 자연을 작품에 담고자했던 것이 아닐까?

외부에 설치된 작품 중에서 〈마망(Maman)〉은 가장 인상 깊은 작품이다. 현대 미술가의 대모로 불리는 루이스 부르주아$^{Louise\ Bourgeois}$가 제작한 9미터 높이의 청동거미 조형물. 오래 전 런던의 테이트 모던에서도 본 적이 있는데, 뭔지 모를 어둠과 아픔이 마음을 짓눌러 쉽게 잊히지 않는 작품이었다. 'Maman'은 프랑스어로 '엄마'라는 뜻인데, 과연 이 거대한 거미는 어떤 엄마를 상징하는 것일까? 아버지의 외도에도 묵묵히 가정을 지킨 강인한 모성의 표현일까, 아니면 가늘고 긴 다리지만 언제까지고 버틸 수밖에 없는 엄마이자 여성의 모습일까. 파리의 예술가 집안에서 태어난 루이스 부르주아는 그녀의 작품에 유년기의 고통을 고스란히 담아내고 있다고 하는데, 'Maman'

루이스 부르조아의 〈마망〉

역시 그 어두운 그림자가 짙게 드리워진 작품인 듯하다.

휴관일이라 빌바오 구겐하임이 자랑하는 현대미술의 위대한 걸작들을 만나지는 못했지만, 더 이상 좋을 수 없는 맑은 봄날에 관광객에게 쓸려 다니는 불편함 없이 여유롭게 아름다운 박물관 건물과 외부에 자리한 조각 작품들을 관람할 수 있었던 것으로 위안을 삼았다.

우리는 빌바오의 구시가, 일명 미식가들의 거리에서 점심을 먹고 골목골목을 구경했다. 빌바오는 역시 바스크의 수도답다는 느낌이 들었다. 집집마다 바스크 인들의 정체성을 상징하는 깃발인 '라 이쿠리냐'가 나부끼고 있었다. 그냥 나부끼는 정도가 아니라 혹여나 바스크 인이 아니라는 오해라도 받을까봐 일부러 더 크게, 더 잘 보이게 과시하는 것 같았다.

빌바오 구시가의 모자가게 쇼윈도에 바스크 모자가 즐비해 있다.

우리는 1890년에 건립된 아리아가 극장 앞 계단에 앉아 거리 연주를 듣고
는 산티아고 대성당 Catedral Del Senor Santiago으로 향했다. 14세기 말에 짓기 시작
해 여러 차례 증개축을 거친 고딕 양식의 성당이다. 야고보 성인에게 봉헌된
이 성당은 중세시대에는 순례자들의 숙소로 쓰였던 곳이라고 한다. 과거에
'순례자의 문'으로 불렸던 '천사의 문'에는 순례자를 상징하는 조가비 문양
이 아름답게 장식되어 있다. 어떻게 보면 이 성당은 현재 빌바오에서 유일하
게 산티아고 순례를 상기시키는 곳이기도 하다. 닫힌 구겐하임 박물관을 둘
러보느라 시간을 너무 보냈던 탓인지, 아니면 산티아고 대성당 역시 월요일
은 문을 닫는 것인지, 굳게 닫힌 성당 문을 보니 가슴이 살짝 아려왔다. 순간,
하루의 쉼에 감사하고 내일의 안녕을 비는 통로를 잃은 것 같은 느낌이었다.

야고보 성인에게 봉헌된 빌바오 산티아고 대성당

광장에 서서 멍하니 성당을 바라보고 있자니, 어리석고 나약한 생각일랑 떨쳐내라며 정각을 알리는 종이 울린다. 한국에서는 저녁을 먹을 시간이지만, 여전히 대낮같은 빌바오의 왁자한 골목을 걸으며 침묵의 기도를 한다. 우리의 걸음걸음에 신의 가호가 있기를!

# [9구간] 빌바오 ~ 포르투갈레테 19.4km
## "세계 최초의 걸려있는 다리를 건너다"

숙소 근처 카페에서 간단히 요기를 하고 길을 나서는데, 그저께 만났던 텍사스에서 온 노르마와 미겔 부부가 웃으면서 다가왔다. 그들 역시 어제 하루를 빌바오에서 쉬었다 한다. 두 사람은 우리가 배낭부터 등산화까지 완전군장을 하고 순례길에 나서는 걸 보고는 포르투갈레테Portugalete까지 걸어서 갈 거냐고 묻는다. 그렇다고 답을 하니, 또 자신들만 아는 양 온갖 정보를 쏟아냈다.

"어제 너희도 구겐하임 박물관이 휴관일이라 못 봤지?
오늘은 문을 열어. 오전 10시에 개관이래.
박물관 관람하고 포르투갈레테까지는 지하철을 타면 돼."

그저께 빌바오로 오는 길에서는 택시를 타고 사라지더니, 오늘 빌바오를 떠나는 구간은 지하철로 건너 뛸 모양이다. 우리는 걸을 준비가 끝났고, 이만 순례길에 올라야겠다고 서둘러 말하고는 돌아섰다.

"뭘 그렇게 빡빡하게 순례하니? 쉬엄쉬엄 가."

그들은 떠나는 우리 뒤에서 그렇게 소리쳤다. 쉬엄쉬엄. 그건 우리가 하고 싶은 말이었다. 순례는 고통을 감내하면서도 쉬엄쉬엄 '걸어서' 가는 거라고. 관광에 욕심내지 말고 순례자의 원칙을 지키라고. 사실 빌바오에서 포르투갈레테까지의 구간은 수많은 순례자들이 당연하다는 듯 지하철로 이동한다. 볼품없고 힘들기만 한 구간이라는 변명도 당연하다는 듯이 붙이면서. 산길로 20km가 안 되니, 막힘없이 달리는 지하철로는 10여 분이면 도착할까. 모든 순례자들이 자신의 처지에 맞는, 자신이 할 수 있는 방법으로 순례를 하지만, 묵묵히 걷겠다는 순례자들을 정보가 없거나 고지식한 사람쯤으로 여기고 유유히 차를 타고 사라지는 사람들의 모습이 얄밉게 보이는 건 어쩔 수 없었다.

빌바오 시내를 벗어나기까지는 꽤 오랜 시간이 걸렸다. 숲길로 들어서서 완만한 오르막을 오르니 허름한 민가들이 척박한 삶의 터전을 이루고 있다. 빌바오의 달동네, 알타미라 구역이다. 침대가 142개나 된다는 공립 알베르게 겸 유스 호스텔도 이 구역 카미노 위에 있었다. 이곳 역시 북쪽 길의 많은 공립 알베르게들처럼 7, 8월에만 문을 여는지 5월의 따사로운 햇살 아래서도 사람의 온기는 찾을 수 없었다.

이런저런 농담도 해가며, 마실 나온 어르신들과 인사도 해가며, 달동네를 벗어났다. 보통 고도가 높은 산길을 에둘러 가는 길에서는 탁 트인 전망이 멋진 길동무가 되어 주는데, 빌바오를 벗어나서 이어지는 산길에서는 오전에 만난 부부가 예측했듯이 삭막한 공장지대만이 시야에 들어온다. 우리는 디아블로 다리<sup>Puente del Diablo</sup> 직전에 있는 커다란 주차장에 배낭을 내리고 첫 휴식을 가졌다. 말끔히 닦아놓은 길 가의 주차장인데, 지나는 차도 거의 없고 주차된 차는 아예 한 대도 없었다. 우리만의 쉼터가 된 널찍한 주차장에서 나는 맘 편히 신발과 양말을 벗고 발 상태를 살폈다. 어제까지만 해도 오늘 발 상태가 어떨지 몰라 약국에 들러 물집 밴드를 사두었다. 그런데 6km를 걷고 난 뒤의 내 발은 아주 멀쩡했다.

"드디어, 물집으로부터 해방이다!"

디아블로 다리를 건너고 철길을 지나니 오르막이 시작되었다. 산타 아게다 소성당 Ermita de Santa Águeda까지 오르는 이 길은 북쪽 길에서 가장 힘든 오르막길 중 하나라고 한다. 물론 나도 힘들었다. 하지만 다행이었다. 물집이 사

산타 아게다 소성당 내부. 아이들의 수업이 한창이다.

우리는 산타 아게다 소성당 벽에 기대 평화로운 시간을 보냈다.

라진 발이 '이제야 살 것 같다'며 웃음을 짓고 있었기 때문에, 이 길은 나에게 가장 힘든 오르막이 아닌 가장 홀가분한 오르막으로 기억됐으니.

산타 아게다 소성당은 아담하고 예뻤다. 벽돌을 낮게 쌓아 두른 소성당 벽에는 두세 명은 넉넉히 앉아서 쉴 수 있을 만큼 긴 초록 벤치가 놓여 있었다. 그 벤치가 더 감사했던 건 완벽한 그늘 아래 놓여있었기 때문이다. 우리는 의자에 배낭을 내려놓고 소성당 안으로 들어가 보았다. 안에서는 미사가 아니라 중학생 쯤 되어 보이는 아이들의 수업이 한창이었다. 방해가 되지 않게 나가야 하나 망설이고 있는데 수업을 진행 중이던 여자 선생님이 괜찮다며 들어오라는 손짓을 했다. 우리가 들어가자 아이들은 땀에 쩐 동양인 부부를 힐끔힐끔 보느라 수업에 집중하지 못했다. 청록색의 독특한 제단 벽을 바라보고 앉아 기도의 시간을 갖고도 싶었지만, 우리의 존재가 민폐인 것 같아 선생님을 향해 목례를 하고 재빨리 소성당을 빠져 나왔다. 대신 우리는 소성당 담벼락 초록 의자에 앉아 물도 마시고 지난 길들에 대한 메모도 하며 조금 오래, 평화로운 시간을 보냈다.

카미노는 물 저장소 옆을 에둘러 지나고, 공원도 지나고, 엽기적이라 할만큼 거대한 예수상을 탑 꼭대기에 세워 둔 교회가 있는 레투에르토<sup>Retuerto</sup>도 지났다. 마을을 빠져나와 고가도로 아래를 지나니 거대한 상가가 이어진 도시 풍경이 펼쳐졌다. 바라칼도<sup>Barakaldo</sup>다. 밥을 먹고 가라는 하늘의 계시처럼 카미노 양 옆으로 다양한 모습의 바르와 식당이 자리하고 있었다. 우리는 그 중 저렴한 바르에서 간단히 샌드위치를 먹고 다시 배낭을 짊어졌다. 젊은 여주인은 떠나는 우리에게 '아구르<sup>Agur, 헤어질 때 하는 바스크 인사말</sup>'라 인사했다. 맞다, 아직 바스크 지방이다. 우리는 신도시로 불리는 이곳에서 그래도 옛 모습을 고스란히 간직하고 있는 14세기 고딕 양식의 산 비센테 성당<sup>Iglesia de San Vicente</sup>을 지나 마을 중심지로부터 조금씩 벗어났다.

그런데 어느 순간부터인지 순례길을 알리는 화살표가 뜸해진다는 느낌이

들었다. 갈림길이 나와도 방향을 알려주는 화살표가 보이지 않았다. 그렇다면 직진이겠지, 우리는 마지막 본 화살표의 방향을 따라 계속 걸었다. 그런데 뒤에서 알아듣지 못할 고함소리가 들려왔다. 뒤를 돌아보니 할머니 한 분과 중년의 커플 등 가족으로 보이는 네댓 명의 사람들이 우리를 향해 소리치고 있었다. 우리가 길을 잘못 들었다는 외침이었다. 순례길에서 크게 벗어나지 않았을 때 들려온 감사하고 감격스러운 외침이었다. 우리는 가족이 알려준 대로 길을 틀어 강변 공원으로 내려섰는데, 눈앞에 황당한 표지판이 나타났다. 왼쪽은 포르투갈레테로 가는 길, 오른쪽은 빌바오로 가는 길이라고 되어 있는 표지판에 순례길 화살표는 빌바오 쪽을 가리키고 있다. 도대체 오른쪽으로 가라는 것인지, 왼쪽으로 가라는 것인지, 아니면 한 길로 만난다는 것인지. 우리는 마침 공원에 시찰을 나온 공무원들이 보여 포르투갈레테로

우리는 포르투갈레테를 향해 가는 길인데, 화살표는 황당하게도 빌바오를 향해 있다.

가는 카미노가 어느 쪽인지를 물었다. 그들의 답은 노란 화살표 방향이 아닌 표지판이 포르투갈레테를 가리키고 있는 왼쪽이 맞다 했다. 그렇다면 도대체 반대 방향의 노란 화살표는 무슨 의미란 말인가? 화살표 하나만을 믿고 수 백 킬로미터를 걷는 순례자들에겐 참으로 황당한 일이 아닐 수 없다.

우리가 다시 걸음을 떼려는 찰나, 저 멀리 오른쪽 길에서 거친 숨을 몰아쉬며 다가오는 사람이 있었다. 이미 길 위에서 여러 번 만났던 독일 순례자, 일명 '루돌프 상사'였다. 도대체 잘못된 방향을 따라 얼마나 멀리 걸어갔다 왔는지, 깨끗하게 깎은 그의 민머리 위로 땀이 줄줄 흘러내리고 있었다. 분명 커플이 함께 온 걸로 아는데 짝은 어디다 두고 왔는지, 그는 잘못된 방향 표시에 대한 강한 불만을 토로하고는 급한 발걸음으로 제 방향을 찾아 멀어져 갔다.

카미노는 다리를 건너 기나긴 자전거 길로 이어졌다. 건물이나 나무가 없는 오후의 자전거 길은 5월의 태양 아래 아지랑이를 만들면서 달구어지고 있었다. 땅에서 올라오는 열기와 머리 위로 쏟아지는 햇살 때문에 온 몸이 익을 지경이었다. 자전거를 타기에도 햇살이 강하고 더운 때였는지 쌩쌩 지나치는 자전거도 몇 대 없었다. 자전거도 없는 자전거 길을 얼마나 걸었을까. 고속도로 위로 나 있는 데크를 지나 공원에 이르자, '루돌프 상사'가 짝을 만나 쉬고 있는 게 보였다. 젊은 여성 순례자 세 명도 함께였다. 아무래도 혼자 뒤쳐져 걷다가 길을 잘못 들어선 모양이다. 그리고 보니 그를 처음 봤을 때는 마치 2차 세계대전에서 부상을 입은 '루돌프 상사'처럼 무릎에 붕대를 감고 다리를 절룩이며 짝보다 계속 늦게 걷던데, 오늘 보니 무릎은 다 나은 것처럼 보였다.

뜨거워진 길이 환상을 몰고 온 것일까? 갑자기 우리 눈앞에 토끼들이 나

포르투갈레테 산타 마리아 성당에서 바라 본 콜간테 다리
1893년 만들어진 차와 사람을 매달고 수송하는 세계 최초의 운송수단이다.

타났다. 길 오른쪽 언덕에 나타난 녀석들은 한두 마리가 아니었다. 도망을
가지도 않고 빠르게 뛰지도 않으면서 마치 이곳이 그들의 집이자 놀이터인
듯 유유자적했다. 나는 이 신기한 광경을 놓칠세라 카메라 셔터를 연속해서
누르는데 어디서 나타났는지, 영감님 한 분이 토끼 한 마리를 잡더니 배낭에
넣고 가라는 몸짓을 한다. 이 길이 힘들어도 웃음을 잃지 말라는 듯 환한 미
소와 '부엔 카미노' 인사를 날리면서. 예상치 못한 힘겨움도 마주하고, 뜻하
지 않은 인연도 맺고, 이처럼 신비로운 사건들도 불쑥 내 것이 되는 하루하
루, 그것들이 모여 나만의 순례가 완성되는 것이겠지.

남편과 나는 포르투갈레테 숙소
에 배낭만 내려놓은 채 씻지도 않고
곧바로 포르투갈레테의 명물 비스
카야 다리Puente de Vizcaya로 향했다. 구
시가의 긴 내리막길을 벗어나니, 육
교처럼 위로 솟은 특이한 다리가 강
위에 걸쳐져 있다. 비스카야 다리는
콜간테 다리Puente colgante라는 이름으
로 더 널리 불리는데, '걸려있는 다
리'라는 뜻의 이 말이 더 많이 쓰이
는 이유를 알 것 같았다. 강 양쪽에
있는 62m 높이의 두 탑으로 연결

입장권을 구매하면 62m 높이의 다리 위를 걸어서
구경할 수 있다.

된 다리는 차와 사람을 나르기 위한 곤돌라를 매달고 있다. 만들어진 때는
1893년. 차와 사람을 매달고 수송하는 세계 최초의 운송수단이라고 한다.
다리를 이렇게 만든 이유는 바다로 들고나는 대형 운송선이 다리 밑으로 지
나갈 수 있게 하기 위해서였다. 같은 이유로 만들어진 도개교의 열고 닫는
불편함을 획기적으로 개선했다고나 할까. 비스카야 다리는 2006년에 유네
스코 세계문화유산으로 지정되었다.

우리는 곤돌라를 타고 이 신기한 다리에 매달려 강을 건넜다. 강물 위를
지나는 곤돌라는 산에 있는 것과는 달리 배를 타고 가는 느낌이다. 강 건너
에 내린 우리는 62m 높이의 다리 위를 걸어서 구경할 수 있는 입장권을 '당
연히' 샀다. 다리 위까지는 엘리베이터를 타고 올랐는데, 다리 위에 서니 불
어오는 강바람이 제법 거세다. 우리가 타고 왔던 곤돌라는 쉼 없이 강 이쪽

과 저쪽을 오가며 차와 사람을 실어 나르고 있었다. 다리를 지탱하기 위해 육지에 고정된 철근의 견고함도 한눈에 들어왔다. 아래에서 볼 때와는 또 다른 '매달린 다리'의 경이로움이 보였다. 처음에는 아무렇지도 않았다. 그런데 다리의 1/3쯤 건넜을까, 바닥을 이루고 있는 10cm 정도의 나무판 사이사이로 출렁이는 강물에 시선이 닿자 '비스카야 다리'는 멀쩡한데 '내 다리'가 떨려왔다. 다리 양 옆 난간 쪽에는 다리의 설계 및 건축, 역사에 관한 내용들이 전시되어 있어 천천히 보며 걷고 싶었지만, 이미 마음 속에 들어와 버린 공포심 때문에 전시 내용들은 눈에 들어오지 않았다.

다시 포르투갈레테 구시가로 돌아온 우리는 산타 마리아 성당<sup>Basílica de Santa María</sup>으로 걸음을 옮겼다. 15–16세기 고딕–르네상스 양식으로 지어진 교구 성당이다. 성당 내부에 성모마리아의 일생을 나무에 새겨 만든 15세기 제단 장식벽이 있고 산티아고 상을 모셔놓은 소성당도 있다고 해서 두루 보고 싶었는데, 문은 굳게 닫혀 있었다.

숙소인 호스텔로 돌아와 남편이 먼저 샤워를 하는 동안 나는 조용히 하루 일기를 썼다. 그런데 샤워를 끝낸 남편이 피투성이가 된 수건을 몸에 두르고 나왔다. 급성으로 찾아온 극심한 가려움증에 피가 철철 흐르도록 피부를 긁어버린 것이다. 샤워를 하려고 피부를 물에 적신 상태여서 아픔도 모르도 더 심하게 긁은 듯 했다. 사실 우리가 되도록이면 알베르게가 아닌 그래도 욕실을 갖춘 저렴한 호스텔을 찾으려 했던 이유는 남편의 이 피부질환 때문이다. 남편은 아토피보다 좀 더 심한 피부질환을 갖고 태어났다. 스트레스를 받거나 몸 상태가 나빠지면 증상은 더 심하게 나타난다. 씻고 보습을 하는 데 특별한 주의를 기울여야 하기에 빛의 속도로 샤워를 하고 욕실을 비켜줘야 하는 알베르게를 한 달 넘게 이용한다는 건 사실상 불가능하다. 한국에서 처방

받은 약을 먹어도 발작처럼 찾아오는 이런 가려움증에는 속수무책. 이런 모습을 남들에게 보이고 싶지 않은 남편의 마음이 헤아려졌다.

나는 벗겨진 살갗에 약을 바르고 밴드를 붙여주며 남편을 위로했다. 걷는 행위 자체를 좋아하는 그다. 형편이 되어 '걷는 여행'을 하게 되면 준비부터 기뻐하는 사람이다. 왕복 10km가 넘는 출퇴근길을 10년 넘게 걸어 다니고, 비가 오나 눈이 오나 하루도 빠짐없이 경로를 바꿔가며 골목골목 누비고 걷기를 실행해온 남편. 그가 이 산티아고 순례길을 얼마나 절절히 사랑할지 나는 잘 안다. 힘들다고 차를 타거나 길이 예쁘지 않다고 순례 구간을 건너뛰는 사람들을 보며 꼼수를 부린다고 탓하면서도, 순례자 알베르게가 아닌 편한 숙소에 묵는 것도 꼼수라며 스스로를 원망하는 남편.

'괜찮다, 괜찮아, 괜찮아요.'

순례길을 걸으며 이런저런 이유로 자신을 탓하는 모든 순례자들에게 건네고 싶은 말을 남편에게 했다. 그리고 나에게도.

# El
## Camino Norte
## de
## Santiago

ciosa

Llanes

Santander

Bilbo    Gernika-Lumo

Ir

# CHAPTER 3.

## 바다의 푸르름과
## 중세의 멋이 공존하는
## 카미노, 칸타브리아

# [10구간] 포르투갈레테 ~ 카스트로 우르디알레스 27.6km
## "처음 맛본 순례자 메뉴"

오늘 카미노의 시작은 어제 걷던 자전거 길을 이어서 걷도록 돼 있다. 포르투갈레테 도심을 빠져나와 무려 11km에 이르는 자전거 길을 따라 걷는다. 단조롭고 긴 길이지만 순례자들도 간간히 보이고 아침 운동을 나온 지역 주민들도 많아 외롭지 않게 걸었다. 특히 포르투갈레테를 빠져나올 때 눈인사로 안면을 튼 수염이 덥수룩한 순례자 한 분과는 걷는 속도가 비슷해 내내 함께 걸었다. 우리는 그와 함께 걸었다고 생각했는데, 그는 휴대전화 스피커로 흘러나오는 노래와 함께 걸었다. 어느새 우리도 그 노래와 함께였다.

You raise me up, so I can stand on mountains
당신이 나를 일으켜 주시기에 나는 산에 우뚝 서 있을 수 있고
You raise me up, to walk on stormy seas
당신이 나를 일으켜 주시기에 나는 폭풍의 바다도 건널 수 있습니다.
I am strong, when I am on your shoulders
당신이 나를 떠받쳐 줄 때 나는 강인해 집니다.

You raise me up, to more than I can be

당신은 나를 일으켜 나보다 더 큰 내가 되게 합니다.


'웨스트라이프Westlife'의 〈You raise me up〉. 가사를 가만히 새겨보면 순례길에 이보다 잘 맞는 노래도 없지 않을까 싶다. 처음에는 그랬다. 순례길에 딱 맞는 배경음악이 되어, 우리의 걸음걸음에 힘을 불어넣는 것 같았다. 그런데 영감님의 휴대전화에서는 이 노래만 무한 반복되었다. 11km를 걷는 2시간 내내 이 노래는 멀어졌다 가까워졌다 하며 지겹도록 우리 귓가를 맴돌았다. 빠른 걸음으로 그를 추월해 멀어졌나 싶으면 어김없이 뒤쪽에서 'You raise me up~'하고 노래가 들려오고 그가 나타났다. 그와 그의 노래가 사라질 때까지 멈춰 섰다가 걸어보기도 했는데, 얼마 지나지 않아 'You raise me up~'하는 노래와 함께 쉬고 있는 그가 보였다.

포르투갈레테를 빠져나오면 11km의 자전거 길을 걸어야 한다.

"아니, 노래가 그렇게 좋으면 이 어폰으로 혼자 듣지,

왜 스피커로 틀어서 주변 사람에게까지 강요를 해?"

'You raise me up'만 무한반복해서 듣던 순례자. 자전거 길을 걷던 중 이정표를 보고 있다.

볼멘소리가 나도 모르게 터져 나왔다. 그래도 순례 중이라 그랬는지 '내가 좋아한다고 모두가 좋아하는 것은 아니라는 걸, 타인에게 내 것만을 강요하지 말라는 교훈을, 이렇게 알려주는 것인가?'하는 생각도 들었다. 또 감사한 마음도 있었다. 어쨌든 멀어졌다 가까워졌다, 좋았다 싫었다하며 그 노래와 무언의 실랑이를 벌이다 보니 11km의 자전거 길은 어느새 끝나 있었다.

라 아레나의 백사장. 5월인데도 햇살은 일광욕을 즐길 만큼 뜨겁다.

백사장이 넓게 펼쳐진 해변 마을 라 아레나<sup>La Arrena</sup>에 도착해서야 우리는 비로소 'You raise me up~'과 헤어질 수 있었다. 우리는 다양한 음악이 흘러나오는 바닷가 카페에 자리를 잡았고, 노래와 영감님은 카페를 지나쳐 카미노를 계속 이어갔

다. 카페에는 길 위에서는 보이지 않았던 순례자들이 많았다. 우리도 그들과 함께 커피를 마시고 빵을 먹으며 눈으로 900m에 이르는 백사장과 바다를 즐겼다. 마음으로 일광욕을 하고 해수욕을 했다. 햇살은 충분히 뜨거웠고 바다와 하늘은 티 하나 없이 푸르렀다. 잠시 잊고 있었던 북쪽 순례길의 벗, 바다와의 재회는 그렇게 맑고 아름다웠다.

라 아레나의 해변을 벗어나 포베냐<sup>Pobeña</sup>에 이르면, 순례길 노란 화살표는 숲 사이로 난 가파른 계단을 오르라고 안내한다. '힘은 들겠지만, 이 계단 끝에 이르면 새로운 세상이 펼쳐질 거야'라고 말하는 듯, 싱그러운 초록 잎들이 터널을 이루고 있는 계단 길은 신비로워 보였다. 가쁜 숨을 삼키고 계단을 빠져나오니 그야말로 파랑의 향연이었다. 서로 다투듯 파랑을 뽐내는 하늘과 바다의 '맑음'에 가슴 두근거렸다. 북쪽 순례길 내내 보고 또 보게 되

는 바다지만, 내일도 모레도 원 없이 보게 될 바다지만, '바다'라는 존재는 언제나 설렘을 준다. 그 앞에 서면, 온전히 행복했다.

6km에 이르는 이 해안가 절벽의 카미노는 원래 광물 채굴용으로 설치된 광산 철로였다고 한다. 카미노를 걷다 보면 옛 채굴의 흔적도 볼 수 있다. 정오를 향해가는 햇살은 따갑고, 바다 쪽 절벽을 따라 난 산책로에는 그늘 하나 이룬 곳이 없다. 온 몸은 땀범벅이 되었지만, 바다를 향해 있는 벤치에 앉아 쉴 때마다 눈 앞 풍경이 고마웠고, 아직 시원함을 간직한 바람이 불어와 반가웠다.

이집트인들은 이슬람의 성지 메카 순례를 다녀오면 집 담벼락에 '메카 순례'라는 단어를 큰 글씨로 써 놓고는 자신이 다녀온 순례 이야기를 그림으로 그려 넣는다고 한다.

포베냐의 계단 끝, 바다가 시작된다.

북쪽길 순례의 힘겨움은 바다가 씻어준다.

비행기로 다녀왔으면 비행기를, 배로 다녀왔으면 배를 그려 넣는 식으로. 그렇게 함으로써 그들은 천국으로 가는 준비 하나를 마쳤다고 믿는다 했다. 순례길 바닷가 벤치에 앉아 있으니 문득 10년 전 이집트 여행 때 들었던 이야기가 떠올랐다. 그리고 이런 마음이 생겼다. 이번 순례가 끝나면 내 담벼락에는 바다를 그려 넣고 싶다고. 내 마음의 평온함을 향한 준비 하나를 이번 순례를 통해 마칠 수 있었다면, 그 공은 미안하지만 물집이 터져가며 고생했던 내 두 발이 아니라 이 푸른 바다에 돌리고 싶다고.

포베냐를 마지막으로 바스크 지방은 끝이 났다. '카이쇼Kaixo, 안녕하세요', '에스케릭 아스코Eskerrik asko, 고맙습니다', '아구르Agur, 작별인사' 이 세 단어만 외워갔을 뿐인데도 본인들의 언어를 쓰는 동양인이 고마웠는지 바스크 사람들은 우리를 마음으로 환대해 주었다. 바스크 지방을 지나며 역사 속 그들의 고통을 봤고, 그럼에도 무너지지 않은 그들의 결속을 봤으며, 기원을 알 수 없다는 그들의 오랜 문화가 앞으로도 면면히 이어지리라는 신념도 보았다. 이제 우리는 바스크 지방에서의 추억을 가슴에 품고 칸타브리아 지방을 걷는다.

칸타브리아 지역의 첫 마을은 온톤Ontón. 마을에 바르가 있다고 순례 안내 책자에 나와 있어서 마을 사람들에게 물어보니, 없다는 답이 돌아왔다. 눈치로 마을 사람들 설명을 해석해보니, 바르가 있기는 한데 카미노에서 한참 떨어져 있다는 것 같다. 어쩔 수 없이 우리는 마을의 성당Iglesia de la Inmaculada Concepción 맞은 편 낡고 작은 집 담벼락을 쉼터로 삼았다. 그늘이 있고 엉덩이를 붙일 작은 돌 의자가 놓여있으니 이만한 쉼터도 없다 싶다. 담벼락에 등을 기대고 앉아 준비해간 자두와 소시지를 하나씩 먹고 나니 땀으로 빠진 기운이 다시 채워졌다.

마을을 빠져나가는 갈림길 바닥에는 '긴 해변 길'과 '짧은 해변 길'이라는 이름으로 양 방향 모두 노란 화살표가 그려져 있었다. 우리가 선택한 길은 짧은 해변길. 인도나 갓길이 거의 없는 찻길을 걸어야 해서 위험하고 힘든 길이지만, 이 길은 오늘의 목적지인 카스트로 우르디알레스<sup>Castro Urdiales</sup>까지 가는 지름길이다. 이 찻길을 따라 걸으면 온톤에서 카스트로 우르디알레스까지 8km면 도착하지만, 해변 마을을 돌아 걸으면 16km나 걸린다고 한다. 통행하는 차가 많지 않아 그나마 다행이었지만 햇볕이 가장 강한 시간대에 아스팔트길을 따라 걷는 것은 그야말로 고역이었다. 오전의 바닷길 땡볕과 오후의 찻길 땡볕은 공기 자체가 달랐다. 때때로 불어오는 바람도 시원한 느낌이라고는 전혀 없이 매연만 뒤집어쓰는 느낌이었다.

쉬지 않고 찻길을 걷다가 미오뇨<sup>Mioño</sup> 마을의 작은 해변이 눈에 들어오자 숨통이 좀 트였다. 카미노는 찻길에서 좁은 흙길로 내려선 다음 미오뇨 마을의 작은 몽돌 해변으로 이어졌다. 돌멩이에 부딪치는 파도소리가 귓가를, 마음을, 시원하게 긁어준다. 해변 끝자락에 이르니 식당 하나가 보인다. 어쩌면 이렇게 '딱 힘들고 배고파 죽겠다 싶은' 시점에 식당이 나타나는지, 신

국도의 갓길을 따라 걷는 카미노. 온톤에서 카스트로 우르디알레스까지 가는 지름길이다.

북쪽 순례길에서 먹은 첫 순례자 메뉴. 음료까지 포함된 평범한 코스 메뉴인데 순례자 할인을 해 준다.

을 믿지 않는 사람도 '신의 뜻이다' 라 말했지 싶다.

식당에는 순례자 메뉴까지 있었다. 남편은 소고기 요리를, 나는 생선 요리를 주문하고 먼저 나온 얼음 가득한 콜라를 들이켰다. 그런데 그때, 휴양을 온 것처럼 보이는 모녀와 우리 부부까지 네 사람뿐이라 조용했던 식당이 갑자기 시끄러운 영어 수다로 뒤덮였다. 수다의 주인공은 젊은 흑인 커플과 장년의 부부를 포함한 미국인 순례자 5명이었다. 라 아레나의 카페에서 쉬면서 처음 그들을 봤을 때는 순례자라 생각하지 못했다. 배낭도 없었고 한 사람은 광고 사진이라도 찍을 만큼 커다란 DSLR 카메라까지 들고 있었다. 해변을 즐기러 온 것 같은 과장된 웃음과 대화, 무엇보다 반팔 셔츠와 화려한 무늬가 그려진 반바지는 그들을 순례자로 생각할 수 없게 했다. 그런데 이곳까지 오는 도중 N634 찻길을 걸을 때, 그들이 거의 일사병에 걸린 듯 기진맥진해 길가 나무 아래서 쉬고 있었다. 그제야 그들도 순례중이라는 것을 알았다. 그들은 식사를 주문하는 것부터 먹는 것, 서로 나누는 대화와 행동 모든 것에서 보편적인 예의를 무시하고 있었다. 그들은 떡하니 순례자 메뉴를 주문해놓고 맛이 없어 못 먹겠다는 시늉을 하고 다음에 나올 음식을 거절하더니 식당 주인에게 택시를 불러줄 것을 요구했다. 우리보다 늦게 식당에 도착해 음식은 먹는 둥 마는 둥 하더니 곧바로 택시를 타고 떠난 그들. 그들을 정녕 '순례자'라 부를 수 있을지 모르겠다.

물론 순례를 한다고 자신만의 소망과 간절함을 표출하며 진지할 이유는 없다. 엄청난 이유를 안고 걸을 이유도 없다. 걸어야 할 길을 그저 걸으면 된다. 숨이 턱까지 차오르고 흐르는 땀을 주체하지 못해 그 땀이 눈물이 되려할 때, 곁에 함께 걷는 이가 있어도 그가 눈에 들어오지 않을 만큼 힘겨울 때, 그래도 걸어야 한다는 생각만은 떠나지 않을 때, 나는 왜 이 길을 걷는지 스스로 묻게 되기 때문이다. 하지만 그들은 그 힘겨움의 턱 밑에서 홀연히 택시를 타고 떠나 버렸다. 그들은 과연 스스로에게 질문이란 걸 던져 보긴 했을까.

미오뇨의 몽돌 해안을 떠나 갓길이 거의 없는 N634에 다시 오르는데, 그들의 잔상이 머리에 남아 마음이 불편했다. 괜히 울적했다. 어느새 길은 카

카스트로 우르디알레스가 멀리 보인다.

스트로 우르디알레스로 내려가 브라소마르 개천을 건너 도심으로 이어졌다. 예약한 숙소로 가기 위해 해변을 걷는데, 오전에 라 아레나를 떠날 때 불었던 그 바람이 살짝 목덜미를 스쳐간다.

You raise me up, to more than I can be
당신은 나를 일으켜 나보다 더 큰 내가 되게 합니다.

지겹도록 따라와 짜증났던 노랫말도 순간 귓가를 스쳐간다. 너는 그저 너의 길을 걸으면 될 것을 왜 자꾸 남을 보며 걷느냐고. 남의 걸음을 탓하며 걷는다면 그것이 진정한 순례가 되겠냐고. 네 마음의 한계를 뛰어넘어 더 큰 네가 되어보라며.

카스트로 우르디알레스. 13–14세기 고딕 양식의 산타 마리아 성당과 1853년 등대로 바뀐 템플기사단이 있었던 13세기 성. 산타아나 소성당 모습

## [11구간] 카스트로 우르디알레스 ~ 라레도 26.6km
## "세상 단 하나뿐인 세요를 받다"

|   5.4km   |   3.2km   |   4.2km   |   7.6km   |   6.2km   |
카스트로 우르디알레스  세르디고  이슬라레스  엘 폰타론 데 구리에소  리엔도  라레도

카스트로 우르디알레스에서 우리는 바닷가 작은 민박집에서 묵었다. 주인 할머니가 구워준 따끈한 빵과 갓 내린 커피로 아침식사를 했다. 서빙은 영어가 가능한 싹싹한 아들이 맡았다. 그는 어제 처음 만났을 때부터 환하게 웃음을 머금고 있었다.

"혹시 세요를 찍어줄 수 있나요?"

우리는 커피를 따라주는 그에게 순례자 여권을 내밀며 물었다. 어제는 주인집 딸과 어린 손녀들이 와서 북적이는 통에 세요를 찍을 생각조차 못 했었다. 그의 얼굴에 늘 있던 웃음이 잠시 사라졌다 돌아왔다. 그는 조금 당황한 듯 했지만, 곧 방법을 알아냈다는 듯 우리의 순례자 여권을 받았다.

"잠시만 있어 봐요. 방법이 있어요. 걱정 말아요."

두서없는 말을 빠르게 내뱉고 주방으로 들어간 그는 주인 할머니와 한참 동안 대화를 나누는 듯 했다. 우리가 아침을 다 먹어갈 즈음 그가 우리의 순례자 여권을 들고 다시 나타났다. 여전히 웃는 얼굴이지만 양쪽 눈썹을 살짝 내려 미안한 표정을 지어보였다.

"우리는 작은 민박집이라 세요가 없어요.
대신 제가 우리 집 이름을 적고 주소를 써 넣었어요.
이곳 주인인 엄마가 당신들의 순례를 확인하는 서명도 여기 했고요.
세요를 찍어주지 못해 정말 미안해요."

미안하다는 그의 말에 우리는 누가 먼저랄 것도 없이 손사래를 치며 말했다.

"오히려 특별한 세요를 받았는걸요. 정말 고마워요."

그가 되돌려 준 우리의 순례자 여권에는 순서대로 찍힌 여러 개의 도장 끝에 그의 글씨와 주인 할머니의 사인이 남겨져 있었다. 남편과 나의 것마저 다른, 세상 단 하나뿐인 순례 확인 서명이었다.

민박집을 나와 길에 섰을 때, 카스트로 우르디알레스의 태양은 이미 바다 저편에 떠 있었다. 우리는 주택단지를 벗어나 찻길을 걸어서 아옌델라구아 Allendelaua로 향했다. 마을을 거쳐 숲길을 빠져나오니, 앞서 가는 순례자가 보였다. 우리는 무심코 그를 따라 걸었는데, 공식 카미노를 벗어나 국도를 걷게 돼버렸다. 그래도 카미노를 벗어난 구간은 그리 길지 않았고 세르디고

BILBAO★★
30669099-W
HBI-01107

VILLA FLOREN.
Paseo Ochara
Castro-Urdiales
Cantabria.

24/03/2017

31/05/2017

여러 세요들 중 카스트로 우르디알레스의 민박집 주인 모자가 해준 '특별한' 순례 확인 서명이 보인다.

Cérdigo에서부터는 공식 카미노를 통해 바닷길로 접어들 수 있었다.

해안을 따라 걷는 길에는 폭신폭신한 풀이 깔려있어 편하게 걸을 수 있었다. 게다가 쾌청한 날씨의 칸타브리아 해는 부러 그렇게 만들려 해도 되지 않을 카미노의 멋진 배경이 되어줬다. 가까이 세레도 산과 멀리 부시에로 산이 바다와 어우러져 배경은 더 풍성해 보였다. 늘 이 풍경 속에 살고 있는 인근 마을 사람들에게도 그냥 넘기기엔 너무 좋은 날씨였던지, 산책을 나온 커플이 꽤 있었다. 남편과 내가 노란 화살표를 넣어 서로 사진을 찍어주고 있으니, 중년의 부부가 다가와 우리를 함께 찍어주겠다며 붙어 서 보라 한다. 그리고 순례 화살표가 아닌 신비로운 바위산과 들쑥날쑥해 예쁜 해안과 푸른 하늘을 배경으로 자리를 옮겨보라 한다.

'노란 화살표는 앞으로도 계속 있을 거잖아요.

이 바다, 이 하늘, 이 공기는 지금 여기 이 순간뿐이에요.'

스페인 중년 부부가 찍어준 우리 부부의 사진 "이 바다, 이 하늘, 이 공기는 지금 여기 이 순간뿐이에요"

순례길을 알리는 노란 화살표 아래, '당신이 카미노를 사랑한다면 동물을 사거나 먹는 것을 멈추십시오.'라고 쓰여 있다.

중년의 부부는 그렇게 말하는 듯 선한 눈빛을 보내며 몇 번이나 자리를 옮겨 카메라 셔터를 누른다. 그들이 우리의 모습을 사진에 담는 동안 우리는 그들의 선하고 맑은 친절을 가슴에 담았다.

이슬라레스Islares의 교구 성당인 산마르틴 성당Iglesia de San Martín을 지나 바르가 눈앞에 보이자 몸이 쉬어야 된다고 아우성을 쳤다. 열기를 뿜기 전의 태양 아래였지만, 배낭을 메고 8km를 걸은 몸은 이미 땀으로 흠뻑 젖어있었다. 바르 야외 테이블에 배낭을 내리고 앉으니 안쪽에 순례길에서 이미 수차례 만났던 일명 '루돌프 상사' 커플이 쉬고 있는 게 보였다. 그들은 시켜놓은 음료를 다 먹고 휴식을 끝낸 듯 했지만, 길을 나설 생각은 않고 책자를

꺼내 뭔가를 심각하게 논의하고 있었다. 그러더니 불쑥 '루돌프 상사'가 우

리 테이블로 다가왔다.

"당신들은 이제 어떤 길로 갈 거예요?
우리 책에는 중간 중간 마을을 돌아가게 되어 있는데,
지도를 보니까 N634라는 국도로 계속 가면 빠를 것 같아서요."

"우리는 오늘 N634만 따라 걷기로 정했어요.
우리 책에는 오히려 그렇게 하라고 추천해 놓았던데요?"

우리가 가진 책자의 지도를 펼쳐 설명해주자, '루돌프 상사'가 활짝 웃는다.

"그렇죠? 오늘 날씨를 보니 오후에는 한여름처럼 더울 것 같은데,
이런 날씨에는 아무리 순례길이라도 지름길로 가는 게 상책이겠죠?"

'루돌프 상사' 커플과 우리 부부는 그렇게 공식 카미노를 조금은 벗어나 국도를 따라 걷기로 의기투합했다. 그들이 먼저 길을 떠났고 우리도 곧 따라나섰다. 찻길을 따라 걷는데도 한동안 바다 절경은 변함없이 따라왔다. 오리뇬<sup>Oriñon</sup> 해변의

더운 날씨 때문에 공식 카미노가 아닌 국도인 N634를 따라 걷는 지름길을 선택했다.

모습은 더없이 평화로웠다. 드넓은 백사장에 열 손가락 안에 들 정도의 사람들이 맨발로 걷고 있었다. 부드러운 모래가 발을 감싸는 기분, 발목을 감쌀

정도의 조심스런 바닷물의 움직임이 내 것처럼 느껴졌다. 하지만 현실의 내 것은 뜨거운 태양 아래 가쁘게 몰아쉬는 숨소리이며, 몸의 굴곡을 따라 흐르는 땀방울이고, 누군가 곁에 오는 것이 두려운 쉰 냄새였다. 그래도 조금씩 전진하고 있음에 감사하고, 누구의 위로인지 길가에 놓인 작은 예수 성상 앞에서 힘을 얻는다.

하얀 조개를 단 순례자를 보면 차들이 멀찍이 떨어져 달린다.

굽이굽이 칸디나 산을 올라 엘 폰타론 데 구리에소El Pontarrón de Guriezo로 가는 찻길은 그 자체로도 위험했지만, 우리는 도로 공사 중인 차량 때문에 왕복 2차로의 중앙선으로 걸어야 하는 위험까지 감내해야 했다. 다행히 구리에소를 지나는 길에는 여인숙을 겸한 작은 카페가 있어 화장실도 이용하며 편히 쉬었다. 카페 안에는 젊은 여성 순례자 한 명이 먼저 와 앉아 있었는데, 더 이상 걸을 엄두를 못 내겠는지 여주인에게 방값을 지불하고 방을 안내받으러 가버렸다.

목적지인 라레도까지는 아직 13km나 남아 있었다. 정오를 지나면서 태양은 점점 더 맹렬히 타오르고 N634 찻길은 햇볕에 달궈질대로 달궈져 뜨거운 김을 뿜어냈다. 그럴수록 우리는 마을을 돌아 먼 길을 가는 공식 카미노 화살표를 무시하고 다음 마을인 리엔도Liendo, 목적지인 라레도Laredo 표지판만 보고 지름길인 찻길만을 따라 걸었다. 중간 중간 찻길 바깥으로 쉴 만한 그늘이 보이면 짧게라도 쉬어갔다. 점심은 준비해간 과일과 빵으로 대충 때웠다. 그런데 알고 보니 우리만 그렇게 변칙을 부리며 찻길을 걷는 게 아니었다. 잊을 만하면 더위에 기진맥진한 순례자가 한두 명씩 나타났다. 이날 순례자들의 공식 인사는 '부엔 카미노'가 아니었다. 서로 눈이 마주칠 때마다 'Hot~ Hot!'가 인사였다. 그러면서 남은 길도 N634를 따라 걸어 거리를 단축하자며 뜻을 모으고 서로를 격려했다.

리엔도에 거의 다다랐을 즈음 우리가 걷는 방향의 오른쪽 건너편으로 졸음 쉼터 같은 공간이 언뜻 보였다. 조금 더 다가가니 커다란 나무 그늘 아래 벤치도 마련돼 있어 쉬어가기 좋아 보였다. 길 왼쪽을 따라 걷던 우리가 도로를 횡단해 쉼터로 들어서니, '루돌프 상사' 커플이 배낭을 메고 막 자리에서 일어나고 있었다. 거리가 꽤 있어 대화를 나누지는 못했지만, 표정과 몸짓으로 그들이 하고픈 말을 알아챘다.

"역시 우리는 같은 길을 걸었구나.
우리가 앉았던 이곳에서 편히 쉬다 천천히 와."

'루돌프 상사' 커플은 그늘 아래 명당자리를 우리에게 넘겨주고는 이글대는 아스팔트길 위로 사라져 갔다. 우리도 마지막 간식인 포도로 당분을 채우고, 뭉친 다리 근육도 충분히 주물러 풀어준 다음 다시 카미노에 올랐다. 과거에 순례자 숙소와 한센인 요양소가 있었다는 리엔도 마을에 들어서서, 빨간 기와를 얹은 리엔도의 흰 집들 사이를 지나간 것은 확실하다. 그런데 다시 N634에 올라 목적지인 라레도까지 6km를 어떻게 걸었는지가 도통 떠오르지 않는다. 더웠는지 어땠는지도, 누구를 만나 어떤 일이 있었는지도 기억나지 않는다. 아무 생각 없이 주변 그 어떤 것에도 신경 쓰지 않고 그저 한 걸음 한 걸음 옮기는 행위만 했었나 보다. 너무 힘이 들어서 그랬을 수도 있고, 걷는 행위 자체가 그 순간 전부가 되어버려서 그랬을 수도 있겠다.

목적지 라레도로 들어가는 빌바오 문

그렇게 걷다 보니 어느 순간 라레도의 살베Salvé 해변이 눈앞에 나타났다. 마을을 향해 난 계단을 내려서고 아치로 된 빌바오 문Puerta de Bilbao을 지나 구시가를 향해 걸으면서도 나는 조금 멍한 상태였던 것 같다. 그런데 길 건너에서 발랄한 목소리의 20대 커플이 느린 걸음의 우리를 불러 세웠다. 혹시 공립 알베르게를 찾는지, 아니면 달리 목적한 곳이 있는지 물으며 길을 알려주겠다고 한다. 친절함 속에서 상큼함이 묻어나는 말투였다. 순간 '얼음 땡' 놀이에서 '땡'하고 누군가 나를 터치한 느낌이 들었다. 그때까지 표정이라는 게 있었는지도 모를 내 얼굴에 활짝 웃음이 번졌다. 미리 예약해둔 시청 앞 호스텔까지 그들이 가는 방향과 같아 함께 걸었다. 땡볕과 사투를 벌이며 8시간 30분을 걸어온 순례자답지 않게 걸음이 가벼웠다. 힘겨움과 고통은 누군가 그것을 알아채고 보듬어주는 순간 녹아 없어진다는 걸, 하루의 순례길이 또 그렇게 알려주고 있었다.

# [12구간] 라레도 ~ 구에메스 29km
## "산골마을에서 자동차 경주라니!"

5km　　8.6km　　　4.4km　　2.6km　　2.8km　　5.6km

라레도　　산토냐　　　　노하　카스티요　산미겔　바레요　구에메스
　　　　　　　　　　　　　　　　데 메루엘로

　　라레도의 구시가를 빠져나와 긴 살베 해변을 따라 걷는 것으로 또 하루의 순례가 시작되었다. 해변 끝 선착장에서 다음 마을인 산토냐<sup>Santoña</sup>까지는 배를 타고 이동하는 것이 공식 카미노 루트다. 어제 라레도의 숙소에 도착하자마자 직원은 지도 한 장을 꺼내 숙소에서 해안 산책로까지 가는 길과 산토냐까지 가는 배를 타는 곳, 배 시간 등을 알려줬다. 첫 배는 9시, 배는 10~15분마다 오고 숙소에서 선착장까지 1시간은 잡고 걸어야한다는 설명이었다. 우리의 목적은 첫 배를 타는 것이었다. 이날 걸어야 할 거리가 짧지 않았고 오전 9시라는 첫 배 시간 자체가 이미 늦은 감이 있었기 때문이다. 선착장까지 차를 타면 금방이었겠지만, 배낭을 메고 걷는 해변 산책로 4km는 꽤 멀었다. 혹여나 배 시간에 늦을세라 땀을 쏟으며 종종걸음을 쳤는데도 1시간이 넘게 걸렸다. 선착장 쪽으로 노란 화살표가 나 있고 그 위에 노란 조가비 그림이 앙증맞게 그려져 있었다. 중세의 순례자들 역시 이곳에서 배를 타고 갈 수밖에 없었으리라.
　　선착장에는 이미 10여 명의 순례자와 현지 주민들이 첫 배를 기다리고 있

라레도의 선착장 가는 길. 다음 마을인 산토냐까 첫 배가 들어오고 줄을 선 사람들이 탑승 준비를
지는 배로 이동하는 것이 공식 카미노다.    한다.

었다. 우리 뒤로도 줄은 계속 이어져 작은 배가 꽉 찼다. 2유로를 내고 5분

정도 가는 짧은 거리였다. 그런데도 한 배를 탄 사람들이라는 동질감 때문이

었는지 순례자들 사이에서는 밝은 대화가 오갔다. 우리는 호주에서 온 젊은

커플과 인사를 나눴는데, 우리 목소리를 듣고서는 반대편에 앉은 중년의 한

국인 여성 순례자가 반갑게 말을 건네 왔다. 이번 순례길에서 만난 첫 한국

인이었다. 그녀는 산 세바스티안에서부터 순례를 시작했다고 했다. 강단 있

어 보이는 얼굴이었지만 적지 않은 나이에 홀로 순례길에 오르다니 참 대단

하다는 생각을 하는 동안 배는 이미 산토냐에 도착해 있었다.


"건강하게 순례 잘 하세요!"


그녀는 20여 명의 사람들 중 배에서 첫 번째로 내리며 꽁무니에 서 있는

우리에게 큰 소리로 인사를 남긴 채 순식간에 사라져 버렸다. 한국인의 경쟁

력은 역시 '빠름'에서 오는 거라고 우리를 나무라기라도 하듯이.

산토냐의 엘 두에소$^{El Dueso}$ 교도소의 높고 긴 담벼락이 만들어주는 그늘이

참으로 감사하다 싶을 만큼 오전부터 태양의 위세는 대단했다. 교도소 담벼

락이 끝나면 해안가를 따라 이어지는 베리아 주거 지역이 시작된다. 이곳부
터는 해변 백사장으로 걸을 수도 있고 도로 옆으로 난 인도를 따라 걸을 수
도 있다. 우리는 앞서가는 순례자 영감님의 움직임을 따라 보도블록이 깔끔
하게 깔린 인도로 걸었다. 주택가가 끝나니 좁고 가파른 오르막 산길이 이
어졌다. 이 산길에는 가시 식물이 많아 긴 바지를 입었는데도 수시로 가시
들이 다리를 찔러댔다. 또 나무를 붙잡거나 먼저 오른 남편의 손을 빌려야
겨우 걸음을 뗄 수 있을 정도로 험난한 오르막이 많았다. 그런데 그 힘든 오
르막의 정상에 오르니 눈앞에 장관이 펼쳐진다. 고개를 뒤로 돌리면 베리아
해변이 이글대는 태양 아래 반짝이고, 걸어가는 방향으로는 노하<sup>Noja</sup> 해변
의 뽀얀 모래사장이 푸른 바닷물을 밀어내고 드넓게 펼쳐져 있다. 엉덩이를
밀어드려야 할까 고민했을 정도로 우리 앞에서 힘들게 오르막을 오른 순례
자 어르신들도 정상에 오르자 지난 힘겨움은 싹 잊은 듯 인증 사진 남기기
에 여념이 없었다.

노하 해변으로 내려서는 길은 경사가 급했지만 거리는 짧았다. 여기서부
터는 노하 해변의 백사장이 카미노다. 새롭고 멋지고 신비롭고 처음인 이 백
사장 순례길은 대략 5km나 이어질 예정이었다. 우리는 일단 백사장 시작 지
점, 그러니까 지나온 언덕이 만들어준 그늘 아래 배낭을 내렸다. 우리만 그
런 게 아니었다. 비슷한 시점에 산길을 내려선 순례자들 모두가 일단 쉬기
부터 했다. 우리는 소시지를 먹었고 스페인 젊은 순례자들은 바나나를 먹었
다. 어르신들은 말린 과일을 하나 둘 꺼내 베어 물었다. 지나온 산길이 힘들
기도 했지만, 눈앞에 펼쳐져 있는 그늘 한 점 찾을 수 없는 '순수 땡볕 백사장
카미노'는 이 길에 오른 누구에게도 위협적이었나 보다.

해변 백사장 카미노를 걷는 첫 경험은 그리 낭만적이지 않았다. 아니 고역

순례자들이 지나온 베리아 해변을 배경으로 인증  노하 해변으로 내려서는 내리막길. 이제 눈앞에
사진을 찍고 있다.  보이는 5km의 백사장 카미노를 걸어야 한다.

이었다. 아름다운 바다를 즐기는 사람들은 행복해 보였지만, 햇빛을 가리기 위해 모자에 긴 옷과 장갑까지 장착한 나는 왠지 그들 삶의 훼방꾼 같았다. 이미 숱한 바닷길을 지나며 휴양과 순례를 분리하며 걸어왔는데도 해변의 모래를 밟으며 걷는 길은 또 다른 괴리감을 안겼다. 육지가 언제 나타날지도 모른 채 망망대해를 떠도는 모험가가 된 느낌마저 들었다.

해변 모래를 밟으며 마냥 걷기 시작한 지 한 시간 여. 몸에 작은 삼각 수영 팬티 하나 걸치지 않은, 알몸의 하얀 남자가 내 눈앞으로 성큼성큼 걸어오는 것이 보였다. 나는 그 백색의 순례길에서 도망치고픈 심정이 되었다. 백사장이 너무 너무 긴 탓을 했다. 다른 순례자들 꽁무니를 따라 빨리 걸어가지 않은 탓을 했다. 그러다 눈을 감아버렸다. 그의 잘못도 나의 잘못도 아닌데, 아무 것도 어긋난 것이 없는데, 해변은 그저 아름다운데, 나는 무엇에 이렇게 마음이 불편했던 걸까? 편견일까? 괜한 자괴감일까?

환영처럼 '너무도 하얀' 알몸의 백인 남자가 내 곁을 스쳐 지나가자 '허허' 허탈한 웃음이 났다. 바깥으로 소리가 나면 오해를 받을 수 있어, 같은 것을 보고 같은 길을 걷고 같은 속도의 삶 위에 있는 내 곁의 남편을 보고서 입모양으로만 '허허' 웃었다. 남편은 무엇 때문인지 동문서답을 했다. 모래가 단단해 발이 푹푹 빠지지 않는 것이 다행이라고. 앞서 간 순례자들의 등산화 자국과 등산 스틱으로 콕콕 찍어놓은 선명한 흔적들을 보며 걸을 수 있어 다행이라는 말도 했다. 다행인 것만 보고 걸을 걸, 좋은 것만 생각할 걸, 그 뽀얀 백사장 위에 이미 찍힌 숱한 내 걸음이 조금은 후회가 되었다.

해변 백사장 카미노를 걷는 첫 경험은 그리 낭만적이지 않았다. 망망대해를 떠도는 모험가가 된 기분이었다.

해변을 빠져나오자 남편과 나는 약간의 일사병 증상을 느꼈다. 때문에 점심을 먹기에는 조금 이른 시간이었지만, 산 페드로 교구 성당 옆 식당에서 첫 손님으로 자리를 잡았다. 나는 샌드위치를, 남편은 햄버거 시켜놓고선 제대로 먹지도 못했다.

"양이 너무 많아서 못 먹는 거예요. 정말 맛있어요."

우리는 친절한 주인 할머니가 마음 상하실까봐 너스레를 떨었다. 할머니는 괜찮다고, 편히 쉬었다 가라고, 눈짓과 몸짓으로 조용히 위로를 해주셨다. 다행히 다시 길을 나설 때는 구름이 살짝 해를 가리고 기분 상쾌할 만큼 바람도 불어왔다. 마을을 빠져나가는 길은 다시 걷는다 해도 헷갈리겠다 싶을 정도로 카미노 찾기가 쉽지 않았다. 마을 사람들의 손짓을 이정표 삼아 방향을 잡아나갔다.

노하를 빠져나가니 시골 정취가 물씬 풍긴다. 자갈이 깔린 좁은 골목들, 넝쿨식물이 뒤덮인 담벼락에 그려진 노란 화살표, 농기구가 한쪽에 정갈하게 놓인 농가의 앞마당, 미사 시간이면 마을 사람들 모두가 모여들 작고 예쁜 소성당, 잘 일궈놓은 밭, 순례길의 일부가 된 밭이랑. 오전의 바닷길만큼이나 오후의 들판 길도 길고 멀었다. 그래도 이번에는 다행인 것만 찾았다. 골목골목 바뀌는 풍경의 시골길이 지루하지 않아 다행이고, 쨍하던 하늘에 구름이 생겨 너무 덥지 않아 다행이며, 띄엄띄엄 만나는 사람들이 모두 웃으며 인사를 건네주어 다행이라고. 그렇게 별 탈 없이 바레요Bareyo까지 다다른 것도 다행이었다.

로마네스크 양식의 산타 마리아 데 바레요 성당

책에서는 산타 마리아 데 바레요 Santa María de Bareyo 성당으로 가는 길을 '우회로'라고 해놓았지만, 순례 화살표는 자연스레 성당을 돌아가도록 그려져 있었다. 로마네스크 양식으로 견고하게 지어진 성당 건물은 사각형 탑이 특징이었다. 마을에는 알베르게도 있었다. 구에메스Güemes의 알베르게가 워낙 유명해 대부분의 순례자들이 구에메스까지 가서 묵는 줄 알았는데, 바레요의 알베르게에도 이미 많은 순례자들이 빨래를 널어놓고 쉬고 있었다.

우리는 지방도인 CA447을 따라 구에메스까지 걸었다. 하지만 '그 유명한'

구에메스의 순례자 알베르게 쪽으로 방향을 틀지 않았다. 구에메스의 알베르게는 에르네스토 부스티오<sup>Ernesto Bustio</sup> 신부가 순례자들을 극진히 맞아주는 곳으로 유명하다. 순례자들이 함께 식사를 나누고 저녁에는 신부님의 진행에 따라 모임도 하면서 순례의 의미를 나눈다고 한다. 우리도 처음에는 그곳에 묵고자 했다. 하지만 그런 환대를 누리기에는 우리의 걸음이 너무 늦었다. 알베르게의 침대가 아직 남았는지도 모를 일이었지만, 설사 남은 침대가 있다 해도 다른 순례자들과 스케줄을 맞추기에 이미 늦은 시간이었다.

우리는 구에메스 중심에 위치한 민박집을 예약했다. 시간은 오후 6시를 향해가고, 거의 10시간이 걸린 하루의 순례가 마무리되고 있었다. 그런데 한적해야 할 시골 들판이 수많은 사람들로 북적이고 있었다. 찻길 옆으로는 사람들이 들어오지 못하게 빈틈없이 줄이 쳐져 있었다. 사람들은 길 옆 언덕 위에 의자를 놓거나 돗자리를 깔고 앉아 있었고, 더 좋은 자리를 잡기 위해서인지 분주히 움직이는 사람들도 많았다. 우리는 언덕 위에 나란히 간이 의자를 펴놓고 앉은 사람들에게 무슨 행사가 있는지 물었다.

"조금 있으면 여기서 자동차 경주가 열려요. 아주 멋질 겁니다!"

사람들이 소리쳐 알려줬다. 이 산골 마을에서 자동차 경주라니! 어느 정도 마을 중심에 접근하자 수백 명의 사람들이 빼곡하게 길옆을 메우고 있고, 찻길로는 더 이상 걸을 수 없도록 길도 임시 차단되어 있었다. 숙소를 찾아야 한다고 행사 진행 요원에게 묻자, 우리가 순례자임을 알아챈 그가 차단선을 올려주었다. 30분 뒤부터는 경주가 시작되니 얼른 지나가라는 설명과 함께. 조금 있으면 자동차들이 불을 뿜으며 달릴 예정인 길을 우리 두 사람만

작은 산골 마을 구에메스에서 자동차 경주라니!

소낙비와 우박이 쏟아지는 중에 자동차 경주의 분위기는 더 뜨겁게 달아올랐다.

걸었다. 무거운 배낭을 메고 하얀 조가비를 달랑달랑 흔들며 한발 한 발 걸었다. 잠시 뒤 속도 경쟁을 벌 이는 자동차를 향해 환호할 관중들 이, 거북이걸음의 우리를 향해 갑자 기 환호하기 시작했다. 박수와 휘파 람과 응원의 외침이 뒤섞여 들려왔 다. 순례길에서 이런 경험을 다 하 는구나, 기가 막히면서도 흥분되었 다. 그런데 기막힌 일은 또 있었다. 예약해놓은 민박집에 도착하고 보 니, 숙소 오른쪽 건너편으로 자동차 경주의 출발점이 보였다. 숙소 앞은 출발 후 첫 커브를 도는 곳이었다. 숙소 바로 맞은편으로는 관중들 뿐 아니라 취재를 나온 수십 명의 기자 들이 기자단 조끼를 입고 진을 치고 있었다. 민박집 주인 부부를 비롯해 아들 커플과 딸도 이미 집 앞에 의자를 내놓고 구경할 태세를 갖추고 있었 다. 체크인 같은 절차도 없었다. 2층 방 열쇠 하나를 쥐어주고는 우리도 얼 른 씻고 내려오란다.

6시가 조금 넘어 시작된 자동차 경주는 3시간 동안 펼쳐진다고 했다. 첫 몇 대는 연습 주행을 한 것인지, 사람들 반응이 별로였다. 우리가 그런 차에까지 카메라 셔터를 누르자, 작은 캠코더를 들고 선 민박집 주인아저씨가 제지를 했다. 그러더니 아저씨는 주의 깊게 봐야 할 자동차가 출발선에 나타나면 우리에게 신호를 보내주었다. 과연 우리 숙소 앞이 명당은 명당이었다. 막 출발한 자동차들이 제자리에서 굉음을 내며 돌면서 첫 묘기를 부리는 지점이었다. 그 많은 취재진들이 우리 숙소 건너편에 자리 잡은 이유가 있었던 것이다. 경주 중간에 날씨가 급변했다. 돌풍이 불며 우박이 떨어지고 천둥번개를 동반한 소낙비가 쏟아졌다. 하지만 그런 극적인 날씨는 스릴 넘치는 자동차 경주의 분위기를 더 뜨겁게 몰아가는 듯했다.

하지만 경주에 대한 우리의 열기는 1시간을 채 넘기지 못했다. 흥분 보다 강한 허기가 몰려왔기 때문이다. 무거운 배낭을 메고 10시간을 걸어온 뒤라 배고픔이 극에 달했다. 문제는 그럼에도 저녁을 먹을 방법이 없다는 거였다. 마을에 있는 식당 두 곳이 모두 자동차 경주가 펼쳐지는 길 건너편에 있었다. 밤 9시 30분, 경주가 끝나야만 길을 건너 식당으로 갈 수가 있다고 했다. 배낭에 남은 사과 한 개를 남편과 나눠 먹으며 방에서 경주가 끝나기를 기다렸다. 멋진 쇼는 역시 마지막에 펼쳐지는 것인지, 시간이 지날수록 사람들의 함성은 더욱 커졌다. 우리는 침대에 누워 소리로만 경주를 감상했다. 기본적인 욕구가 해결되지 않고서는 그 어떤 극적인 상황도 설렘과 흥분을 일으킬 수 없다는 걸, 배가 고파 배가 아픈 지경에서야 깨닫고 있었다.

# [13구간] 구에메스 ~ 산탄데르 14.6km
## "길잡이가 되어준 루돌프 상사 커플, 이젠 안녕"

오전 9시에 민박집에서 준비해준 아침을 먹었다. 식사 시간이 많이 늦었지만, 이날은 걸어야 할 거리가 짧아 여유를 가질 수 있었다. 최고급 레스토랑이 부럽지 않은 테이블 세팅부터 집에서 직접 만든 빵과 요거트, 훈제 하몽까지, 주인아주머니의 솜씨는 여러모로 놀라웠다. 순례길 들어서 가장 여유롭고 호화로운 아침식사를 하고 길을 나섰다. 마을은 어제 자동차 경주로 인산인해를 이루며 굉음으로 요란했던 그 구에메스가 맞나 싶게 고요했다. 이른 시간이 아니라 마을 사람이라도 만나게 될까 싶었지만, 성당에도 식당에도 사람 하나 없이 적막했다. 그래도 발랄하게 지저귀는 새소리가 우리의 걸음을 반겼고 초록 잎사귀 위로 반짝이는 아침 이슬이 우리의 가는 길을 배웅했다.

구에메스를 빠져나오는 길은 지방도인 CA443으로 이어져 있다. 이 길은 또 다른 지방도인 CA141과 만나는데, 순례자들은 이 지점에서 왼쪽으로 방향을 꺾어야 한다. 갈리사노<sup>Galizano</sup> 마을로 들어서는 우회로가 나올 때까지 잠시 이 CA141을 따라 걷는다. 갈리사노 마을의 카미노를 따라 교구성당의 뒷마당을 지나려는데 반가운 얼굴들이 보였다. 배낭과 신발, 양말까지 몽땅 벗어놓고 '루돌프 상사' 커플이 성당 벤치에서 쉬고 있었다. 빌바오로 가는 길에서 처음 얼굴을 본 이후, 거의 매일 길 위에서 만나고 있었다. 함께 길을 헤매기도 했고, 무더위에서 살아남기 위해 새로운 길을 개척하자며 의기투합도 했던 인연이라 다른 순례자들을 만날 때와는 반가움의 크기가 달랐다.

*"오늘 산탄데르까지 가나요?"*

우린 동시에 질문하고 동시에 웃었다. 지난 며칠 그 땡볕을 경험하고서도 그늘 없는 벤치를 찾아 유유자적 쉬고 있다. 우리는 그곳에서 쉴 마음이 전혀 없었지만 왠지 그들의 모습을 사진 속에 담아놓아야 할 것 같아 걸음을 멈췄다.

독일 베를린에서 온 순례자 '루돌프 상사' 커플. 갈리사노 성당 벤치에서 쉬고 있다.

*"우리는 3년 전에 프랑스 길을 걸었고 다시 북쪽 순례길에 섰어요.*
*우리는 순례길 위에서 정말 아무 계획 없이 걷고 자고 한답니다.*
*오늘도 산탄데르까지 간다고 하지만*
*그곳까지 갈 수 없을지도, 아니면 더 많이 갈지도 모르겠어요.*
*베를린으로 돌아가야 할 날짜만 지키면 되지 싶어요."*

카메라와 휴대전화를 바꿔가며 서로의 모습을 담기도 하고 함께 어울려 사진을 찍기도 하면서 '루돌프 상사'가 자신들의 순례 방식을 이야기했다. 역시 우리가 붙인 별명이 어울리는 사람들이다. 전쟁터에서도 살아남을 씩 씩함과 연륜이 느껴져 우리가 '루돌프 상사' 커플이라며 별명으로 불러온 이들. 겉으로 보이는 모습 그대로 자유분방하면서도 당당하게 그들만의 길을 걷고 있었다. 그들은 그들과는 조금 다른 우리 부부의 순례 방식에 대해서도 진지하게 들어주었다. 우리 부부 역시 4년 전에 프랑스 길을 걸었지만, 힘든 상황에 여러 번 부딪쳐 온전한 순례를 하지 못했다고 말했다. 그래서 이번에 는 우리의 상황과 처지에 맞게 계획을 짜서 왔고, 한 곳도 빼먹는 구간 없이 흐트러짐 없는 순례를 하려고 무진장 애를 쓰고 있다고 했다.

"우리 순례가 딱딱하고 재미없어 보여도 좀 예쁘게 봐줘요."

우리의 애교 섞인 부탁에 그들이 천천히 고개를 저으며 말했다.

"진지한 마음과 강인한 의지로 당신들만의 길을 걷고 있는 게 보여요.
모두가 같은 순례길을 걷지만,
각자의 마음엔 다 다른 길이 그려질 거라 생각해요."

어떤 모습이건, 어떤 이유를 가지고 걷게 됐든, 이렇게 길 위에 있는 것 자체가 소중하고 감사한 일이라는 공감대를 이룬 뒤 일단 헤어졌다. 햇살이 좋은 그들은 벤치에 앉아 계속 쉬었고, 햇볕이 두렵고 화장실이 필요했던 우리는 카미노의 갈림길에 위치한 호텔의 바르를 찾아 쉬었다. 헤어졌다 싶으면 또 만나고 만났다 싶으면 또 헤어지게 되는 회자정리會者定離의 순례길, 바르

갈리사노에서 해안 우회로를 따라 걷는 길. 멀리 보이는 해안 절벽 위를 걷는다.

앞을 지나가는 '루돌프 상사' 커플이 보였다. 그들은 바르에서 나섰을 때 왼쪽 방향으로 걸어갔다. 그로부터 10여 분 위 바르를 나선 우리는 아무런 의심없이 그들의 발자취를 따라 왼쪽으로 걸었다.

이후에 순례 안내서를 보니 책에서는 우리가 간 반대방향을 추천해 놓았다. 마을을 빠져나와 다시 찻길인 CA141과 합류하도록 되어 있는데, 그래야 거리를 단축할 수 있다는 설명이었다. 하지만 우리는 '루돌프 상사' 커플이 걸어 간 방향을 따라, 갈리사노 마을에서 해안 우회로를 향해 난 노란 화살표를 따라 걸었다. 혹여나 책을 보고 찻길을 걸었다면 얼마나 후회가 되었을까? 해변을 따라 난 길은 정말 아름다웠다. 먼 거리와 힘듦의 크기가 문제되지 않을 만큼 가슴 벅찬 풍경이었다. 100미터 정도 앞서 '루돌프 상사' 커플이 바윗돌을 오르며 사라져가는 모습 말고는 사람의 기척을 느낄 수가 없었다. 바람에 풀이 눕는 소리와 깎아지른 절벽에 바닷물이 몰려드는 소리와

갈리사노에서 로레도 사이의 해안 길. 이 시간만큼은 이 바다는 내꺼다!

갈매기들이 내 사는 곳이라며 울어대는 소리만이 들렸다. 아니, 우리의 걸음 아래 깔린 모래알 사각거리는 소리도 들렸다. 갈리사노 곶이 보이는 해안 산 책로는 내가 걷는 이 길이 오롯이 나의 길이며, 내가 바라보는 이 바다가 오롯이 나의 것이라 말하는 듯했다.

　갈리사노 곶을 지나 백사장이 나타나자, 상황은 나빠졌다. 정확하게는 해변을 즐기는 휴양객들은 무관한 일이고, 순례자들에게만 상황이 나빠졌다. 카스트로 우르디알레스에서 라레도를 갈 때 걸었던 오리뇬 해변과는 백사장의 느낌이 전혀 달랐다. 오리뇬 해변은 모래 질감이 단단해 걷는 데 불편함이 없었지만 이 로레도Loredo의 백사장은 발이 푹푹 빠지는 해변이라 한 걸음 한 걸음 내딛기조차 힘들었다. 게다가 도저히 피해갈 수 없는 물길까지 해변을 가로질러 흐르고 있어 발이 젖을 각오를 하고 건너야 했다.

오늘의 목적지인 산탄데르까지 가려면 소모<sup>Somo</sup>의 선착장에서 배를 타야 하는데, 그 선착장을 향한 최단거리는 이 해변을 따라 걷는 길이다. 하지만 걸음걸음마다 체력을 뭉텅이로 뺏어가는 모랫길을 계속 걷는 것은 요즘말로 가성비가 떨어지는 선택이었다. 방법은 로레도 마을로 올라가 마을을 통과해 선착장을 찾아가는 것뿐이었다. 그런데 우리보다 먼저 그런 생각을 실행하고 있는 순례자들이 저 멀리 보였다. 바로 '루돌프 상사' 커플! 그들은 마을 중심의 성당 첨탑을 향해 없는 길을 만들고 있었다. 큰 바위를 기어오르듯 힘겹게 타 넘고 출입에 주의하라는 경고가 붙여진 부서진 나무다리를 신중한 걸음으로 건너갔다. 우리는 그들의 발자국을 감사히 따라 걸었다.

로레도 마을의 평탄한 인도에 올라서고서야 루돌프 상사 커플과 다시 만났고, 서로 웃을 힘도 없이 지쳐 있다는 걸 확인했다. 다함께 쉴 곳을 찾고, 문을 연 길가 바르에서 갓 튀긴 감자와 콜라를 먹으며 기운을 북돋웠다. 그

발이 푹푹 빠지는 모래사장을 벗어나 마을로 올라가는 길. 루돌프 상사 커플이 길잡이가 되어주었다.

들이 앞에 있어 생각지 못한 길에 들어섰어도 당황하지 않았다. 그들과 함께여서 잃어버린 노란 화살표도 쉽게 다시 찾을 수 있었다. 앞서 걷는 순례자는 뒤따르는 순례자에게 그렇게 스스로 길이 되고 있었다.

소모에서 산탄데르Santander, 칸타브리아의 주도로 향하는 배를 기다리며 '루돌프 상사' 커플과 우리는 지난 길의 힘겨움에 대해서 이야기하지 않았다. 앞으로의 길도 이야깃거리가 아니었다. 그들은 당장 오늘 산탄데르에서 묵을지 계속 걸을지가 고민이라 책만 보며 침묵했고, 우리는 잠시 뒤 배를 타고 발을 딛게 될 산탄데르의 특별함으로 가슴이 뛰어 말을 잃었다. 그들은 산탄데르까지 배를 타고 가는 20여 분 동안 객실 안에서 의논을 이어갔고, 우리는 구름에 가려 흐릿한 산탄데르를 객실 바깥에서 바닷바람 맞으며 줄곧 지켜봤다. 산탄데르는 4년 전 프랑스 길을 걷다가 절망한 우리에게 새로운 길을 열어준 곳이다. 느린 걸음의 우리가 프랑스 길에서는 패배자라 여겨졌을 때, 새로운 길로 우리를 이끈 곳이 바로 산탄데르였다. 부르고스에서 버스를 타고 와서 짧게 걸었던 '우리 부부만의' 북쪽 길 시작 도시였다. 산탄데르에서 시작됐던 그 기억, 그 짧은 일주일의 경험은 4년 만에 우리를 북쪽 길에 다시 서게 했다. 북쪽 길을 꼭 제대로 걸어보고 싶다고 갈망하게 만들었던 것이다.

북쪽 길을 처음부터 걸어 이 길을 걷는 여느 순례자들처럼 배를 타고 산탄데르에 발을 딛게 되니 명치 아래가 뭉근히 아려왔다. 이곳을 다시 오게 될 줄 몰랐다며 추억에 묻혔던 감정이 아우성을 쳤다. 우리가 정말 산티아고 순례길 위에 다시 섰구나, 북쪽 길을 정말 제대로 다시 걷고 있구나, 나의 모든 감각들이 그제야 실감난다며 탄성을 내지르고 있었다.

배에서 내린 '루돌프 상사' 커플은 조금 더 길을 가야겠다며 서둘러 안녕을

소모의 선착장. 산탄데르를 오가는 배가 막 도착했다.

고했다. 늘 물어본다 하면서도 타이밍을 못 맞춰 묻지 못했던 말,

"이름이 어떻게 돼요?"

그 질문을 또 못하고 헤어졌다. 그게 정말 마지막이었다. 그들의 이름은 알지도 못한 채, 그들과의 순례길 마지막 인사를 그렇게 끝내고 말았다.

# [14구간] 산탄데르 ~ 쿠돈 29.6km
## "위험하게 철길을 걸어도 되는 거야?"

|– 철도 이용, 거리단축 –|

4.7km  4.1km  4.7km  10.4km  5.7km

산탄데르  페냐카스티요  산타크루스  보오 데  모그로  쿠돈
데 베사나  피엘라고스

산탄데르 대성당. 고딕양식 건물로 1941년 대화재 후 재건되었다.

4년 전처럼 산탄데르 대성당 앞에서 본격적인 순례길의 하루를 열었다. 그러나 이후의 카미노는 같은 듯 조금 다를 예정이었다. 4년 전에는 책에서 나눠놓은 구간대로 산티야나 델 마르Santillana del Mar까지 무려 43km를 걸었다. 당시에는 부르고스의 서점에서 산 스페인어 가이드북이 북쪽 길에 대한 정보의 전부였다. 스페인어를 모르니 책에 있는 지도가 전부였다고 하면 되겠다. 그래서 43km가 넘는 길을 곧이곧대로 걸었고, 피로골절이 온 채로 밤 10시가 다 되어서야 산티야나 델 마르에 도착했다. 그 여정이 무리 없이 가능한 이들도 많겠지만, 나에게는 무리였고 후유증도 컸다. 그래서 이번에는 두 구간으로 나눠 걷기로 했다. 또 그때는 알지 못해 이용할 수 없었던 철도 지름길로 과감하게 거리를 단축할 예정이었다.

4년 전 걸었던 길을 다시 걸으니 오묘한 감정이 들었다. 그때 들었던 막연한 두려움은 사라졌지만, 설렘의 크기는 변하지 않았다. 그때 갔던 중국음식점, 정원이 예뻤던 어느 집과 그 집 대문 양쪽 기둥에 얹혀 있던 난쟁이 장식 돌도 그대로였다. 산탄데르를 빠져나가는 볼품없는 찻길도 그대로였고, 페냐카스티요Peñacastillo의 길 같지 않은 육교 아래의 풀숲 길과 그 육교 벽면의 그림과 낙서가 가득한 어수선함도 그대로였다. 사실 산탄데르를 떠나는 이 길은 북쪽 길 순례자들이 실망하고 싫어하며, 걷지 않고 건너뛰는 길이기도 하다.

페냐카스티요를 지나는 길. 칸타브리아의 공식 순례 표지석이 세워져 있다.

그런데 우리는 이 길을 두 번째 걷고 있었다. 그것도 '이 길을 다시 걷게 될 줄이야!' 하는 감격스런 마음만을 안고서.

산타크루스 데 베사나 성당Iglesia de Santa Cruz de Bezana이 눈앞에 나타났을 때는 4년 전 힘겨움이 고스란히 느껴졌다. 그때는 마을도 성당도 적막했다. 본당으로 들어가는 문이 닫혀 있어 성당 안뜰 십자가 아래서 지친 다리를 쉬며 포도를 먹은 기억이 생생히 떠올랐다. 당시 무심한 듯 우리를 지나쳐가던 4명의 프랑스 순례자들이 환영처럼 보이는 듯도 하다. 그런데 이번에 마주한 성당의 풍경은 좀 달랐다. 주일 미사를 준비하는 신자들로 성당 주변은 생기가 넘친다. 제단 장식도 그렇고 성당 양쪽 벽에 걸려있는 성화들도 이 성당의 역사가 오래됐음을 보여주는데, 신자석이 모두 새 것이라 갓 지어진 성당의 느낌이 난다. 새 것이라서, 또 새 것처럼 닦아놓아서, 반질거림을 잃지 않은 소성당에 앉아있으니 순례에 지친 마음도 처음 순례를 준비할 때처럼 반짝인다. 우리는 소성당에서 나와 성당 마당의 돌 십자가로 걸음을 옮겼다. 4년 전 밑단을 돌계단인 듯 깔고 앉아 포도를 까먹던 그 돌 십자가가 중세시대의 유물이라는 걸, 또 이곳 사람들에게는 신심의 중심이 되는 특별한 존재라는 걸, 이번 순례를 준비하면서 알게 되었다. 우리는 조용히, 무지無知에서 나온 지난 행동에 용서를 구했다.

결혼 생활에서도, 오랜 친구와의 관계에서도, 언니 동생의 사이에서도, 감동은 아주 작은 것에서 오고 그 작은 감동이 관계의 모든 것이 될 때가 있다. 보오 데 피엘라고스Boo de Piélagos를 향해 난 몸피아Mompía 길을 걷는데, 카미노의 모든 것이 될 수도 있는 그 '작은' 감동이 나타났다. 내 키 정도 높이의 돌담에 내 얼굴 크기만 한 글자들로 '카미노 데 산티아고'라고 써놓고는 노란 화살표를 정말 화끈하게 그려 놓았다. 지금껏 본 가장 '큰' 순례길 방향표시

4년 전 순례 때와는 달라진 북쪽길의 감동. 갖가지 순례길 표시가 있다!

앞에서 나는 그 '작은' 감동의 물결에 휩쓸리고 말았다.

우리는 4년 전과 같은 순례길을 걷고 있지만, 너무도 달라진 것이 있었다. 그때는 작고 빛바랜 순례 화살표 하나도 찾기가 힘들었는데 지금은 크고 작고 다양하기까지 한 순례길 표시가 무진장 많아졌다는 것이다. 당시에 북쪽 길에 속한 지방자치단체들이 순례길 복원에 대해 미온적이었던 것이 이유였다는데, 지금은 정책이 바뀌었는지도 모르겠다. 북쪽 길 순례자들이 지자체의 정책에 영향을 줄 만큼 많아진 것인지도 모르겠다.

변화를 통한 감동은 거기에서 끝나지 않았다. 감동의 끝은 역시 '사람'의 온도와 향기가 담당하고 있었다. 예전에 비해 순례자를 향한 이곳 사람들의 시선이 확연히 부드러워졌다. 먼저 인사를 건네고, 혹여나 길을 잘못 들어서기라도 하면 온힘을 다해 소리쳐 알려준다. 반가움과 신뢰와 공경의 표정도 때때로 드러났다. 4년 전 느꼈던 무관심은 나만의 망상이었나 싶을 정도다.

보오 데 피엘라고스를 향해서 넓은 들판사이로 난 찻길을 따라 걷고 있을 때였다. 뒤에서 차가 '빵빵'하고 경적을 울려 놀라서 돌아봤는데, 운전석에 앉은 백발의 어르신이 차창 밖으로 팔을 내밀어 엄지를 척 하고 들어보였다. '부엔 카미노'라는 간결하면서 강렬한, 따뜻하면서도 뜨거운 격려도 우리 가슴을 향해 보내왔다. 그 짧은 감동은 이역만리 남의 땅에서 내가 왜 이렇게 힘들게 걷고 있나, 하는 원초적인 질문을 불식시킨다. 하얀 조가비를 달고 걷는 우리의 걸음은 그 자체로 신심을 담은 고행이 되고, 백발 어르신의 짧은 인사는 또 그대로 진심이 깃든 응원이 되어 힘을 보탰다. 그렇게 걸음과 걸음이 이어지고 감동과 감격의 순간들이 모여 순례길을 이루고 있었다.

철길을 따라 걷는 길은 위험해 보이지만 거리를 7.5km나 단축할 수 있어 많은 순례자들이 선택한다.

보오 데 피엘라고스에서 순례자들은 선택을 해야 한다. 둘러갈 것이냐, 질러갈 것이냐. 아르세Arce를 가리키는 표지를 따라가면 둘러가는 공식 카미노 길이고, 푸엔테puente. 다리라는 바닥의 글과 함께 노란 화살표가 그려진 짧은 터널을 빠져 나가면 모그로Mogro 철교로 가는 지름길이다. 우리는 4년 전과 다른 선택, 질러가는 방향으로 몸을 돌렸다. 이 길은 인도가 따로 없는 철길을 따라 걸어야 해서 위험한 편이지만, 거리를 7.5km나 단축할 수 있다는 치명적인 매력이 있다. 이곳 주민들도 습관적으로 철교를 건너다닌다고 하고, 무엇보다 노란 화살표가 군데군데 있을 정도로 순례자들도 이쪽 길을 많이 이용한다는 사실에 안심할 수 있었다.

모그로 강을 건너는 철교가 나오기까지는 꽤 긴 시간동안 철로 옆을 걸어야 했다. 단축된다는 거리를 빼고 보면 대충 2km 남짓 인도 없는 철길을 따라 걷는 것이다. 사실 나는 좀 무서웠다. 남편은 독특한 경험인데다 걸어야 할 거리가 확연히 줄었다며 좋아했지만, 나는 그저 무서워 종종걸음을 쳤다. 기차가 오지 않을 때는 기차가 올까 무서웠고, 실제로 기차가 왔을 때는 무서워 눈도 못 뜬 채 몸을 웅크렸다. 모그로 철교를 건널 때는 다행히 기차가 오지 않았지만, 이전의 철길보다 사람이 걸을 수 있는 갓길의 폭이 좁은데다 옆으로는 푸른 강물도 보여 더 무서웠다. 돌이켜보면 두려움의 이유는 기차나 기찻길이 아니었던 것 같다. 내가 뭔가 위법한 일을 하고 있다는 자책 때문이었던 것 같다. 그것도 순례를 하면서. 4년 전처럼 산탄데르에서 산티야나 델 마르까지 43km를 한 번에 걸어야 한다면 모를까, 이번처럼 이틀에 나눠 걸을 수 있다면 위험과 자책을 안고 철길을 걷는 선택은 하지 않는 게 좋을 듯싶었다.

모그로 역에 이르러서 철로를 뛰어넘고 승강장을 가로질러 역 바깥으로 나가서야 다시 카미노 위에 설 수 있었다. 우리는 긴장으로 굳었던 몸도 풀고 빈 뱃속도 채우기 위해 모그로 역 앞 식당에 자리를 잡았다. 일요일이라 그런지 가족 단위의 손님들이 많았다. 바비큐를 주로 하는 식당인 모양인데, 양이 너무 많지 않을까 걱정하는 우리에게 주인이 생선 요리를 추천해 주었다. 생선 요리는 맛있었고, 양은 역시나 많았다. 우리는 식사 후 커피까지, 천천히 배불리 먹었다.

하루 묵어가기로 정한 마을인 쿠돈Cucón에 도착하고 나서야 그렇게 많이 먹어두길 잘했다는 생각이 들었다. 우리는 점심을 먹고 곧바로 모그로를 떠

모그로를 에두르고 에둘러 쿠돈으로 향했다. 카미노의 끝없음을 잊고 있었는지 길은 멀게만 느껴졌다.

나 쿠돈으로 직진하면 될 줄 알았다. 하지만 바닥과 담벼락과 전신주에 그려진 노란 화살표는 모그로를 에두르고 에둘러 쿠돈으로 향하도록 돼 있었다. 띄엄띄엄 자리한 농가들을 지나고 흰 소들이 풀을 뜯는 들판도 지나고 언덕에 자리한 두 개의 소성당Ermita도 거쳐 지평선을 향해 난 길고 긴 길을 걷고 또 걸었다. 이렇게 긴 걸음이 남았는데 왜 끝이라고, 이제 다 왔다고 생각했을까. 그것도 고작 점심을 먹으면서 말이다. 지름길을 달려오며 생각의 속도가 순간 빨라져버린 것인지, 카미노의 끝없음을 어느새 잊고 있었던 것인지.

쿠돈의 숙소에서 씻고 빨래까지 마치고 나니 배가 고파왔다. 든든히 먹어둔 점심은 남은 6km를 걷는 동안 이미 연소되어 버렸다. 저녁을 먹기 위해 숙소를 나서려니 비가 추적추적 내린다. 민박집 주인이 커다란 우산을 빌려주며 마을에 하나뿐인 식당은 아직 문을 열 시간이 아니라는 것도 알려주었다. 스페인에서 요리를 내오는 식당은 보통 8시 반은 되어야 문을 연다는 걸 우리도 잘 알고 있었기에 기대도 하지 않았다. 그런데 간단하게 요기를 할 수 있는 카페도 주유소가 있는 찻길까지나 걸어 나가야 한다고 한다. 비도 오고 있어 포기하기에 딱 좋을 만큼 떨어져 있었다. 우리는 핀초를 파는 가까운 바르로 향했다.

아주 작은 마을 바르에는 일흔은 훌쩍 넘겼을 할아버지 한 분이 홀로 가게를 지키고 있었다. 배를 채울 만한 건 계란부침이 들어간 핀초가 전부였다. 할아버지의 걸음은 느렸지만 음식은 빨리 나왔다. 우리는 각각 핀초 두 개와 맥주 한 잔으로 저녁을 해결했다. 아쉬웠지만 참으로 다행인 시간과 공간. 우리는 감사함으로 그것을 만끽했다. 어느새 주인 할아버지의 친구인 듯 보이는 덩치 큰 어르신 한 분이 손님으로 합류해 그 시간과 공간이 한결 부드럽고 따스해졌다. TV가 켜지고 뉴스가 나오고 두 분의 이야기가 적당히 어우러졌다. 그들의 언어와 전혀 다른 한국의 언어도 어느새 그 언어와 뒤섞여 하루 순례를 추억하고 있었다.

# [15구간] 쿠돈 ~ 산티야나 델 마르 13km
## "중세 돌길이 마음을 콕콕 찔러댄다"

|  | 3.6km |  | 2km |  | 7.4km |  |
|---|---|---|---|---|---|---|
| ▶ | | ● | | ● | | ▶ |
| 쿠돈 | | 레케하다 | | 바레다 | | 산티야나델마르 |

쿠돈에서 출발하는 카미노의 처음은 악몽처럼 기억되는 길고 긴 파이프 길이다. 쿠돈 전부터 시작된 카미노의 가스관은 인근 화학공장까지 무려 5-6km에 걸쳐 이어져 있다. 공식 카미노는 이 파이프가 끝날 때까지 그

레케하다 화학 공장까지 5-6km에 뻗어있는 가스관 길. 300m마다 이곳이 카미노임을 알리는 노란 화살표가 그려져 있다.

옆을 따라 걷도록 되어 있는데, 우리는 4년 전 이미 이 가스관 길을 경험했다. 다행이라 할 것은 우리가 쿠돈에 숙소를 잡은 덕분에 가스관 길 일부를 건너뛰게 되었다는 것이다. 또한 이미 경험한 악몽은 더 이상 악몽이 아니라는 사실이다. 가스관은 하얀 연기를 쉼 없이 뿜어대는 삭막한 공장 건물들이 나오고서야 끝이 난다. 앞부분을 조금 건너뛰고 시작해서 그런지, 하루 순례의

첫 구간이라 체력이 남아서 그런지, 악몽이 추억이 되어서 그런지, 가스관 길은 의외로 빨리 끝나버린 기분이었다.

　레케하다Requejada의 공장지대는 생각보다 넓었지만, 지나는 중에 쉬어갈 수 있는 바르와 식당들도 여럿 있었다. 공장을 지나는 사이 분명 순례길임을 알리는 이정표가 있었고 바르에도 순례자를 반기는 안내문을 걸어놓았다. 우리는 그중 한 곳을 골라 음료를 마시며 추억을 더듬었다. 카미노는 솔베이 화학공장 옆으로 뻗어 있는 국도 N611의 갓길을 걸어가는 조금 위험한 길로 이어진다. 나는 그 위험하고 지루하고 본때 없으며 먼지 가득한 길에 오르기 전에 신발 끈을 다시 조였다.

　멋지고 광활한 자연의 일부가 되어 고독에 잠긴 채 자신의 지난날을 되짚

레케하다 공장지대가 코앞이다. 지금은 가스관을 따라와 이 공장지대를 지나는 것이 카미노다.

으며 묵상에 잠기는 것을 혹여나 순례의 전부라고 믿는 사람들이 있을까? 중세의 돌길, 흙길, 번잡하지 않은 산길이 정통 순례길이라 우기는 사람이 있을까? 과거의 길이 이렇지는 않았으니 건너뛰어도 좋다고 생각하는 이들이 있을까? 그렇다면 그들을 중세의 순례길로 돌려놓으면 어떨까? 호시탐탐 순례자들의 호주머니를 노리는 도둑이 출몰하는 숲길을 지나고, 홑겹 가죽 슬리퍼로 돌길을 오르내리며, 햇볕과 비와 바람과 눈보라를 기능 없는 옷들로 받아 안아야 하며, 자는 것과 먹는 것의 선택도 나의 것이 아닌, 그 때의 길을 걷게 된다면 어떨까? 이것이 진정한 순례구나, 하게 될까?

세상에 나만을 위한 길은 없다. 길은 그저 '길'일 뿐, 세상 모두를 위한 통로다. 어떤 길을 걸었다고 특별할 것도 없고 나 혼자만 걸었다고 으스댈 이유도 없다. 길은 나를 위한 것이 아닌 모두를 위한 '열림'이고, '누군가' 걸어야만 존재할 이유가 있는 것이다. 세상의 변화에 따라 바뀌어 아쉬울 순 있어도 그것을 길의 '변심'이라 여길 필요는 없다. 나 역시 더 좋은 길이 있고 사랑스러운 길이 있다. 건너뛰고 싶은 길도 있고, 실망으로 절망으로 힘겨움으로만 끝나버려 허망한 길도 있다. 하지만 순례는 명확한 종착점이 있지 않은가? 그 곳에 이르는 그 어떤 길이 의미없다 할 것인가? 소심하고 맹목적이며 때로는 융통성 제로라 비난받을지라도 '산티아고 데 콤포스텔라'에 이르는 북쪽 길을 걷겠다고 다짐한 나는 그 곳까지 가는 길을 그저 걸으면 되는 것이다.

순례길을 걷다 보면 고요한 자연의 한가운데 보다는 차들이 쌩쌩 달리는 도로 갓길을 걸을 때 더 깊은 생각에 빠진다. 더구나 함께 걷는 순례자 하나 없이 말없이 둘만 타박타박 걷다 보니 생각이 깊어진다. 바레다[Barreda]의 주택가에 이르러서는 검은 비닐봉지를 흔들며 느릿느릿 걷는 할아버지를 따라 생각 없이 길을 걸었다. 4년 전 커다란 개 두 마리가 나타나 가슴 졸였던 언덕을 지날 즈음엔 '후두둑 후둑' 빗방울이 떨어지기 시작했다. 문득 지나온 길을 돌아보니 누군가가 빠른 걸음으로 다가오고 있었다.

"안녕하세요!"

틀림없는 한국말 인사. 북쪽 순례길에서 두 번째로 만난 한국 순례자였다. 그는 우리가 어떻게 한국인 줄 알았을까. 그 생각이 질문으로 나오기도 전에 스물을 갓 넘겼을까 싶은 한국 청년은 다가온 속도만큼 빨리 우리에게서 멀어져 갔다. 그는 내리기 시작한 비를 피해 빨리 도착하고 싶은 곳이 있었을 것이다. 그리고 우리는 내리는 비를 촉촉이 맞으며 천천히 도달하고픈 곳이 있었다.

'산티야나 델 마르Santillana del Mar'

얼마나 아름다운지 얼마나 유서 깊은지 얼마나 많은 보물을 안고 있는지 상상조차 하지 못한 채, 43km를 14시간 동안 걸어 밤 10시가 돼서야 도착했던 4년 전의 산티야나 델 마르는 눈물겹게 감사한 우리의 안식처였다. 주저앉아 울고픈 마음을 말없이 감싸 안아준 곳이다. 문 닫을 시간이 지난 숙소의 직원이 우리가 순례자임을 알고 염려 말고 오라며 긴 시간 기다려준 곳이다. 온몸이 말을 안 들어 하루를 더 묵었고, 온 마을이 너무 곱고 예뻐 그하루가 아쉬운 곳이었다.

전혀 마을이 있을 것 같지 않은 곳에 나타난 그 돌길을 잊을 수가 없었는데, 그 돌길이 눈앞에 다시 나타났다. 4년 전 아픈 발을 콕콕 찔러대던 중세의 돌길이 복잡다단한 감정에 휩싸인 우리 마음을 콕콕 찔러댄다.

산티야나 델 마르. 4년 전 아픈 발을 콕콕 찔러대던 중세의 돌길이 복잡다단한 감정에 휩싸인 우리 마음을 콕콕 찔러댄다.

# 산티야나 델 마르, 사르트르가 사랑한 도시

지난 밤 방 안에 널어놓았던 빨래들을 걷어 햇볕 아래 내어놓고는 알타미라 동굴<sup></sup>Cuevas de Altamira로 향했다. 4년 전 산티야나 델 마르에 하루를 더 묵으며 구석기 시대의 동굴벽화를 고이 간직한 알타미라 동굴이 이곳에 있다는 걸 처음 알았다. 하지만 그때는 피로골절이 생긴 발로 찾아갈 엄두가 나지 않아 포기했었다. 산티야나 델 마르 중심지에서 알타미라 박물관Museo de Altamira이 있는 곳까지는 왕복 7km 정도 되는 꽤 긴 거리다. 순례를 하루 쉬다 싶었는데, 알타미라 박물관을 다녀오니 하루 순례를 끝낸 기분이 들었던 것도 그 거리 때문이었으리라. 박물관으로 가는 동안 맑은 하늘이, 푸른 초원이, 한가로운 소들의 움직임이, 정겨운 시골 마을이, 우리 옆을 느리게 지나쳐갔다. 이미 스페인의 숱한 길을 걸어온 순례자들에게는 별 감흥이 없을 수도 있겠지만, 알타미라 동굴을 보기 위해 산티야나 델 마르에서 걸어온 관광객들에게는 참으로 감사할 만한 풍경이다.

알타미라 동굴의 조각과 그림은 1879년 발견되었고, 1985년에 유네스코 세계유산으로 등재되었다. 무려 1만 8천~1만 4천 년 전에 그려진 인류의

산티야나 델 마르에서 걸어서 갈 수 있는 알타미라 박물관

초기 예술 작품을 보게 되다니! 가슴이 콩닥콩닥 뛰었다.

알타미라 박물관으로 들어서서 표를 사면 박물관 관람권과 동굴 입장 시간이 적힌 코팅된 종이를 준다. 박물관 내부에 있는 동굴 안으로는 15분 단위로 한정된 인원만 가이드를 동반해 입장할 수 있다고 한다. 물론 사진 촬영도 엄금이다. 그런데 이렇게 엄격히 관리되는 이곳이 실제 동굴이 아닌 실제와 똑같이 재현해놓은 동굴이라는 것이 더 놀라웠다. 아니, 실망스러웠다. 인류 역사에 있어 소중한 유물을 보호하기 위한 궁여지책이겠지만, 복제한 동굴을 관람한다는 사실을 모르고 갔던 우리로서는 허탈한 심정이었다.

알고 보니, 70년대와 80년대에 실제 동굴을 개방한 적이 있었는데 상상을 초월할 정도로 많은 사람들이 몰려 훼손이 아주 심각했었다고 한다. 이후 이곳 박물관이 개관한 것은 2001년, 실제 동굴에서 불과 몇 백 미터 떨어진 곳에 오랜 기간 철저한 고증을 거쳐 벽화가 그려진 메인 홀을 재현해 놓고 실제 동굴은 출입을 완전 금지했단다. 2014년부터는 실제 동굴을 관람할 수도 있게 되었다는데 일주일에 단 한 번, 5명만 추첨해 관람을 허락한다고 한다.

그런데 시간을 기다려 어두운 동굴 속으로 걸음을 옮기고 가이드의 손가락을 따라 고개를 들어 천장을 보는 순간, 재현이라는 말도 실망이나 허탈감 같은 감정도 별 의미가 없다는 걸 깨닫는다. 머리칼이 쭈뼛 섰다. 내 머리로는 도무지 가늠되지 않는 그 엄청난 시간 너머의 동물들이 1만 8천 년을 앞서 살았던 '인간'의 손끝에서 그려져, 지금의 내 눈앞에 있다는 비현실감이 이유였을까? 숯으로 그린 검은 윤곽선에

현재 15분 단위로 가이드를 동반한 한정된 인원만 복제한 알타미라 동굴을 관람할 수 있다.

붉은색 안료로 채색한 들소와 말, 사슴, 멧돼지 같은 수십 마리의 동물들이 달리듯 춤추듯 거침없이 그려져 있었다. 동굴의 지형을 이용해 동물들의 동작과 양감을 멋지게 표현한, 그야말로 '예술' 작품이었다. 1만 8천 년 전 대단히 섬세한 감각으로 하나하나 동굴의 천장을 채워갔을 그들도 대단하고, 진짜를 보존

동굴 벽화를 그리는 데 사용되었던 도구와 재료, 그리는 과정 등이 다양한 방법으로 전시되어 있다.

하기 위해 동굴의 형태와 그림의 표현까지 완벽히 되살려 놓은 지금의 인간들도 참 대단하다 싶었다.

박물관에는 알타미라 동굴을 재현해놓은 것 외에도 유럽 선사시대의 유물과 자료를 체계적으로 정리해 전시하고 있다. 동굴 벽화를 그리는 데 사용

되었던 도구와 재료, 동굴 벽화를 그리는 과정 등이 다양한 방법으로 자세하게 소개되어 있다. 전시관을 둘러보면서 남편과 이런 저런 이야기를 나누고 있는데, 누군가가 활짝 웃으며 말을 건네 온다.

*"세상에! 알타미라에서 경상도 사투리가 들려 환청인가 했어요."*

어제 카미노에서 우리를 지나쳐갔던 한국 청년이다. 그는 인천에 사는 대학생이고 어제 산탄데르에서부터 40km를 넘게 걸어왔으며, 오늘도 쉬지 않고 순례를 이어간다고 한다. 역시 젊으니 좋다. 내 배낭보다 두 배는 무거워 보이는 배낭을 메고서도 지친 기색이라고는 없다. 그는 주머니 사정 때문에 주로 공립 알베르게에서 묵고 있는데, 침대가 없어 마룻바닥에 침낭을 펴고 잔 적도 있다고 한다. 5월의 북쪽 길은 순례자가 많지 않을 거라 생각했는데, 침대가 없어 당황했다고 말하면서 신나는 일이라도 생긴 듯 생글생글 웃는다. 스스로의 힘으로 스스로의 짐을 메고 자신만의 길을 걷고 있음을 자랑스러워하는 게 한눈에 보였다. 젊음 때문이라기보다 순수함 덕분에 그는 순례 10여일 만에 이미 진정한 순례자의 모습을 갖춘 것 같았다. 알타미라 동굴을 보느라 출발이 늦었다고 말하면서도 이런저런 순례길 무용담을 쏟아놓느라 쉽게 걸음을 떼지 못하는 청년. 북쪽 순례길에서는 한국인을 만나기가 쉽지 않아 좀 더 긴 시간 이야기를 나누고픈 마음은 우리도 마찬가지였다. 하지만 우리는 카미노를 향해 그의 등을 떠밀었다. 어서 가서 알베르게 바닥에 자는 일 없이 침대 하나를 꼭 차지하라고 응원했다. 이후에 길 위에서 또 만나게 되면 꼭 따끈한 밥 한 끼 먹자, 약속했다.

4년 전 아무런 정보도 없이 '산티야나 델 마르<sup>Santillana del Mar</sup>'를 찾아 걸을 때, 우리는 자꾸만 바다 쪽에서 멀어지고 있는 카미노를 의심했었다. 마을 이름에 '마르Mar'라는 단어가 들어있어 막연히 바닷가 마을이라고 생각했던 것인데, 결국 바다는 없었다. '산티야나 델 마르'에는 '마르'만 없는 것이 아니라 '산티Santi(Santo), 성스러운'도, '야나llana, 평평한'도 없어 거짓 단어 세 개가 합쳐진 마을이라는 말도 있단다. 평야가 아닌 산속에 있어 '야나'가 거짓인 건 알겠는데, 성스럽다는 '산티'마저 거짓이라니. 아무래도 중세의 수도원과 성당, 주택의 모습을 고스란히 간직한 성스럽고 신비로운 이곳에 알타미라 동굴의 유명세까지 더해져 너무도 많은 관광객들이 몰리는 걸 에둘러 비판하는 것이 아닐까 싶다.

그래도 장 폴 사르트르가 이곳이 스페인에서 가장 아름다운 마을이라 했

산티야나 델 마르 중앙 광장

'금빛 돌'로 지어진 도시로 일컬어지는 산티야나 델 마르는 1889년 마을 전체가 역사지구로 지정되었다.

다는 건 거짓이 아니다. 중세의 돌로 포장되어 지금껏 원형을 지키고 있는 길들, 칸타브리아의 귀족적인 건축물과 나무로 된 발코니가 있는 아름다운 건물들, 신심 가득한 오래된 수도원과 성당, 이 모든 것들이 산티야나 델 마르가 가진 진실들이다. 그 진실된 보물들 덕에 1889년에 이미 마을 전체가 역사지구로 지정됐고, 따스한 햇살 받는 날이면 '금빛 돌'로 지어진 도시라는 말이 거짓이 아니라는 듯 평범한 빛깔의 돌들이 '황금빛'으로 반짝인다.

알타미라 박물관에서 마을로 돌아온 우리는 햇살 가득 품은 중세의 돌길을 걸어 레히나 코엘리Regina Coeli 수도원 건물에 만들어진 교구 박물관에 들렀다. 15세기 수도원 건물은 그 자체로도 소중한 유물로 보였다. 성직자들의 온기를 품고 있는 작은 공간들에는 산티아고와 산 로케를 비롯한 수많은 성인들의 조각상이 전시되어 있고 성화 및 성구들도 건물 곳곳에 꼭 있어야 할 물건들처럼 자리하고 있었다. 무엇보다 돌조각들로 소박하게 바닥의 무늬를 장식한 작은 중정은 한참동안 마음을 울렸다. 몇몇 악기들을 이곳에 전시하고 있는 것도 그 울림에 깊이를 더하는 듯 했다.

사실 산티야나 델 마르에서는 어딘가에 들러서 무언가를 꼭 봐야한다는 말이 무색하다. 꼭 해야 할 것이 있다면 오랜 세월 사람들의 발길에 닳고 닳은 돌길을 걷는 것이고, 골목골목 비슷한 듯 다른 매력을 뿜어내는 건물과 창틀과 꽃장식과 담벼락을 마주하며 여유를 즐기는 것이다. 그렇게 길을 걷다 보면 스페인의 숱한 마요르 광장 중에서 가장 아름답다고 할 수밖에 없는 작고 예쁜 광장도 만나고, 중세의 돌길 중에서 이보다 가슴 떨리는 길이 없다 할 정도로 옛 정취 가득한 산타 훌리아나 성당<sup>Colegiata de Santa Juliana</sup>으로 향하는 길 또한 걷게 된다.

4년 전 배낭을 메고 초죽음이 된 채 본 산타 훌리아나 성당은 영화 세트장 같았다. 땅거미가 짙어진 저녁, 붉은 가로등빛을 받고 선 섬세한 외부 조각은 영화 속 순례자가 고행 뒤에 본 환영처럼 내 눈앞에 다가왔다. 물론 다음 날 엄청난 관광객들 속에 다시 서게 됐을 때는 전혀 다른 느낌이었지만, 그 아름다움만은 변치 않았다.

로마네스크 예술의 정수라는 산타 훌리아나 성당은 9세기에 지어져 도시 발달의 중심이 되었다. 과거 베네딕트 수도원으로 사용되었던 이곳에 12세기에는 순례자들을 위한 알베르게도 만들어졌다고 하는데, 중세 순례자들에게 주요 거점이 되었을 게 분명하다. 우리는 수도원 건물 왼쪽 옆에 있는 작은 입구에서 입장권을 사고 순례자 여권에 세요도 받았다.

산타 훌리아나 성당 정면

산타 훌리아나 수도원 중정의 섬세한 기둥머리

건물로 들어서면 13세기 회랑이 먼저 눈길을 끈다. 중정을 에둘러 세워진 수많은 기둥머리에는 하나도 같은 것이 없는 성서 속 장면을 표현한 조각들이 섬세하게 새겨져 있다. 화려한 듯 소박한 듯 뭐라고 단정 지을 수 없는 회랑의 매력이 발길을 계속 붙잡았지만, 우리는 먼저 소성당을 찾아 기도부터 했다. 신앙의 깊이와 상관없이 무탈함에 대한 감사는 모든 순례자들의 첫 기도가 아닐지. 좌석 가장 끝에 앉아 기도를 끝내고 정면을 보니 17세기의 그림이 그려진 금빛 제단 장식 벽이 보인다. 그리고 제단 아래로 이 마을의 수호성인이자 이 지역 출신의 순교자인 산타 훌리아나의 무덤이 보호 창살을 두르고 있다. 천천히 제단 쪽으로 걸어 나가며 이곳의 수호성인을 향해 이곳을 지나는 모든 순례자들의 수호를 빌어본다. 골목골목마다 만났던 그 많은 관광객들은 도대체 어디로 사라져버린 것일까? 성인의 무덤가를 돌며 묵상의 시간을 가지는 동안 소성당 안은 적막 그 자체였다. 모두가 순례 중 가장 낮은 기도를 올리고픈 우리를 위해 자리를 피해준 것처럼.

우리는 산타 훌리아나 성당을 빠져나와 케사다<sup>Quesada</sup> 가게에 들렀다. 케사다는 우유로 만든 이 지역 전통 후식인데 치즈 케이크 비슷하다고나 할까? 남편과 내가 주문한 케사다를 하나씩 앞에 두고 촬영을 하고 있으니 주인아저씨는 주원료인 우유도 함께 찍으라며 슬쩍 밀어놓으신다. 공짜니까 마시는 모습도 영상에 담으라는 재미있는 몸짓도 함께 보태졌다. 인기 절정의 관광지에서 이런 친절이 가능한 것일까? 우리가 무슨 홍보영상을 찍는 것처럼 보였나? 케사다 가격에 우유 값이 이미 포함된 걸까? 별별 생각이 다 들었지만, 그냥 맛있게 먹고 즐겁게 촬영하고 감사 인사를 아주 크게 하고 가게에서 나왔다.

느릿느릿 걸음을 옮기며 4년 전에 보았던 시청 박물관과 고문 박물관에

이 지역 우유로 만든 전통 후식 케사다

한 번 더 가볼까 어쩔까 고민하고 있는데, 눈앞에 과일과 빵과 각종 식료품이 어느 곳보다 많이 진열되어 있는 마트가 나타났다. 이럴 때는 내일 순례를 위한 물과 간식을 사놓고 봐야 한다. 그런데 참 희한했다. 장을 다 보고 마트를 나오니, 몸 속 깊이 장착돼 있던 '순례자 모드'에 불이 켜지는 것이 느껴졌다. 남편과 나는 식당들의 늦은 저녁 식사시간을 기다리지 않고 사과 발효주인 시드라를 파는 시드레리아Sidreía에서 간단히 배를 채우고 일찍 잠자리에 들기로 의견을 모았다. 술병을 든 손을 높이 치켜들고 공중에서 시드라를 따르는 주인 영감님의 묘기 덕택에 사과술을 한 잔 더 하게 되긴 했지만, 우리는 사람들이 저녁을 먹으러 나오기도 전에 이른 잠을 청하기 위해 숙소로 걸음을 옮겼다.

# [16구간] 산티야나 델 마르 ~ 코미야스 22.1km
## "코미야스에서 가우디를 만나다"

3.8km  2.2km  2.6km  3.2km  5.9km  2km  2.4km

산티야나 델 마르 / 오레냐 / 카보레돈도 / 시구엔사 / 코브레세스 / 라이글레시아 / 콘차 / 코미야스

산티야나의 숙소가 순례길이 지나는 길에 있어 우리는 이미 걷고 있던 순례자들 옆으로 슬쩍 끼어들 듯 카미노에 올랐다. 인사를 나눈 순례자들은 모두 처음 본 젊은 얼굴들이다. 산티야나 델 마르에 이틀을 머문 덕분에 엊그제 함께 걸으며 얼굴을 익혔던 순례자들과는 하루만큼 또 멀어졌나 보다. 산티야나를 빠져나와 아로요를 향한 오르막을 거치면 한적한 시골길이 이어진다. 잊고 있던 바다도 저 멀리 보인다. 본격적으로 시작된 카미노에 호흡이 조금씩 가빠지는데도 맑은 아침 공기 덕분에 가슴은 오히려 시원해지는 느낌이다.

말들이 노니는 푸른 목초지도, 이름 모들 동물들이 우리를 향해 호기심을 보이는 풍경들도 어느새 일상이 되어버린 채 오레냐의 산 페드로 성당 Iglesia de San Pedro de Oreña이 자리한 언덕에 올랐다. 언덕 위에 외따로 떨어진 성당은 4년 전이나 지금이나 홀로, 외로이, 쓸데없이 멋지게 서 있다. 비바람이 몰아치는 언덕을 판초 우의 펄럭여가며 올랐던 추억이 성당의 넓은 주차장에 먼저 도착해 있었다. 그때나 지금이나 언덕 위 넓은 주차장에는 차가 한 대도 없고, 성당 문도 굳게 잠겨 있다. 그래도 이번에는 성당 돌담에 배낭을 올려놓고 오래 쉬었다. 친구 집 앞마당에서 친구를 기다리는 것처럼 기약도 없이.

2017년 오레냐의 산 페드로 성당을 오르는 길. 그를 기다렸다.

2013년 오레냐의 산 페드로 성당을 내려가는 길. 그를 잊을 수 없다.

사실 우리는 4년 전 만났던 농부를 기다렸던 것인지도 모르겠다. 그 때 우리는 변덕스런 날씨에 지친 걸음으로 성당을 지나쳐 언덕을 걸어 내려갔다. 드넓은 초원을 가로지르는, 길어서 아름다운 외길을, 우리는 말없이 걸었다. 바람이 방향을 이리 저리 바꾸며 불어와 우리는 어쩌면 고독해 보였겠고, 또 어쩌면 처량해 보였겠다. 그런데 우리 말고는 아무도 걷지 않을 것 같은 그 길을 우산도 우비도 없이 세 마리 말을 몰고 올라오던 농부가 있었다. 그는 뒤처진 말 한 마리를 연신 돌아보면서도 우리를 향해 투박한 미소를 보내왔다. 우리가 너무 지쳐 보였는지 말고삐를 쥔 채 힘내라는 손짓발짓도 전했다. 그의 노동에 비해 우리의 고행은 응원 받을 만한가? 순간 그런 생각이 들었다. 그는 세 마리의 말을 끌고 오르막을 오르며 저렇게 행복한 표정으로 우리를 응원하고 배려하는데, 우리는 수많은 이들의 로망이기도 한 이 길을 스스로의 선택으로 걸으면서 조금만 힘들어도 고행이라고 온몸으로 외쳐대고 있었던 걸까? 순간의 깨달음으로 우리는 그 농부보다 더 큰 몸짓과 더 환한 웃음으로 그의 응원에 답했다.

카보레돈도Caborredondo로 향하는 4년 전 그 길을 다시 내려가는데 하늘이 너무 맑다. 바람도 없다. 우리를 앞서 걸어가는 프랑스 순례자 부부 말고는 아무도 없다. 그때처럼 말들이, 그 농부가, 걸어오지 않을 걸 알지만 우리의 마음은 이런 인사말을 준비하고 있었다.

"여전히 행복하죠? 우리도 다시 이 길 위에 서 있어 행복합니다."

"이 길 위에 서 있어 행복합니다."

카미노는 카보레돈도의 산바르 톨로메 소성당Ermita de Sna Bartolomé을 거쳐 간다. 마을을 지나며 보니 어느 가성십 앞에는 물과 각종 음료를 무인 판매하는 순례자를 위한 간이 쉼터가 있었는데 전에는 전혀 못 보았던 풍경이라 좋으면서도 의아했다. 그리고 보니 전에는 4시간을 걸어도 엉덩이 붙일 곳 하나 없어 곤

가정집에서 마련해놓은 무인 판매 쉼터

혹스러운 구간이었는데, 이번에 보니 편히 쉬어갈 바르도 눈앞에 나타났다. 순례에 대해 무심하기만 했던 북쪽 길의 마을들이 상냥한 모습으로 변해 있었다. 1743년에 바로크 양식으로 지어졌다는 시구엔사Cigüenza의 산마르틴 데 투르 성당Iglesia de San Martín de Tour의 견고한 자태를 지나 노란 화살표를 따라가니 오른쪽 초원 너머로 바다가 펼쳐졌다.

"어, 바닷길? 길이 원래 이랬던가?"

북쪽 순례길 마을들의 태도만 변한 줄 알았더니 길도 아예 달라져 있었다. 그래도 코브레세스Cóbreces를 거쳐 가야하는 것은 그대로였다. 교구성당인 산 페드로 아드 빈쿨라Iglesia de San Pedro ad Víncula의 두 첨탑을 향해 걸으면 마을의 중심이다. 신 로마네스크 양식으로 지어진 이 교구성당을 한 바퀴 빙 두르다 보면 순례자 기념물 앞에 저절로 걸음이 멈추게 된다. 그런데 코브레세스를 빠져나가서는 길이 또 새로웠다. 4년 전 걸었던 좁은 산길이 아니라

코브레세스 교구성당의 순례자 기념물. 풍화 강철로 만든 이 작품은 2008년에 세워졌다고 한다.

확 트인 바다 쪽으로 카미노가 나있었다. 해변에 완전히 내려서 지나는 이 새로운 길은 해안 절벽이 보이는 멋진 초록 들판을 걸어 라 이글레시아La Iglesia로 이어졌다. 길은 달라졌지만 라 이글레시아 마을의 예쁜 성당은 그대로였다. 마을 곳곳을 장식하고 있는 섬세한 벽 그림도 전혀 달라지지 않았다.

판도Pando를 거쳐 가는 것도 똑같았다. 다만 내가 '셀카봉' 휘두르며 마을을 통과했다는 것만이 달라졌을까? 4년 전 판도 마을은 내게 악몽 같은 기억을 남겼다. 당시 마을에 들어섰을 때, 일과 시간이라 그랬는지 사람의 그림자는 찾아볼 수 없고 개 짖는 소리만 울렸다. 그런데 그 소리는 걸으면 걸을수록 가까워지더니, 두 마리의 개가 어느 집 담벼락 쇠기둥을 사이에 두고 으르렁거리는 게 보였다. 흰 개는 그 집 소유의 개인 듯 담 안쪽에, 짙은 회색 개는 주인이 있는지 없는지 우리가 걷는 길 쪽에 위치하고 있었다. 두 마리 모두 무섭게 큰 개였다. 최대한 그들에게 시선을 주지 않고 무심한 척 지나치려 하는데, 길 쪽에 있던 개가 우리를 슥 한번 쳐다보더니 곧장 달려왔다. 정확히 나를 향해 달려왔다. 남편과 나 둘 중에 덩치가 작은 내가 만만해 보였을 게 분명했다. 눈을 질끈 감았다. 뛰면 안 된다, 무서워 내달리면 안 된다, 마음으로 소리쳤다. 기억나는 기도문을 외기 시작했다. 종종걸음 치는 내 발 뒤로 짖으며 쫓아오던 개가 차이고 있는 게 느껴졌다. 그래도 큰 배낭이 개의 접근을 막아주고 스패츠가 발목부터 종아리까지를 감싸줬고 입고 있던 우비도 보호막이 되어 주었다. 쿵쾅대는 심장 소리가 들릴까, 두 손으로 가슴을 부여잡고 20여 미터를 걸었다. 개 짖는 소리는 점점 멀어졌다. 따라오려는 마음을 접은 듯 소리도 뚝 멈추었다. 눈을 뜨고 보니 남편도 얼굴이 하얗게 질려 있었다.

4년 전 그 공포스러운 경험 때문에 이번 순례에 가져온 게 '셀카봉' 이었다. 순례자들의 등산 스틱은 걷는데도 도움도 주지만 앞뒤로 휘둘러 개를 쫓는데도 한 몫 한다. 하지만 나는 양손을 독차지하는 번거로운 짐으로 여겨져 순례 짐에 챙겨 넣지 않았다. 대신 손바닥만 하게 접히고 길게 펴면 등산스틱처럼 휘두를 수 있는 '셀카봉'을 큰 개 퇴치용으로 배낭 옆 주머니에 꽂아왔다. 결국 그걸 휘두를 일이 없어 '셀카'를 찍는 본래 용도로만 썼는데, 판도

콘차 마을의 평온한 일상

에서는 괜히 앞뒤 좌우로 크게 흔들며 걸었다. '셀카봉'은 옛 악몽을 떨쳐내는 데도 안성맞춤이었다.

시골 마을 콘차Concha는 예나 지금이나 작고 조용하고 예쁘게 자리하고 있었다. 짙은 빛깔의 나무 테라스와 다양한 종류의 벽돌이 어우러진 전통 가옥은 집집마다 다른 장식들로 개성을 뽐냈다. 그 중에 넝쿨나무와 꽃 화분들로 화사하게 꾸며진 어느 집 창문 아래 할머니 두 분이 앉아 도란도란 얘기를 나누고 있

었다. 너무도 고운 할머니들의 일상 속에 "나도 잠시 들여보내 주세요."라고
말하고 싶었지만, 순례자는 그저 지나는 사람이어야 맞다. 사람들의 일상 속
을 걷고 그 속에 머물지만 끊임없이 나아가야 하는, 길과 동일시된 존재여
야 한다. 괜한 인사로 할머니들의 한가로운 풍경에 끼어드는 일 없이, 우리
는 곧바로 마을을 떠났다.

농장을 거쳐 숲길을 따라 골짜기를 빠져나오니 멀리 코미야스Comillas가 보
인다. 칸타브리아의 마지막 고래잡이 항구였다는 코미야스의 푸른 바다도
당연히 나타났다. 마을로 들어가는 포르티요 다리를 지나면 대부분의 순례
자들은 오르막을 올라 왼쪽 구시가를 향해 가겠지만, 우리는 휴양 시설들이
잘 갖춰진 오른쪽 해변으로 향했다. 비수기라 아주 싸게 나온 해변 호스텔에
짐을 풀고, 순례자 모두의 공통 과제인 샤워와 빨래를 끝내놓고서야 우리는
구시가로 걸음을 옮겼다.

코미야스 사람들의 삶의 중심이라는 코로 캄피오스 광장Plaza Corro Campios이
우리의 첫 목적지다. 마을 사람들이 모이고 관광객들이 쉬었다 가는 커다란
식당 겸 카페에는 순례 초기부터 만났던 네덜란드 부부와 몇몇 순례자들이
오후 시간을 즐기고 있었다. 광장 옆 산 크리스토발 성당Iglesia de San Cristóbal 안
에도 씻고 빨래하는 과제를 끝낸 순례자들 몇몇이 반바지에 슬리퍼 차림으
로 성당을 둘러보고 있었다. 우리도 그들의 걸음을 따라 제단 앞의 커다란
나무 십자가 앞에서 예를 갖추고 화려한 성모자상과 십자가에 못 박힌 예수
상Cristo del Amparo 등 성당 곳곳을 조용하고 느리게 둘러보았다.

코미야스는 사실 안토니오 로페스Antonio López라는 인물 덕분에 새롭게 탈
바꿈된 곳이다. 코미야스 출신이었던 그는 쿠바에서 담배농장과 노예무역,
해운업 등 다양한 사업을 벌여 엄청난 부를 쌓은 뒤 금의환향했다고 한다.

고향으로 돌아온 로페스는 스페인 모더니즘을 대표하는 이름난 건축가들을 모두 불러 코미야스에 여러 건물들을 짓도록 했다. 덕분에 칸타브리아의 작은 고래잡이 항구였던 코미야스가 스페인 모더니즘 건축의 집합소로 변모한 것이다. 그 공으로 그는 이곳의 초대 백작 칭호도 받았다. 그런데 그가 부와 명예를 과시할 만한 건축물을 고향 코미야스에 지은 이유는 이곳을 특정계층의 휴양지로 만들고 싶었기 때문이라고 한다. 식민지 주민들의 피땀을 짜서 번 돈을 자국 귀족들을 위해서 아낌없이 쏟아 부은 셈인데, 멋진 코미야스의 건물들을 보면서도 씁쓸한 마음이 드는 건 그 때문이다.

여름 별장으로 지어진 엘 카프리초<sup>El Capuricho</sup>는 그 유명한 가우디<sup>Antonio Gaudí</sup>의 작품이다. 이 건물은 1883년부터 3년 동안 지어졌다고 한다. 유약을 입힌 기와와 벽돌, 해바라기와 초록 잎이 입체적으로 표현된 세라믹 타일을 교차해 붙여 외관을 꾸몄다. 회교 사원의 첨탑이 있는 무데하르 양식의 건축물

가우디의 작품 '엘 카프리초'. 유약을 입힌 기와와 벽돌. 입체적인 세라믹 타일을 붙여 외관을 꾸몄다.

엘 카프리초를 올려다보는 듯 표현된 가우디 동상

이라고는 하나, 규정할 수 없는 가우디의 독특함이 발휘된 동화 같은 건물이다. 잘 가꾸어진 정원으로 둘러싸인 건물 내부는 1층과 2층, 좁은 탑까지 모두 둘러볼 수 있다. 다만 가우디가 구엘Eusebi Guel의 적극적인 후원을 받아 지은 바르셀로나의 여러 건축물들을 이미 본 사람들이라면 조금 실망할 수도 있다. 규모나 섬세함에서도 그렇고 내부의 구조나 장식, 가구 등 곳곳에서 빈틈이 많이 보였다고 할까. 하지만 거역할 수 없는 사실은 누구도 흉내 낼 수 없는 가우디의 작품이라는 것이다.

우리가 다음으로 찾은 곳은 가우디의 스승인 호안 마르토렐Joan Martorell이 설계한 신 고딕 양식의 웅장한 건물인 소브레야노 저택Palacio de Sobrellano이다. 1881에 첫 삽을 떠 1888년에 완성한 궁전인데, 이를 지시한 안토니오 로페스 백작은 정작 완성 전에 죽었다고 한다. 정해진 시간에 가이드의 인솔을 받아야만 관람할 수 있어서, 우리는 외관만 둘러봐야 했다. 저택 왼쪽에는 소성당 겸 판테온 건물도 궁전의 위엄에 뒤처지지 않는 격식을 갖추고 있다.

소브레야노 저택은 언덕 위에 위치해 있는데, 그 반대편 언덕으로 시선을 돌려보면 교황청 대학교인 폰티피시아 대학Universidad Pontificia 건물이 보인다. 범상치 않은 기운을 뿜어내는 대학 건물은 가우디와 함께 스페인 모더니즘 건축의 대표주자로 손꼽히는 도메네크 이 몬타네르Lluís Domènech i Montaner가

호안 마르토렐이 설계한 소브레야노 저택

도메네크 이 몬타네르가 설계한 폰티피시아 대학
건물

설계하고 후안 마르토렐이 디자인했다. 1969년 마드리드로 이전하기 전까지 이곳은 교황청에 의해 설립되고 교황청이 직접 관할하는 가톨릭 대학이었다. 18세기 코미야스는 대주교가 5명이나 배출돼 대주교 마을이라는 별명이 있었다고 하는데, 이 대학 덕분이 아니었을까 싶다. 교정은 무료 입장이 가능하지만 대학 건물은 입장료를 내고 스페인어 가이드를 받아야 관람할 수 있다.

우리는 다시 트레스 가뇨스 분수Fuene de los Tres Canos가 있는 구시가로 향했다. 이 역시 안토니오 로페스 백작을 기념하기 위해 도메네크 이 몬타네르가 1899년 제작한 작품이다. 그런데 우리가 이곳을 찾은 이유는 이 조각품을 보기 위해서이기도 했지만 바로 옆에 있는 슈퍼마켓 때문이기도 했다. 대형 마켓이 문을 닫기 전에 내일 순례를 위한 장을 봐두어야 하는 것이 순례자의 숙명, 그 어느 때보다 저렴한 가격으로 물과 음료와 과일과 빵 등을 사 안고 기쁜 마음으로 숙소 쪽으로 걸음을 옮겼다.

구시가에서 숙소로 향하는 길에는 지역민들이 가장 사랑한다는 해산물 요리 전문점 아돌포Adolfo가 있었다. 순례길 특별 보너스라고 할까, 우리는 이곳에서 저녁을 먹기로 했다. 순례 간식이 담긴 비닐봉지를 들고 테이블 세

트레스 가뇨스 분수. 뒤로 산 크리스토발 성당 첨탑과 슈퍼마켓도 보인다.

팅이 완벽한 식당에 들어가 앉으려니 머쓱한 느낌이 든다. 그래도 우리는 '당당하게' '단출한' 풀포Pulpo, 문어와 감바스Gambas, 새우 요리를 주문하고 화이트 와인을 한 잔씩 부탁했다. 주문은 간단했는데, 음식은 감동적이었다. 그동안 먹었던 풀포와 감바스 요리와는 달리 재료의 맛과 질감이 풍부하게 살아 있었다. 우리가 그렇게 순례길의 때 아닌 정찬에 감동하고 있을 때 식당 스피커에서 푸치니의 오페라 토스카 중, 별은 빛나건만E lucevan le stelle이 흘러나왔다. 처음엔 식당에서 튼 배경음악만 들렸는데, 어느새 스페인 부부가 앉은 옆 테이블의 아저씨가 흥얼흥얼 노래를 따라 불렀다. 그리고 그 아저씨와 눈을 마주친 남편이 노래를 함께 불렀다. 순례자냐, 어디서 왔느냐, 이런 인사도 없이 어느새 우리는 함께 노래하며 와인 잔을 부딪치고 있었다. 그렇게 진정한 코미야스를 즐겼다.

# [17구간] 코미야스 ~ 운케라 27km

## "순례자들의 도시 산 비센테를 지나..."

| 11.6km | 2.5km | 5.5km | 4.8km | 2.6km |

코미야스     산 비센테 데   라 아세보사     세르디오     페수에스   운케라
                   라바르케라

코미야스 알베르게 앞 이정표. 로마와 예루살렘, 산티아고 데 콤포스텔라까지의 거리가 모두 표시되어 있다.

눈을 뜨고 숙소의 창문을 여니, 코미야스 해변에 추적추적 비가 내린다. 떠나는 준비도, 하루의 순례도 길고 힘들어질 모양이다. 코미야스를 빠져나가는 카미노는 어제 들렀던 소브레야노 저택 옆 마르케스 데 코미야스 대로를 따라 걷도록 되어 있다. 라 라비아La Rabia까지는 가로수가 있는 넓고 평탄한 인도를 걷는다. 길을 따라 계속 걸어 라 라비아 다리도 건넌다. 여기까지는 4년 전과 카미노가 똑같았다. 하지만 이후부터는 완전히 길이 달라졌다.

과거에는 강을 건넌 이후 오르막을 올라 왼쪽 방향의 샛길로 들어서서 산타나Santana와 라 레비야La Revilla를 거치는 내륙 쪽 산길을 걸었다. 하지만 이번에는 순례길 화살표가 반대 방향, 정확히 말하면 찻길을 조금 더 따라서 걷다가 오른쪽 오얌브레Oyambre 해변으로 표시되어 있었다. 한국어로 번역된 오래된 스페인 순례 안내서는 여전히 내륙 쪽 길을 안내하고 있는데, 최근 순례자들이 주로 참고하고 있는 순례 사이트Gonze.com에는 오얌브레 해변 길을 소개하고 있는 걸 보면, 지난 4년 사이 공식 순례길이 바뀐 것으로 보인다.

"고증을 거친 뒤에 공식 카미노가 이렇게 바뀐 거겠지?
그냥 바닷길이 예쁘니까 무작정 바다로 돌리는 건 아니겠지?"

북쪽 순례길이 칸타브리아 해를 따라 걷는 '바닷길'이라는 인상을 확실히 심어주기 위해 무조건 해변 쪽으로 가도록 카미노를 바꿨다는 의심을 지울 수 없었지만, 우리는 공식 카미노의 표지를 따라 4년 전과 전혀 다른 길로 걸음을 옮겼다.

라 라비아를 벗어나자 곧바로 바다가 보이기 시작했다. 4년 전 걸었던 내

라 라비아를 벗어나자 굽이굽이 바닷길이 이어졌다.

륙 쪽 길도 나쁘지 않았던 것 같은데, 바다와 초원을 보며 걷는 길은 급격한 경사도 없이 굽이굽이 이어져서 걷는 내내 잔잔한 평화를 느낄 수 있었다. 비도 잦아들어 걷기가 좀 더 수월해지나 싶었는데, 해변으로 점점 다가서자 극심한 안개가 몰려왔다. 그런데 문제는 안개가 아니었다. 남편의 불안정한 대장활동이었다. 사실 코미야스를 출발할 때부터 장염인 듯 배가 좋지 않다고 했었는데, 증상이 점차 심해지는가 싶더니 길가의 양도, 말도, 먼발치의 바다도 제대로 보이지 않을 정도로 안개 자욱한 해변 길에서 정말 급하다는 신호를 보내왔다.

"안개 때문에 아무것도 안 보이는데 오히려 다행 아냐? 그냥 여기 길옆에서..."

내 말이 끝나기도 전에 남편이 손사래를 친다. 작은 볼일은 이미 노상에서 수차례 해결을 했는데, 큰 볼일은 도저히 안 되겠단다. 그러더니 남편의 걸음이 빨라지기 시작했다. 짙은 안개 속으로 황급히 사라지는 뒷모습에서 다급해진 뒷일을 무사히 해결하겠노라는 결연한 의지가 보였다. 순례길 위에서는 누구나 겪을 수 있는 참담함이라 동지애를 갖고 나도 종종걸음을 쳤다. 그런데 지금껏 사람 하나 만나지 못하고 걸어온 길 왼쪽은 초록 언덕이고 오른쪽은 드넓은 바다인데, 이런 곳에 마을이 있고 또 화장실을 사용할 곳이 있을지는 정말 안개 속이었다.

배낭의 무게도 못 느끼고 남편의 뒤를 좇아 얼마나 걸었을까. 안개 너머로 남편의 들뜬 목소리가 들렸다.

"마을이다!"

안개 자욱한 오얌브레 마을. 간절히 구하는 자에게 길은 열린다!

정말 마을이 맞았다. 오얌브레라고 적힌 마을 표지판이 보였다. 희뿌연 안개가 뒤덮고 있긴 했지만 우리가 걷던 길옆으로 조그만 광장이 바로 나왔다. 중요한 것은 그 광장에 떡하니 바르가 있었다는 것이다. 노천에 테이블과 의자도 여럿 놓여 있는 분명한 식당이자 바르였다. 남편은 곧장 그곳으로 달려갔다. 그런데 이럴 수가, 문이 굳게 닫힌 채였다. 절망한 남편은 마을 안쪽으로 다른 가게를 찾아 빠른 걸음을 옮겼다. 남편이 찾아낸 곳은 'Hotel'이었다. 호텔 간판이 붙은 건물 한쪽에 카페를 겸한 식당이 보였고 안에서 불빛이 새어 나왔다. 호텔이어도 좋고 식당이어도 좋고 카페여도 좋고 그저 문이 열려있다면 화장실을 사용할 수 있을 듯 보였다. 남편이 10미터쯤 앞서 반쯤 열린 문을 밀고 들어갔다. 내가 뒤따라 들어가니 남편은 이미 배낭을 내려놓고 입구 왼쪽의 화장실 표시를 향해 달려가고 있었다.

### '간절히 구하는 자에게 길은 열리는 거구나'

우습기도 하고 안심이 되기도 했다. 남편이 편하게 큰일을 보고 있는 동안 나는 남편의 배낭까지 옮겨 자리를 잡았다. 머리가 희끗해지기 시작한 카페의 주인아주머니는 우리 상황을 다 눈치 챈 듯 보였다. 주문을 받을 생각도 없이 빙그레 웃으며 편히 쉬다 가라는 눈짓만을 보내왔다. 커피 두 잔에 2.40유로, 3500원도 되지 않는 가격이다. 우리는 그 소박한 돈을 지불하고 남편의 급한 큰일과 나의 소소한 볼일을 해결하고 비와 안개에 젖은 몸도 따뜻하게 마를 때까지 그 작은 마을, 그 작은 호텔의 카페에서 머물렀다.

오얌브레 마을을 빠져나오니 비는 그쳤고 안개도 서서히 물러나고 있었다. 마을에서 시작된 긴 내리막은 메론 백사장El Sable de Merón을 따라 시원하

오얌브레에서 산 비센테 데 라 바르케라 가는 길. 메론 해변 너머 산 비센테가 보인다.

게 뻗어있었다. 메론 백사장은 순례자들의 주요 거점인 산 비센테 데 라 바르케라San Vicente de la Barquera까지 길게 이어진다. 물론 카미노도 백사장을 따라 산 비센테로 향해있다. 우리는 이 길에서 스페인 순례자 3인조, 일명 '트리오trio'를 만났다. 각자 전혀 다른 스타일의 세 남자가 변변한 등산화도 없이, 동네 마실 나온 것 같은 옷차림으로, 책가방 같은 배낭에 간식이 담긴 비닐봉지를 대롱대롱 매달고 카미노를 걸었다. 그런데 사람은 정말 보이는 것으로만 판단하면 안 된다. 그들은 분명 우리 뒤에서 나타났다. 40대 정도는 돼보이는 나이에 뭐 하나 제대로 갖춘 것 없이 휘청거리는 듯 어설프게 걸어와서는 바람처럼 우리를 지나쳐갔다. "부엔 카미노!" 생기 넘치는 인사까지 3인의 돌림노래처럼 남기고서는.

해변이 끝나고 산 비센테 데 라 바르케라로 들어가는 입구에는 긴 돌다리가 놓여있다. 중세시대 산 비센테는 북쪽 순례길의 중요한 경유지 중 하나였다. 하지만 마을로 가기 위해서는 바다로 흐르고 있는 폭이 아주 넓은 강을 건너야 했는데, 처음에는 한 종교 단체가 배를 운행하면서 그 고충을 해결했었다고 한다. 그러다 1495년에 이르러 교각이 32개나 되는 마사 다리Puente de la Maza가 '가톨릭 부부왕'에 의해 놓이게 되었다. '가톨릭 부부왕'은 이베리아 반도를 이슬람 세력에서 가톨릭 왕국으로 되찾아오는 이른바 '국토회복운동'을 이끈 이사벨 여왕과 페르난도 2세를 칭하는 말이다. 그들은 또 이곳에 순례자 숙소를 일곱 개나 세우도록 지시해서 산 비센테가 순례자 도시로서의 면모를 확고히 하도록 했다고 한다.

마사 다리를 건너자 사람 북적이는 도심답게 가게들이 줄지어 나타났다. 그런데 그 첫 바르에 아까 인사를 나누었던 '트리오'가 앉아있는 게 보였다. 휘적휘적 우리를 지나쳐가더니 벌써 바르에 자리를 잡고 앉아 웃고 떠들며 맥주병을 절반 넘게 비우고 있었다. 도대체 저런 내공은 어디서 나오는지, 그들은 단 한 번도 힘들어본 적 없다는 표정으로 가게 유리창 너머 우리를 알아보고는 병을 흔들어보였다. 우리는 조금 더 도심으로 들어가 이곳 할아버지, 할머니들이 즐겨 찾는 듯 보이는 빵집에서 요기를 하고 휴식을 취했다.

산 비센테의 돌계단을 오르는 카미노

카미노는 마요르 광장에서 안토니오 델 코로<sup>Antonio del Corro</sup> 길을 따라 돌계단을 오르라고 한다. 오랜 성벽의 아치를 통과해 산타 마리아 로스 앙헬레스 성당<sup>Iglesia de Santa Maria los Ángeles</sup>까지 가는 길은 중세의 산 비센테를 보여준다. 1553년에 순례자 숙소로 세워진 건물은 지금 시청사로 사용되고 있고 예전에 자선병원이었던 곳은 16세기에 일어난 대화재로 마을의 대부분 건물들과 함께 사라져 벽만 덩그러니 남았지만, 그 길을 걷고 있는 동안엔 중세의 순례

16세기 대화재로 벽만 남은 옛 자선병원(왼쪽)과 산타 마리아 로스 앙헬레스 성당(정면)

자가 된 듯 착각을 일으킬 만큼 옛 정취를 고스란히 품고 있다. 그리고 그 착각은 길 끝 언덕에 자리한 산타 마리아 데 로스 앙헬레스 성당을 둘러보는 동안에도 계속 된다. 성당은 마을의 대화재 때도 굳건히 살아남은 13세기 고딕양식의 건축물이다. 내부는 견고한 기둥들을 잇는 여러 개의 아치가 겹쳐지면서 웅장함을 자아낸다. 화려한 바로크 양식의 중앙 제단벽도 돋보이지만 그래도 순례자인 우리는 산티아고 상이 모셔져 있는 작은 예배소<sup>Capélla</sup>에 더 오래 머물렀다.

산 비센테에서 라 아세보사<sup>La Acebosa</sup>로 가는 길에는 지금껏 본 적 없는 빨간 화살표와 십자가가 새겨진 표지석이 나타났다. 색다른 순례 표지가 보일 때면 카메라에 담는, 순례길에서의 소소한 즐거움을 챙기고 길을 걸었다. 들

산타 마리아 로스 앙헬레스 성당 내부

판을 굽이굽이 돌아 새로 난 고속도로 위 육교를 건너 조그만 다리를 지나니 라 아세보사다. 4년 전 주룩주룩 내리는 비를 피해 비옷을 입은 채로 힘든 몸을 쉬어갔던 버스정류소가 그 자리에 그대로 있었다. 이번에는 쉬지 않고 걸어도 될 만큼 몸 상태가 좋았지만, 일부러 쉬었다. 그때는 힘들다는 말조차 못할 정도로 괴로웠다는 이야기를 남편과 쉼 없이 나누다 보니, 오전에 멎어준 비가 참으로 감사했다. 우리는 다시 아담한 성당과 정겨운 집들이 이웃한 마을을 빠져나와 시골길을 걸었다. 잊고 있었던 지그재그 오르막의 힘겨움이 다시 찾아오고 양들이 풀을 뜯는 목초지 너머로 바다도 시야에 잠시 들어왔다 사라졌다.

구불구불한 오르막을 지나 세르디오Serdio에 도착했다. 4년 전 '이 산골에 숙소가 있을까?'하고 의심하며 찾아갔던 세르디오의 민박집은 여전히 숲속

세르디오 가는 길의 작은 기도소. 빨간 화살표도 보인다.

에 외따로 자리하고 있고, 산 훌리안 성당Iglesia de San Julián이 있는 광장과 마을의 식당도 변함없는 모습이다. 우리는 내부 테이블과 야외 테라스, 심지어 입석인 바까지 사람들로 붐비는 세르디오의 유일한 식당에서 밥을 먹었다. 시골 영감님들이 너무도 빤히, 자주, 오랫동안 쳐다보는 통에 음식이 코로 들어가는지 입으로 들어가는지 모르고 먹긴 했지만 충분히 배를 채우고 원기를 북돋워서 카미노에 다시 오를 수 있었다.

4년 전에 코미야스에서 세르디오까지만 짧게 걸었던 기억이 있어서인지 이후에 운케라까지 남은 7km 남짓의 거리가 엄청 길게 느껴졌다. 세르디오를 빠져나가 CA181 찻길과 만나는 시골길도 멀게만 여겨졌고 갓길이 넓지 않은 찻길을 계속 따라 걷는 것도 힘에 부쳤다. 통과하고 나면 딴 세상이 펼쳐질 것 같은 초록 넝쿨의 터널을 지났더니 그저 그런 찻길만 계속 이어지는 것도 지루함에 한몫을 하는 것 같다. 그래도 내 두 발로 걸을 수밖에 없는 길임을 부정할 수 없는, 나는 순례자다. 길고 지루하고 힘겨운 길이어도 결국 나는 내 짐을 짊어지고 내가 걸어야 할 길을 걸으며 길 위의 사람들과 살가운 인사를 나누었다. 길의 상태가 어떻든, 높낮이가 어떻든, 주변의 경치가 어떻든 어느 순간 '걷는다'는 행위에 나의 온 마음이 쏠리는 게 느껴졌다.

페수에스Pesués를 지나니 오늘의 목적지 운케라Unquera라는 표지판이 금세 나타났다. 하지만 1시간은 더 걸어야 숙소가 있는 마을의 중심지에 도착한다는 걸 이미 알고 있다. 마음을 비우고 훈칼 산책로를 걷는데 열 살 남짓한 아이들이 말을 타고 줄줄이 나타났다. 숲속에 난 좁은 산책로라 길을 비켜주며 아이들에게 인사를 건넸다. 하지만 아이들은 굳은 표정으로 입을 열지 못했다. 보아하니 아이들은 말 타는 법을 갓 배운 초보자들이었다. 고개를 돌리거나 딴 곳에 시선을 빼앗겨 말에서 떨어지지 않을까 잔뜩 겁을 먹은 얼굴이었다. 선두에 선 선생님을 따라 부동자세로 말을 타고 가는 아이들에게 그래도 끝까지 인사를 건네며 마음으로 말했다.

"누구에게나 초보 시절이 있는 거야. 20여일 전에는 나도 초보 순례자였단다."

순례길에 오른 지 20여일. 우리는 어느새 열일곱 번째 순례 구간을 마무리하고 있었다. 또 한 번 짐을 풀기 위해 운케라로 향하는 '나의 걸음'에 믿음이 생기고 뿌듯함이 깃들었다.

# El Camino Norte de Santiago

Salas  Oviedo  Villaviciosa  Llanes  Santander

# CHAPTER 4.
## 켈트 축제가 반겨준
## 아스투리아스

# [18구간] 운케라 ~ 야네스 23.1km
## "비와 소음, 토요일 밤의 악몽"

이날은 순례 시작과 동시에 주<sup>州</sup> 경계를 넘었다. 칸타브리아 지방에 속해 있는 운케라에서 데바<sup>Deva</sup> 강을 건너면 바로 아스투리아스 지방이다. 데바 강은 1230년 레온과 카스티야 왕국을 경계 짓고 있었다는데, 순례자들은 그 '경계의 강'을 넘어 아스투리아스로 '걸어' 들어간다. 바스크와, 칸타브리아를 지나 북쪽 순례길의 세 번째 주에 발을 딛는 것이다.

아스투리아스의 첫 마을인 콜롬브레스<sup>Colombres</sup>를 향해 난 아름다운 벽돌길을 오르다 보면 산티아고 데 콤포스텔라까지 427km가 남았다는 표시가 되어 있는 작은 순례 돌판이 바닥에 서 있다. 길을 따라 몇 걸음 더 오르면 산 후안<sup>San Juan</sup>을 모시는 작은 기도소가 보일 것이다. 4년 전에 이미 이 길을 걸었던 우리는 앞으로의 길을 상상하며 걸었다. 머릿속에 떠올린 대로 나타나는 카미노의 모습이 감동적이기까지 했다. 그런데 우리의 상상과 감동을 막는 영감님 한 분이 깜짝 등장을 했다. 짚고 있던 지팡이로 순례길 돌판을 가리키더니 사진을 찍으란다. 그리고 앞장서 걸으며 기도소로 따라오라는 손짓을 한다. 4년 전에는 활짝 열려 있던 기도소 문이 굳게 잠겨 있었고, 영감님이 주머니에서 꺼낸 열쇠로 문을 열었다. 안으로 나를 이끈 영감님이 다음 지시를 내렸다. 돈을 기부하고 제단에 촛불을 붙여 올리라고.

*'오, 주여! 어찌 아침부터 이런 시련을 주시나이까.'*

순간 그런 마음이 들었다. 당황해서 얼굴이 살짝 붉어진 나는, 어르신에게 죄송함의 표정과 몸짓을 남기고 서둘러 기도소를 빠져나왔다. 바깥에 있던 남편의 팔을 거세게 이끌며 남편에게 성토했다. 순례길이 변질되고 있다고, 관광객 보듯이 순

콜롬브레스 가는 길. 순례 표지석이 바닥에 서 있고 뒤에 산 후안을 모시는 작은 기도소가 보인다.

례자도 돈으로 보는 것 같다고, 사람이 지금보다 많아지면 더 심해질 거라고. 그런데 기도소와 영감님으로부터 멀어지면 멀어질수록 후회가 커져왔다. 그냥 정성 담아 조금 기부하고 영감님 얼굴에도 웃음을 주고 올 걸. 참으로 속이 좁구나, 인색하구나, 아직 난 멀었구나, 민망한 감정들이 솟았다.

콜롬브레스로 접어들었다는 것은 인디오<sup>Indio, 북아메리카 인디언과 구별해 남아메리카 원주민을 지칭하는 말.</sup> 풍의 집들이 보이기 시작한 것으로 알 수 있었다. 콜롬브레스는 식민지 시대 남아메리카에서 막대한 부를 쌓아 돌아온 사람들이 별장을 짓고 자선사업을 펼치면서 유명해진 곳이다. 19세기에 그들이 지은 별장들이 모두 인디오 풍이라 마을 전체가 이국적인 분위기를 풍긴다. 그 중에서도 가장 멋지다고 알려진 과달루페 별장<sup>Quinta Guadalupe, 1906</sup>은 아스투리아스 사람들의 아메리카 이민사를 보여주는 박물관으로 쓰이고 있다. 새파란 빛깔이 눈에

아스투리아스 지역의 첫 마을인 콜롬브레스의 시청 앞에서 켈트 축제 준비가 한창이다.

띠게 아름다운 콜롬브레스의 알베르게 역시 인디오 풍 건물이다. 우리가 알베르게 옆을 지나는데, 투명한 유리창 너머에서 아침을 먹고 있던 순례자들이 우리를 향해 손을 흔들어 준다. 일찍 길을 나선 우리의 경쾌함과 오전 시간을 즐기는 그들의 여유가 아름답게 교차했다.

콜롬브레스 시청 쪽에 가까워지자 백파이프 소리가 요란하게 들려왔다. 시청 앞에는 켈트 전통 의상을 입은 사람들이 수십 명 모여 있었다. 축제를 준비하고 있는 듯 보이는 그들의 외모와 의상과 음악은 우리가 아스투리아스 지역에 발을 들여 놓았음을 너무도 정확히 알려주었다. 그리고 켈트족Celts. 인도 유럽어족의 일파로 기원전 4세기경 이탈리아를 제외하고 서유럽 대부분을 지배했다.의 전통과 문화가 스페인 북부의 작은 마을에서도 면면히 이어지고 있음을 눈으로 확인시켜 주었다.

스페인에서 켈트족의 문화를 느낄 수 있는 지역은 아스투리아스 지방과 순례자들이 최후에 발을 딛는 곳인 갈리시아 지역이다. 유럽 각지에 흩어져 있는 켈트족은 그들만의 언어와 음악을 통해 민족적 정체성을 지키고 결속을 다진다고 하는데, 순례 중에 그 중심에 설 수 있어 놀랍고 기뻤다. 우리는 전통의상을 멋지게 차려입은 아이들에게 눈인사를 건네고 사진을 찍고 연주하는 모습도 동영상에 담았다. 개개인의 연습과 준비는 계속되었다. 그런데 좀처럼 공연을 시작할 기미가 보이지 않았다. 함께 연습을 지켜보던 동네 주민들에게 공연 시작 시간을 물었더니, 오전 10시라는 답이 돌아왔다. 30분을 넘게 기다려야 하는 시간이다. 우리는 근처 카페에 앉아 공연을 기다릴까도 생각했으나, 이내 카미노로 발길을 옮겼다.

아쉬움을 뒤로 하고 콜롬브레스를 거의 빠져나왔나 싶을 즈음, 소낙비가 쏟아졌다. 우리는 눈앞에 보이는 간이역을 향해 달렸다. 거미줄과 먼지가 가득한 플랫폼 아래로 몸을 피하고 보니, 과연 열차가 서고 사람들이 이용이나 할까 싶은 콜롬브레스 역이었다. 아직 가야할 길이 남고 또 남았는데, 장대 같은 비가 퍼붓고 있었다.

"어떡해! 켈트 축제는 무사히 열렸을까?"

빗속을 걸어야 하는 내 코가 석자인데도 아이들이 준비하고 있던 축제 걱정이 앞섰다. 10분 정도 무섭게 쏟아지던 비가 조금 잦아들긴 했지만, 우리는 비옷에 스패츠까지 장착하고 다시 길에 섰다. 하늘이 그냥 맑아질 것 같지 않아서였다. 예상은 적중했다. 하늘은 비를 많이 뿌렸다 적게 뿌렸다 잠시 그쳤다, 방향을 바꾸며 한참을 거세게 쏟아 부었다 했다. 하지만 그런 하늘 때문에 눈물을 쏙 뺄 만큼 험난한 하루를 보내리라는 예상은 미처 하지 못했다.

라 프랑카<sup>La Franca</sup>의 예쁜 바르에서 따뜻한 커피와 고소한 코르바타<sup>Corbata</sup>를 먹었다. 코르바타는 '넥타이'라는 뜻으로 나비넥타이 모양으로 생긴 버터향 가득한 과자다. 남편과 두 아이와 함께 아침을 먹고 있던 중년 여성이 자신은 아일랜드에서 스페인으로 시집왔다며 영어로 과자에 대한 설명을 해주었다. 운케라의 전통 과자라는 설명도 덧붙였다. 우리가 지난밤 운케라에 묵었는데 정작 본고장에서는 맛보지 못하고 여기서 먹게 되었다고 하자, 바르에 있던 모든 사람들 얼굴에서 웃음이 터졌다.

사실 라 프랑카는 4년 전 추억이 가득한 마을이다. 그때는 바르가 없어

N634 찻길을 따라 걷는 카미노. 갓길에 이 길이 순례길 임을 알리는 조가비 빗살무늬가 그려져 있다.

작고 지저분한 버스 정류소에서 콜라와 초코바로 에너지를 충전했다. 게다가 그때는 마을을 빠져나가는 길이 말 그대로 공사판이었다. 그래도 울퉁불퉁한 길 중간에 A4 용지에 카미노임을 알리는 화살표를 인쇄한 간이 이정표가 있었고, 그것으로 충분히 감사했었다. 그런데 이제는 정비가 거의 끝나 말끔해진 길을 따라 라 프랑카를 빠져나올 수 있었다. 카미노는 N634 찻길을 따라 걷도록 나 있다. 갓길 표시 선에 이 길

이 순례길임을 알리는 조가비 빗살무늬가 그려져 있어 찻길을 걷는데도 두렵지 않다. 멀리 바닷가 바위 위로 순례자인 듯한 남성의 모습도 보였다. 다음 마을인 펜두엘레스Penduelles까지 가야 카미노가 바닷가 길로 이어진다고 알고 있었는데, 그 전에 이미 바닷가 길로 들어선 듯 보였다.

부엘나Buelna에 도착할 무렵 빗방울은 다시 거세졌다. 우리는 일단 마을 입구의 나무 아래서 휴식을 취했다. 마을 안쪽으로는 이곳에서 묵어갈까 어쩔까 고민하는 몇몇 순례자들의 모습도 보였다. 우리는 4년 전 머물렀던 근처

의 식당에서 이른 점심을 먹으며 비가 잦아들 때까지 기다려보자 의견을 모았다. 바르 겸 식당인 엘 파소<sup>El Paso</sup>에 도착하니 이미 여성 순례자 한 명이 비를 피해 왼쪽 바르에 자리하고 있었다. 우리는 식사를 위해 오른쪽 식당으로 걸음을 옮겼다. 4년 전과 메뉴가 좀 바뀌었고 가격도 오른 듯했다. 직원의 추천을 받아 단품 메뉴를 시킨 우리는 창밖을 주시했다. 빗줄기는 줄어들 마음이 전혀 없는 것처럼 보였다. 식사를 끝낼 즈음에는 거친 바람까지 동반한 빗줄기가 거의 가로방향의 선을 긋고 있었다. 바르에서 쉬고 있던 여성 순례자가 왔던 길을 되돌아가는 모습도 보였다. 부엘나에서 묵어가거나 택시를 불러 야네스로 곧장 갈 모양이다.

우리도 비옷을 챙겨 입고 거센 빗줄기 속으로 몸을 내밀었다. 우리는 해안 카미노로 이어지는 펜두엘레스 마을로 들어서지 않고 곧장 N634 국도를 따라 야네스<sup>Llanes</sup>까지 가기로 했다. 비옷은 금세 젖었고 각도를 꺾어 부는 바람 때문에 모자를 쓴 보람도 없이 얼굴도 머리카락도 이내 젖어버렸다. 그런데 문제는 그게 아니었다. 식당에서 나오기 직전에 화장실에 다녀왔는데, 또 소변이 마려웠다. 점심을 먹으며 마신 맥주와 비가 잦아들기를 기다리며 마신 커피의 이뇨작용이 격렬히 시작된 듯했다. 순례길에서의 노상방뇨야 남녀를 불문하고 흔하디흔하게 겪는 경험이라고는 하지만 하필 숨을 곳도 없는 이 쭉쭉 뻗은 찻길 위, 비바람 몰아치는 이 순간이어야 하는지 원망스럽기만 했다. 하지만 이것저것 따지고 원망할 처지가 아니었다. 나의 다급함을 알게 된 남편도 걸음이 바빠졌다. 찻길을 조금 더 걸어 남편이 들판으로 이어지는 흙길의 나무를 가리켰다. 나무 뒤에서 소변을 볼 동안 비옷을 펼쳐 내 몸을 가려주겠노라 약속했다. 다행히 차도 뜸했다. 나는 배낭을 메고 비옷을 입은 채로 바지를 내렸다. 마음은 급하고 소변은 더 급한데, 아무리 용을 써도 그 급한 물줄기는 나올 생각을 하지 않았다. 벗은 엉덩이는 볼일도 못 본채 비바람에 차갑게 젖어버렸고 남편을 방패삼아 쪼그려 앉은 나의 모습은 초라하기 그지없었다. 첫 시도는 불발이었다. 남편의 걱정 속에 카미노를 따라 10여 분을 더 걸었다. 그런데 더 이상은 참지 못할 때가 왔다. 첫 시도 때와 비슷한 조건에서 이번에는 내가 남편의 손을 이끌었다. 민망함보다 시원함이 먼저 찾아왔다. 내가 기억하는 내 생애 첫 노상방뇨는 이렇게 스페인 아스투리아스 지역의 펜두엘레스 근처 N634 찻길에서 성공을 거두었다.

우리는 비디아고Vidiago 마을로 들어가는 오른쪽 밤나무 길도 무시하고 N634를 계속 걸었다. 비는 억수같이 퍼부었고 휘어 부는 바람도 누그러질 기세가 아니었다. 고어텍스 등산화를 신고, 스패츠를 장착하고, 방수기능이 있는 점퍼에 비옷까지 덧입었지만, 빗물은 틈새를 노려 가차 없이 침투해 들어왔다. 챙 있는 모자 위로 비옷의 모자까지 덮어쓰고 고개를 숙여 걸으며 윗옷 안으로 비가 들지 않게 필사적으로 막아보았지만, 빗물은 어느새 모자의 끈을 타고 셔츠를 적시고 속옷까지 적시고야 말았다. 빗물은 스패츠와 비옷 사이의 틈으로 바지도 적셨다. 하필 기능성 등산바지가 아닌 면바지를 입고 있었던 터라 빗물은 마를 새 없이 바지를 타고 흘러 양말을 적시고 신발 안쪽까지 모두 적셔버렸다. 푸에르타스 데 비디아고Puertas de Vidiago를 지날 때는 등산화 안쪽이 철벅철벅 거릴 정도로 빗물이 스며들어 있었다. 비에 젖은 몸이 조금씩 떨려왔다. 빨리 바지라도 갈아입어 더 젖는 것만이라도 막아야 할 텐데, 이 폭풍우 속 찻길 어딘가에 쉴 곳이 있을지, 남편과 나는 거센 빗줄기 사이로 소리쳐 걱정을 나누었다. 그렇게 얼마를 더 걸었을까, 기적처럼 우리 눈앞에 캠핑장Camping Rio Purón이 나타났다. 비를 피해 옷만 갈아입을 수 있어도 좋았다. 그런데 캠핑장 안으로 들어서니 온기 가득한 카페까지 문을 열고 있었다. 나는 따뜻한 초콜릿차를 주문하고 서둘러 화장실로 가서 옷을 갈아입었다.

신발을 말려야 하는 과제가 남았지만, 정말 살았다 싶었다. 캠핑장 카페에서 몸을 데우고 여유도 챙겨 길을 나서니 빗줄기가 많이 잦아들었고 우리나라의 현대나 기아를 비롯해 세계 각국의 자동차 대리점이 즐비한 산로케 델 아세발San Roque del Acebal에 이르자 비는 거의 그쳤다.

목적지인 야네스Llanes로 향하는 산길에서는 빗물에 씻겨 온전히 제 빛깔로 선 나무들이 싱그러움을 뽐내고 있었다. 야네스 시내에 들어서서는 몸도 힘들고 젖은 발도 질척거렸지만 숙소 보다 대형 슈퍼마켓을 먼저 찾았다. 다음 날이 일요일이기 때문이었다. 순례이건 여행이건 스페인에서는 일요일을 반드시 염두에 둬야 한다. 일요일에는 바르나 식당을 제외하고는 거의 모든 가게들이 문을 닫기 때문에, 물이나 간식 같은 생필품들을 그 전에 미리 사둬야 하기 때문이다. 우리는 물과 맥주, 과일 등을 사들고 값싼 호스텔로 찾아들었다. 호스텔은 구시가의 바르 골목에 있어 위치는 좋았지만, 시설은 정말 지불한 금액에 딱 맞았다. 우리나라 80년대 여인숙을 떠올리면 비슷하지 않을까? 그래도 이곳은 우리에게 선물 같은 곳이었다. 인정 넘치는 주인 아주머니는 우리가 순례자임을 알고 모든 배려를 아끼지 않았다. 히터를 틀 계절이 아님에도 젖은 옷과 신발을 말리라며 온도를 최대한 올려 틀어주고 커다란 건조대까지 우리 방에 넣어주었다. 덕분에 할 수 있는 빨래는 모두 해서 널고 따뜻한 물에 샤워도 마쳤다. 침대는 찌그럭거리고 욕실도 무지 작고 더러웠지만, 이보다 더 좋은 숙소는 없다 싶을 정도로 마음이 흐뭇했다.

저녁을 먹기 위해 나선 야네스의 풍경은 따스했다. 우리의 하루를 폭풍 속에 몰아넣은 하늘은 너무도 맑고 평온했다. 구시가의 골목골목은 토요일

야네스의 구시가 골목. 두 여성이 플라멩코를 추고 있다.

저녁을 열정 속에서 보내려는 준비가 착착 이뤄지고 있었다. '불타는 토요일 밤'을 위해 미리 연습이라도 하듯 어느 바르의 야외 테라스에선 두 여성이 열정적으로 플라멩코를 추었다. 우리가 스파게티를 먹기 위해 찾아든 이탈리아 음식점에서는 여러 명의 남성들이 맥주를 한 잔씩 들고 텔레비전 앞으로 모여들고 있었다. 스페인과 이탈리아 팀의 축구 경기가 곧 있을 모양이었다.

"우와~ 오늘 여기 장난 아니겠다."

해산물이 들어간 따뜻한 스파게티를 먹으며 우리는 남의 얘기 하듯 했다. '토요일 밤의 열기'와 '스페인과 이탈리아의 축구 대결'은 한국인 순례자인 우리와 아무런 상관없는 것이라 여겼다. 우리는 이제 숙소로 돌아가 아까 마트에서 사놓은 맥주를 한 잔 마시고 잠자리에 들면 순례의 또 하루가 끝날 것이라 생각했다. 하지만 현실은 달랐다.

너무도 저렴했던 우리의 숙소는 방음이 전혀 되지 않았다. 바르 2층에 자리한 낡은 숙소는 2중 창문으로 되어 있어도 방음이 될까 말까 한데, 꽉 닫히지도 않는 홑 창문이 술집들이 밀집한 골목 쪽으로 나있었다. 토요일 밤의 국가대항 축구경기라니! 환호와 탄성이 최악의 소음이 되어 우리를 괴롭혔다. 우리가 누운 침대를 온갖 소리들이 난무하는 바르 한가운데 놓아둔 꼴과 같았다. 이어폰으로 귀를 막아보고 남는 침대 매트리스 하나를 세워 창문도 막아봤지만 무용지물이었다. 소음은 바르가 문을 닫는 새벽 3시까지 수그러들 기미 없이 계속되었다. 새벽 3시가 악몽의 끝도 아니었다. 바르의 직원들이 엉망인 가게를 정리하고 서로에게 수고했다는 말을 건네고 잘 가라는 마지막 인사까지 나누는 소리까지 모두 듣고서야 구시가 골목에도, 우리의 방에도 고요가 찾아왔다. 하지만 고요 속에서도 우리는 쉽게 잠들지 못했다. 일어나야 할 시간이 이미 다가오고 있었기 때문이다. 긴 한숨으로 피로를 호소하는 남편에게 나는 여전히 뜬눈인 채 말했다.

"그래도 나는 여기 싫어하지 않을래. 신발을 말렸으니까."

# [19구간] 야네스 ~ 리바데세야 31.4km
## "오레오가 보인다"

| 5km | 2km | 5.8km | 4.6km | 6.8km | 7.2km |
|---|---|---|---|---|---|

야네스　　셀로리오　바로　　　나베스　　누에바　　　쿠에레스　　리바데세야

　　밤새 찌푸려 있던 하늘은 야네스를 채 벗어나기도 전에 또 비를 뿌렸다. 어제 내린 비로 흙길은 이미 진창이 되어 있었다. 고작 2km를 걸었는데 밤새 깨끗이 닦아 말려놓은 신발은 흙투성이가 되었고 비옷도 이미 젖어버렸다. 그래도 포오 데 야네스Poo de Llanes의 벽 그림 앞에서는 사진을 찍기 위해 휴대전화를 꺼내 들었다. 이곳을 지나는 모든 순례자들이 그러지 않았을까. '덤불 주위를 걷지 말라NO TE ANDES POR LAS RAMAS, UENAL CENTRO'는 말을 써놓은 강렬하고 멋진 벽 그림은 모두의 발길을 붙들 만큼 충분히 매력적이었다. 이곳은 〈민속공예품 및 조형예술 지역 센터〉, 이 센터 건물을 끼고 왼쪽으로 돌아 철길을 건너가도록 카미노가 나 있다. 목초지와 과수원을 통과해 살바도르 성당을 지나면 포오 데 야네스를 벗어나게 되는데, 이곳에서부터 셀로리오Celorio를 향하는 길에는 순례 화살표가 '너무도' 많다. 예쁜 것, 귀여운 것, 투박한 것, 공식적인 것, 개인 취향이 담긴 것까지 쉴 새 없이 셀로리오를 향해 걸음을 재촉하라는 듯 손짓하고 있다.

　　그 수많은 화살표의 끝은 바다에 닿아 있었다. 온몸을 두드리는 빗소리가

〈민속공예품 및 조형예술 지역 센터〉의 벽 그림 　수많은 화살표의 끝은 셀로리오의 바다에 닿아 있었다.

너무 가까워 파도소리는 꿈결인 듯 아득하게 들렸다. 빗줄기와 물안개 너머로 보이는 해안 절벽과 파도는 신비로움을 자아내고 그 속에서 서핑을 즐기는 사람들의 움직임은 비현실적으로 다가왔다. 풀밭 사이 오솔길은 바다를 향해 쭉 뻗었다가 방향을 왼쪽으로 틀어 바다와 이웃하며 걷도록 나 있다. 한참을 해안을 따라 걷는 동안에도 노란 화살표는 계속되었다. 바다에만 홀딱 빠져 걷지 말고 내가 가야할 길을 보며 걸으라며 순례자의 현실을, 걸음을, 일깨워주는 듯했다. 그리고 현실을 일깨워준 또 하나는 냄새였다. 풀냄새, 흙냄새, 바다냄새, 평소에는 느끼지 못했던 나의 체취까지, 빗속에서 한결 짙어진 냄새들이 내가 현재하는 곳과 나의 움직임을 명확히 각인시켜 주었다.

　셀로리오 마을 광장에서 따끈한 커피 한 잔을 마시고 다시 길을 나섰다.

짧지만 백사장 위를 걷는 카미노를 지나 바로<sup>Barro</sup> 마을로 향했다. 인디아노들의 후원으로 지어진 로스 돌로레스 성당<sup>Iglesia de los Dolores</sup>이 저 멀리 보이는데, 커다란 말 한 마리가 담벼락 위 목초지에서 인도 쪽으로 목을 빼고 서 있다. 정말 꼼짝 않고 서 있어서 진짜처럼 만들어놓은 동상인 줄 알았다. 그런데 가까이 다가가서 보니 숨 쉴 때마다 배 부분이 조금씩 움직이는 틀림없이 살아있는 말이었다. 그런데 우리가 바짝 다가가 사진을 찍어도 큰 소리로 말을 해도 지나쳐 멀어지면서 돌아보고 또 돌아봐도 그 모습 그대로였다. 무슨 사연이라도 있는 것일까. 밀물이라 신고전주의 양식의 성당이 바닷물에 아름답게 비쳤지만, 나는 망부석 같은 그 말을 자꾸만 돌아보았다.

망부석처럼 길가로 목을 빼고 꼼짝도 않는 셀로리오의 말

폐허로 변해버린 산 안톨린 데 베돈 수도원

엘 산틴 기도소<sup>Capilla de Ánimes El Santín</sup>에 들러 평화를 비는 기도를 잠깐 하고 나니 마음이 훨씬 가벼워진다. 카미노는 기도소 왼쪽 숲길로 나 있다. 차도와 합류할 때까지 나뭇잎 수북이 쌓인 산길을 걷고 시골집들을 돌며 걷는다. 니엠브로<sup>Niembro</sup>의 카미노를 걷다 보면, 폐허로 변해버린 수도원 유적을 만난다. 산 안톨린 데 베돈<sup>San Antolín de Bedón</sup> 수도원이다. 수도원을 짓게 된 이유는 전설로 전해진다. 애인을 죽인 한 여성이 원래 이 자리에 있던 산 안톨린 소

성당<sup>Capilla de an Antolín</sup>에 피신해 있게 됐는데, 이 살인에 대한 신의 분노가 커질까봐 지역의 한 백작이 12세기에 수도원을 세웠다는 것이다. 하지만 지붕이 내려앉고 잡초들이 무성한 채 폐허가 된 지금의 수도원 모습은 살인에 대한 신의 분노가 여전한 것이 아닐까 하는 생각마저 들게 했다.

수도원에서 산 안톨린 해변까지는 잘 다듬어진 보행자 길을 걷는다. 하늘은 여전히 구름으로 뒤덮여 있지만 비는 더 이상 내리지 않을 듯했다. 긴 백사장과 파도가 깎아놓은 멋진 해안 절벽을 내려 보고 서 있으니 가슴도, 머리도 시원해졌다. 바다 냄새를 품고 거침없이 불어오는 봄바람에 지난밤을 뜬눈으로 지새운 피로도 날아가 버렸다. 셀로리오보다 이곳 산 안톨린 해변에서 서핑을 즐기는 사람이 더 많았다. 쉼 없이 움직이는 파도의 등을 잠시라도 타보려는 초보 서퍼들의 모습이 흥미로웠다. 아슬아슬하게 파도위에 선 몇 초간의 환희가 멀리서도 보였다. 보드 위에서 무릎 한 번 펴보지 못하고 퐁당퐁당 바다에 빠지는 이들의 안타까움도 읽혔다.

누군가는 오늘로서 파도타기를 포기하고, 누군가는 내일도 바다로 나와 더 끈질기게 파도에 몸을 싣는 즐거움을 알아가겠지. 뭐든 처음이 중요하긴 하지만, 난 두 번째에 더 비중을 둔다. 어려웠던 처음을 경험하고 다시 두 번째 도전을 하게 된다면 그걸 계속하게 될 가능성은 거의 100퍼센트라고 본다. 나에게 있어 여행이 그랬다. 나는 서른이 되어서야 친구와 함께 첫 해외여행을 했다. 그것도 준비 없이 떠난 티벳과 네팔 자유여행이었다. 그리고 엄청난 좌충우돌 경험들을 발판삼아 2년 뒤 나는 홀로 두 번째 여행을 감행했다. 일을 하고 돈을 벌어야 하는 현실들을 조율해가며 지난 10여 년간 한 해도 빠짐없이 여행하는 삶을 살 수 있었던 건, 그 두 번째가 있어서였다. 어쩌면 산티아고 순례 역시 북쪽 길을 걷는 이 두 번째 경험이 있어 계속될지도 모르겠다는 생각이, 바닷길을 걷는 내내 들었다.

해변 길을 벗어나 내륙 마을인 나베스<sup>Naves</sup>로 들어섰다. 어느 집 담벼락에 핀 수국이 참 탐스럽고 예뻐 오래도록 눈에 담았다. 스페인 북서부 지방의

전통적인 곡물 저장 창고인 오레오 <sup>Horreo</sup>도 처음 나타나 신기한 마음에 걸음을 멈췄다. 너무도 작은 마을이라 금세 지나칠 수 있었지만, 소소한 일상의 아름다움이 우리의 걸음을 오래도록 붙들었다.

아스투리아스 지방에 들어서니 스페인 북서부 지방의 전통 곡물 창고인 오레오가 보인다.

길을 가로막고 쓰러진 나무를 에둘러 걸으며 비야오르메스<sup>Villahormes</sup> 마을도 지나고 지방도와 숲길을 지나 누에바<sup>Nueva</sup>에 이르렀다. 문을 연 식당을 찾아 치킨 파에야와 샐러드로 늦은 점심을 먹고 다시 길에 오르니 해가 반짝 났다. 기찻길 따라 걷고 웅장한 산맥을 이웃하며 걷는 동안 하늘은 말끔히 개었다.

피녜레스 데 프리아<sup>Piñeres de Pría</sup> 마을의 산페드로 데 프리아 교구 성당<sup>Igiesia de San Pedro de Pria</sup> 종탑 위로는 구름 한 점 없는 푸른 하늘이 도화지처럼 펼쳐졌다. 마을을 빠져나가려고 보니, 분리수거를 위한 대형 쓰레기통 두 개에 기나긴 길을 걷는 순례자 그림이 그려진 게 보였다. 참 기발한 응원이다 생각하며 지나쳤는데, 그게 다가 아니었다. 이어진 내리막 흙길 옆으로 돌담이 길게 쌓여있고, 돌멩이마다 형형색색의 순례자 상징 그림이 그려져 있었다. 길 한쪽에 놓인 작은 원통형 휴지통에는 순례길을 걷는 각 나라들의 국기도 그려져 있었다. 약간 어설퍼 보이긴 했지만 태극기도 빼놓지 않고 그려놓았음을 확인했다. 어느 누구의 발상인지는 모르겠으나, 수많은 그림에

서 북쪽 순례길을 소중하게 생각하는 마음을 읽을 수 있었다. 이 길을 지나는 순례자들은 누구도 이 길을 잊지 못하겠지. 겨우 아흔여덟 명의 주민이 산다는 이 산골 작은 마을의 이름이 '피녜레스 데 프리아'라는 것도 어렵지만 잊을 수 없을 것이다.

목적지인 리바데세야<sup>Ribadesella</sup>까지는 6km 정도만을 남겨놓고 목초지 사이를 지날 때였다. 남편의 전화기가 울렸다. 스페인 번호인 것을 보니, 예약해놓은 민박집 같았다. 그런데 전화를 받은 남편이 갑자기 전전긍긍했다. 민박집 주인과는 영어가 단 한마디도 통하지 않는 것 같았다. 시간이 오후 6시를 지나고 있었으니 틀림없이 왜 아직 오지 않느냐고, 언제쯤 도착할 것 같으냐는 물음일 텐데 대화가 쉽지 않았다. 남편은 '페레그리노<sup>peregrino, 순례자</sup>'라는 말을 수없이 되풀이했다. 순례자라 늦게 도착한다는 걸 알아달라는 표현이었다. 그럼에도 상대 여성은 전화를 끊을 기미가 보이지 않았다. 몇 시까지 올 거냐는 물음을 계속 하는 듯했다.

피녜레스 데 프리아 마을의 돌멩이 그림들. '순례자들 누구도 이 길을 잊지 못하겠지?'

"오쵸ocho!"

남편이 외쳤다. 나는 스페인어로 1부터 3까지밖에 외우지 못했는데, 남편은 불현듯 숫자 8이 기억난 모양이었다. 민박집 주인은 그제야 웃음을 섞어 인사를 하고 전화를 끊었다. 그런데 그때부터 우리 발등에는 불이 떨어졌다. 4년 전 숙박 경쟁이 심했던 프랑스 길을 걸을 때 약속한 시간 안에 도착하지 않으면 예약한 방도, 선불로 준 방값도 내줄 수 없다는 숙박업자들의 엄포를 수차례 들었던 경험이 있어 마음이 급해졌다. 순례자가 많지 않은 북쪽 순례길에서는 그럴 일이 없을 거라 생각은 되었지만, 불안감이 수그러들지 않았다. 우리는 무조건 8시 안에 숙소에 도착하는 것만 목표로 두었다. 한 번도 쉬지 않고 내달리듯 걸었다. 주변 풍경이 어땠는지 전혀 기억에 없다. 비를 맞은 흙길이 농기계에 의해 울퉁불퉁 파여 있어 걸음을 옮기기 힘들었고, 고여 있는 흙탕물을 첨벙대며 걷느라 고역이었다는 것만 머리에 남았다. 그래도 괜찮았다. 리바데세야 중심지로 들어서는 좁은 골목길에서 개똥을 밟았지만, 아무렇지 않았다. 비는 이미 그쳤는데 비 오듯 땀을 쏟은 것도 괘념치 않았다.

우리는 정확히 8시 10분 전에 숙소에 도착을 했으니까. 무사히 체크인을 하고 내 누울 공간에 짐을 풀고 몸을 씻을 수 있었으니까. 그리고 느긋한 걸음으로 19세기에 조성된 광장에 나가 어둠이 내리는 리바데세야 거리를 보며 저녁을 먹을 수 있었으니까.

# [20구간] 리바데세야 ~ 콜룽가 20.1km
## "바다, 바다, 바다…!"

|  | 3.8km |  | 3.1km |  | 2.6km |  | 5.2km |  | 5.4km |  |
|---|---|---|---|---|---|---|---|---|---|---|

리바데세야　산페드로　베가　베르베스　라에스파사　콜룽가

주로 17-18세기에 지어진 리바데세야의 건물들을 지나 산타마리나 해변 산책로를 걷는 것으로 카미노가 시작되었다. 날이 맑아 출발이 가벼웠다. 요트들이 계류 중인 선착장을 지나고 백사장이 펼쳐진 해변을 걷는 산책로는 2.6km나 뻗어있다. 산책로가 끝나고 찻길을 따라 걸으며 도착한 산 페드로<sup>San Pedro</sup>는 옛 빨래터의 모습을 그대로 복원해놓아 눈길을 끌었다. 그리고 또 하나 우리 눈길을 끈 건 저 멀리 앞서 걷고 있는 순례자 한 사람. 출발부터 비가 온 어제는 길 위에서 순례자를 단 한 명도 만나지 못했기에 그 뒷모습에도 반가웠다. 그의 배낭은 우리보다 가볍

앞서 걷고 있으리라는 믿음만으로도 든든한 나의 동지, 순례자!

고 걸음도 빨라 마을을 빠져나가는 아스팔트길이 흙길로 변하고 바다가 눈 앞에 나타나기 전에 그는 이미 우리 시야에서 사라졌지만, 앞서 걷고 있으리라는 믿음만으로도 든든했다.

베가 마을의 벽 그림. 미소 띤 백발의 영감님을 소환해 놓았다.

해변에 닿기 전 푸른 바다를 병풍 삼아 붉은 지붕을 얹은 집들이 옹기종기 모여 있는 게 보였다. 베가 Vega다. 마을에 들어서니 지붕 빛깔만 예쁜 게 아니었다. 낡은 집들이지만 오랜 돌담의 정취가 아름다웠고 나무로 벽을 잇고 기와를 올린 전통 곡물 창고인 오레오도 집집마다 소중히 간직하고 있어 멋스러웠다. 어느 집 앞마당에는 넝쿨장미가 빨갛게 꽃망울을 터뜨려 고요한 시골마을에 생기를 더했다. 하지만 이 마을의 가장 큰 매력은 벽 그림에 있었다. 막힌 벽에 창문을 그려 넣고 커튼 사이에 미소를 띤 백발의 영감님을 소환해 놓았다. 낡은 차고 문은 틀림없이 닫혀있지만 그림은 문을 열고 곧 여행을 떠날 듯한 자동차에 올라앉은 강아지가 보인다. 마구간에는 없던 말도 보이고 좁은 벽은 긴 회랑으로 바뀌었다. 나무 판으로 폐쇄해놓은 창고 문에는 빚어놓은 술을 나누는 사람들의 웅성거림이 그려져 있다. 그림 하나하나에 재치가 넘쳐흘렀다. 그 덕에 사람 하나 보이지 않는 마을에서 사람의 온기가 느껴졌다. 모든 문들이 꼭꼭 닫혀있는데 모두와 소통하고 있다는 기분이 들었다. 알베르게를 겸한 민박집도 보여 충분히 걸었다 싶은 순례자들은 하루 묵어가도 좋을 곳이다.

마을을 빠져나오면 해변을 따라 초록 들판 사이 좁은 흙길을 걷는다. 마을

구멍가게에서 다리와 어깨를 충분히 쉬고 나서 바라보는 하늘과 바다는 푸름의 깊이가 달라져 있었다. 온전히 그 맑음을 다 받아 안을 수 있을 것 같이 내 마음의 크기가 넓어진 것 같았다. 사실 지난 사흘간 내린 비로 발 밑 사정은 엉망진창이었다. 소들이 노니는 풀밭 사이 길은 그야말로 질펀한 소똥천지였고, 진창길을 피하려고 풀숲에 붙어 걷다보면 넝쿨 가시들이 팔과 다리에 상처를 남겼다. 그래도 비가 오지 않으니 얼마나 감사한가! 그늘 하나 없어 걸음걸음마다 땀이 등줄기를 타고 흘러내리는 데도 그런 마음이 들었다. 들판 갈림길에서 순례 표지석이 나타난 것 또한 얼마나 감격스러운가! 모래흙이 발목을 잡는데도 무심히 서 있는 낡은 순례 표지석이 갈 길을 알려주니 그저 좋았다.

그런데 베르베스Berbes의 숲길에 세워진 여러 개의 나무 팻말들 중 콜룽가Colunga까지 12km가 남았다는 표지를 본 이후, 산을 오르는 동안에는 순례 표지를 단 하나도 볼 수가 없었다. 가파른 흙길이 구불구불 이어진 산길을 우리는 그저 오를 뿐이었다. 오랜만에 만난 오르막이라 그런지 많이 힘들었지만 쉬지 않고 올랐다. 별 표지가 없으면 그냥 직진을 하면 된다고 생각했다. 그렇게 얼마나 올랐을까, 길은 더 이상 이어지지 않았다. 도대체 어디서 길을 잘못 든 것인지, 우리는 왔던 길을 한참이나 되돌아 내려갔다. 그렇게 내려가다 보니, 올라갈 때는 몰랐던 갈림길이 나타났다. 그리고 올라갈 때는 전혀 보지 못했던 바닥 화살표도 있었다. 먼저 간 순례자들이 수십 개의 돌멩이로 만들어놓은 1미터짜리 커다란 화살표였다. 잘못된 길로 들어서지 말라며 저렇게 마음 써서 만들어놓은 화살표를 어떻게 못 볼 수가 있었을까 싶었다. 힘들다고 땅만 보고 걸어서도 안 되지만, 하늘이 좋다고 하늘만 보고 걸어서도 안 될 일이다. 위아래 좌우 두루두루 살피라는 교훈을 순례 20일이 넘어서야 깨닫는 모양새다. 우리는 화살표가 더 선명하도록 돌멩이 몇 개를 보태놓고는 다시 걸음을 옮겼다.

힘들다고 땅만 보고 걸어서도, 하늘이 좋다고 하늘만 보고 걸어서도 안 될 순례길 순례 화살표 보다 섬세한 길안내를 원한다면 현지 주민에게 질문!

숲을 빠져나오니 평탄한 바닷길이 이어졌다. 하지만 햇살이 너무 강하게 쏟아졌다. 바닷길은 아름답고 평평하지만 그늘이 없어 힘들다. 숲길은 공기도 상쾌하고 시원한 그늘이 있어 좋지만 힘든 오르막을 감내해야 한다. 도심의 길을 걸을 땐 먹고 쉬어갈 곳이 많아 좋지만 복잡하고 여유가 없으며, 시골길에서는 유유자적할 수 있는 대신 먹고 쉴 만한 가게가 없어 곤란을 겪는다. 그러니까 그저 편하기만 한 길은 없다는 얘기다.

베시에야Beciella 해변 옆 작은 나무다리를 건너 해안 길을 걷는 내내 쨍한 6월의 햇살 아래 빛나는 바다는 예뻤다. 하지만 무거운 배낭을 메고 그늘 없고 쉴 곳 없는 바닷길을 수 킬로미터 걸어야 하는 순례자에게 아름다움은 잠깐, 고통은 길고 길었다. 그래도 고행에는 늘 보상이 따르고, 주저앉고 싶을 즈음에는 늘 기적처럼 도움의 손길이 다가온다. 더위와 허기에 지쳐 거친 숨을 몰아쉬며 걷는데, 저 멀리서 백일도 안 됐을 아이를 안고 산책에 나선 젊은 부부가 우리를 향해 다가왔다. '올라!' 하고 짧은 인사를 건네고는,

주변에 쉬어갈 만한 가게가 없는지를 물었다. 우리는 카미노에서 조금 벗어나도 되니 식사를 할 수 있는 곳이면 좋겠다 말했다. 그들은 카미노를 벗어날 필요 없이 조금만 가면 두 곳의 식당이 있다고 알려줬다. 그리고 그 중에서 더 저렴한 곳을 콕 집어 알려줬다. 우리는 라 에스파사의 해변 백사장으로 들어서 바다를 옆에 끼고 식사를 했다. 해산물과 빵을 먹고 맥주를 한 잔 마시고 커피도 마셨다. 우리가 상상치 못한 오찬을 흐뭇하게 즐기는 동안, 사막을 걷다 오아시스를 만난 표정으로 식당에 들어서는 순례자들이 10여 명은 족히 되었다.

라 에스파사의 해안가 산책로

우리는 보도블록으로 포장된 라 에스파사의 해안가 산책로를 통해 국도까지 걸었다. 이어 걷게 된 찻길은 좁고 길었으며 힘겨운 오르막까지 연결되어 있었다. 늦은 오후가 되면서 해는 조금 기울었지만, 한여름처럼 더웠다. 그래도 앞서 가는 이탈리아 순례자 어르신 네 분의 유쾌한 대화 덕분에 한결 걸음이 가벼웠다. 네 분은 모두 우리가 머무는 콜룽가의 전 마을인 라 이슬라La Isla로 가셨는데, 카미노에서는 조금 벗어나게 되긴 하지만 콜룽가에는 알베르게가 없고 라 이슬라에는 공립과 사립 알베르게가 있어 그곳으로 향하는 순례자들이 많다. 우리는 저렴한 호스텔이 여럿 있는 콜룽가까지 길을 이어갔다.

그렇게 우리는 한 고비를 넘어섰고, 오늘 또 20km만큼 산티아고 데 콤포스텔라에 가까이 다가섰다.

# [21구간] 콜룽가 ~ 비야비시오사 17.2km
## "길 위의 동지, 패트릭과 알카"

5.2km     3.1km     2.9km     6km

콜룽가    페르누스    프리에스카    세브라요    비야비시오사

19세기 건물인 콜룽가의 산 크리스토발 엘 레알 성당

콜룽가의 산 크리스토발 엘 레알 성당Iglesia de San Cristóbal el Real 앞에서 하루를 열었다. 마을을 빠져나가니 곧장 산길이다. 오늘 걸을 구간은 짧은 거리지만 가파르게 오르내리는 산길이 많아 걷기에 힘들다는 순례 안내서의 설명이 있어 마음을 단단히 먹었다. 산골 마을들을 일일이 거쳐 가는 꼬불꼬불 산길은 힘겹게 오르고 내려서야만 조금씩 전진이 가능했다. 심지어 뭔가를 먹고 마실 수 있는 가게가 하나도 없다는 것이 길 위에서의 하루를 더 힘들게 했다. 나는 이 구간을 걷는 동안 본의 아니게 인생의 두 번째 노상방뇨를 하게 됐고, 남편은 하루 동안 두 번의 노상

방뇨를 했다. 엉덩이를 붙이고 쉴 만한 곳이라고는 길가의 간이 버스정류장이 전부였는데, 그것도 초반에 딱 하나뿐이었다.

카사블랑카 마을을 가리키는 팻말을 지나고 긴 오르막을 올라 갈림길에 이르니 나무로 만든 한 칸짜리 간이 버스정류소가 보였다. 정류소 위쪽에는 순례길을 가리키는 노란 화살표가 붙어 있고, 수북한 풀꽃들 사이에는 정식 순례 표지석도 자리하고 있었다. 또 우리가 거쳐 가야할 마을인 페르누스Pernús가 오른쪽으로 가야 있다는 나무 팻말도 서 있었다. 길을 잘 가고 있구나, 안심하며 가방을 내렸다. 첫 휴식, 엉덩이를 붙이고 앉으니 천국이 따로 없다.

남편과 체리를 먹으며 이야기를 나누고 있는데, 우리가 조금 전 올라온 오

콜룽가에서 비야비시오사 구간에서 쉴 곳은 간이 버스정류장 뿐

르막길로 낯익은 두 사람이 걸어오고 있는 것이 보인다. 순례 초기부터 길 위에서 간간히 만난 적이 있는 부부였다. 우리가 아주 느린 일정으로 걷고 있어 순례 초기에 만났던 순례자들은 모두 우리를 앞서 가버렸다 생각했다. 그런데 순례 절반을 넘어선 이 시점에 그들을 또 보다니!

　"올라! 와~ 여기서도 보네요."

　우리가 느낀 놀라움과 반가움을 그들도 똑같이 느끼는 듯 했다. 그동안은 늘 가벼운 인사만 하고 지나쳤는데, 이번에는 그들이 걸음을 멈췄다. 두 사람은 네덜란드에서 온 패트릭과 알카. 우리는 체리를 함께 먹으며 처음으로 긴 이야기를 나눴다. 그들 역시 프랑스 길 이후 두 번째 순례이며, 순례를 하는 방식도 우리와 똑 같았다. 유서 깊은 마을에는 하루 더 쉬었다 가고, 각자의 짐을 짊어진 채 모든 구간을 걸어서만 이동하는, 어쩌면 가장 기본되는 순례 방식이자 원칙을 지켜가고 있었다.

　"걸어서 가는 게, 진짜 순례 아니겠어요?"
　"그러니까요. 비가 와서 안 걷고, 길이 안 예뻐서 안 걷고…."
　"짐을 차로 보내고 맨 몸으로 걷는 것도 좀 그래요."
　"아프거나 다치거나 했다면 이해가 가겠지만, 좀 그렇죠?"

　순례를 한다면서도 고행은 싫어라 하는 사람들에 대한 성토가 번갈아 쏟아졌다. 누군가를 비난한다는 것 또한 진정한 순례자의 모습은 아닐 테지만, 왠지 우리끼리 한 번은 그래도 될 것 같았다. 착실히 걷는 모습을 20여 일 지켜봐온 순례자들끼리만 가질 수 있는 자긍심의 표출이었다. 배낭을 멘 채로 얘기를 나누던 패트릭과 알카 부부가 먼저 길을 나섰다. 구름도 많고 바람도 강하다 싶었는데, 갑자기 우두두 빗방울이 떨어졌다. 우리는 비옷을 꺼내 입고 다시 길 위에 섰다. 페르누스를 향해 가는 내내 패트릭과 알카 부부는 멀어졌다 가까워졌다 하며 우리를 앞서 걸었다. 진정한 동지를 만난 것 같은 생각에 그들의 걸음을 따라 걷는 내내 고맙고 기뻤다.

네덜란드에서 온 패트릭과 알카 부부가 우리를 앞서 걷는다.

아스팔트가 깔려있는 좁은 산길이 산 페드로 성당Iglesia de San Pedro으로 이어져 있어 우리가 페르누스에 도착했다는 것을 알았다. 마을에는 무늬도 빛깔도 다양한 고양이들도

전통 곡물창고 오레오는 아스투리아스 지역에만도 2만개 정도가 있다고 한다.

많고 갖가지 모양의 오레오도 많았다.

라 예라의 소성당 옆 지방도의 오르막을 힘겹게 올랐던 우리는 프리에스카Priesca까지 긴 내리막을 걸어야 했다. 그래도 그 사이 소낙비처럼 내리던 비가 그쳤다. 마을 중심에는 단순하고 소박한 모습으로 자리한 산 살바도르 성당Iglesia de San Salvador이 오랜 세월 자리를 지키고 있다. 912년에 지어진 이

성당은 전기 로마네스크 양식의 건물로 로마와 비잔틴, 모사라베<sup>Mozárabe, 이슬</sup>
<sup>람교도 지배 하의 스페인에서 개종하지 않았던 기독교도</sup>의 영향을 모두 받아 지난 역사를 고스란히
담고 있다. 애석하게도 문을 굳게 닫고 있었지만, 성당 바로 옆 순례자를 위
한 말끔한 숙소도 있는 걸 보면, 성당도 꼼꼼히 둘러보고 미사에도 참석하며
이 작은 산골 마을에서 하루를 조용히 쉬었다 가는 순례자들도 있는 듯했다.

우리는 마을을 빠져나가 흙길을 통해 밤나무 숲길로 들어섰다. 숲길이 끝
나 차도를 따라 걷고 또 개천이 흐르는 숲을 걷다가 고속도로 옆 차도를 따
라 걷고 하다 보니, 세브라요<sup>Sebrayo</sup>에 도착했다. 콜룽가에서 비야비시오사까
지, 오늘 걷는 이 구간은 사과 발효주인 '시드라'의 본고장으로 불리는 곳이
다. 사과나무 과수원도 많고 시드라를 생산하는 공장들도 많다. 가내수공업
처럼 시드라를 만들기도 하는지, 세브라요의 어느 집 창고를 보니 시드라 술
통과 술병들이 가득 들어있었다.

프리에스카의 산 살바도르 성당. 912년에 지어진 전기 로마네스크 양식의 성당이다.

"작은 바르라도 있어 시드라도 한 잔 즐기고, 쉬어갈 수 있다면 좋으련만."

헛된 꿈을 내뱉으며 마을을 빠져 나가려는데 골목 한쪽에 패트릭과 알카 부부가 시드라가 아닌 맹물로 목을 축이며 쉬고 있는 게 보였다. 알카는 서로 시드라 한 잔 나누지 못하는 아쉬움을 달래자며 말린 과일을 자꾸 권했다. 우리는 과자를 한 줌 나눠주었다. 오늘 이 만남이 마지막이 될 것이라는 걸 네 사람 모두 예감했다. 오늘 묵을 마을도 다른데다가 내일부터는 서로 전혀 다른 길을 걸을 예정이었기 때문이다. 그들은 내일 히혼Gijón으로 가서 북쪽 바닷길을 계속 걷는다 했고, 우리는 최초의 산티아고 순례길인 '프리미티보Primitivo 길'을 걷기 위해 오비에도Oviedo로 방향을 틀 예정이었다. 산티아고에서라도 만날 수 있으면 좋겠지만, 일정을 맞춰보니 그들이 산티아고에 도착하는 날 우리는 산티아고를 떠날 비행기 표를 끊어놓고 있었다. 우리는 뜨거운 이별의 포옹을 나눴다.

"부엔 카미노!"

프리에스카 마을에서 쉬고 있던 패트릭과 알카 부부가 간식을 자꾸 건넨다.

이제 그들의 길과 우리의 길은 달라질 예정이라 아쉬움의 인사를 나눴다.

'좋은 길 되라'는 흔하디흔한 순례자 공통의 인사말이 가슴 저리도록 강하게 전해졌다. 그들의 걸음에 신의 가호가 있기를, 이번에도 먼저 자리를 털고 떠나는 그들의 등 뒤에서 마음으로 기도했다.

앞서 걷던 패트릭과 알카의 뒷모습이 더 이상 보이지 않게 되면서 기나긴 산길이 조금 쓸쓸하게 느껴졌다. 하지만 쓸쓸함이 깊어지기 전에 순례길의 영원한 '동반자' 풀을 뜯는 황소와 말들이 친구가 되어 주었다. 목적지인 비야비시오사Villaviciosa에 가까워지자 드넓은 사과밭과 국제적으로 명성이 높다는 시드라 공장 '엘 가이테로El Gaitero'가 보였다. 순례길은 공장으로 내려가는 길이 아닌 아요네스 성당까지 올라가도록 나 있다. 이곳에서부터 순례자들은 길을 잘 들어야 한다. 순례 안내서의 설명처럼 국도와 합류해 걷는 짧은 길을 선택하는 것이 좋다. 우리는 아무 생각 없이 화살표만 따라 걸었더니 멀리 돌고 돌아 비야비시오사에 도착하게 되었다.

3시가 되도록 점심도 못 먹은 우리는 숙소에 배낭만 내려놓고 비야비시오사의 중심지로 향했다. 이리저리 식당을 찾아 헤매고 있는데, 코미야스에서 운케라 가는 날에 처음 만났던 스페인 순례자 '트리오trio'가 예의 그 여유 만만한 얼굴로 우리 앞에 나타났다. 동네 마실 나온 사람처럼 옷을 입고도 험난한 순례길을 잘도 걷던 세 남자다. 롤러코스터 같다는 오늘 길도 우리보다 빨리 걸어와 그들은 이미 식사도 마쳤단다.

"저기 골목을 돌면 있는 첫 번째 식당에 가서 밥 먹어.
코스로 나오는 오늘의 메뉴를 시켰는데, 맛이 정말 기가 막혀.
순례자들은 할인도 해줘."

세 사람이 번갈아가며 꼭 그 식당에 가서 먹으라고 당부를 하고 떠났다. 우리는 당연히 트리오의 추천 식당을 찾아갔다. 그런데 웬걸, 사람이 많아도 너무 많았다. 순례자들 뿐 아니라 마을 사람들까지 문밖에 줄을 서서 기다리고 있었다. 배가 너무도 고팠던 우리는 기다림을 포기하고 인근의 다른 식당을 찾았다. 이 지역의 전통 요리라고 하는 돌판에 살짝 익힌 생선과 빵을 먹었는데, 우리 입맛에는 정말 맞지 않았다. 그저 주린 배를 채운다는 생각으로 먹었다.

식사를 끝낸 뒤 안그래도 장염 증상이 있던 남편은 그만 탈이 나고 말았다. 순례 생필품들을 사기 위해 슈퍼마켓을 가는 길에 남편의 뱃속이 요동쳤다. 우리는 주변에 문을 연 바르를 찾아 내달렸다. 불은 꺼져 있었지만 입구가 열려있는 작은 바르 하나가 보였다. 우리가 뛰듯이 들어서자 주인이 놀란 얼굴로 실내에 불을 밝혔다. 내가 예의상 음료를 하나 주문해 마시는 동안, 남편은 화장실로 직행했고 큰일은 그렇게 해결된 듯했다. 그런데 그게 끝이 아니었다. 숙소로 돌아오자 이번에는 나의 뱃속이 요동을 쳤다. 순례 고수로 보이는 '트리오'의 조언을 듣고 기다려서라도 그 식당에서 먹을 걸, 뒤늦은 후회가 밀려왔다. 우리는 약국에 들러 배탈을 치료하는 약을 사서 '사이좋게' 나눠 먹었다. 아픈 배를 움켜쥐고서도 씻고 빨래하고 슈퍼마켓에 들러 내일 먹을 간식들을 사놓는 등 순례자의 일과를 꿋꿋이 해냈다. 저녁도 먹어야 했지만 둘 다 환자 모양새라 뜨거운 초콜라테에 추로스 몇 개로 속을 다스린 뒤 일찍 잠을 청했다. 시드라의 고장 비야비시오사에서 기대했던 시드라도 한 잔 마시지 못한 채.

비야비시오사<sup>Villaviciosa</sup>는 카를로스 1세가 1517년 스페인의 왕으로 즉위하기 위해 왔을 때 그가 발을 들인 스페인의 첫 마을이다. 마을에서는 그것을 기념해 제국의 문장紋章을 받았고, 카를로스 1세가 묵었던 15세기 건물 카사 데 에비아<sup>Casa de Hevia</sup>에는 이를 기념하는 현판이 아직도 붙어있다. 비야비시오사의 구시가 중심에는 17~18세기의 집과 저택이 많이 남아 있는데, 마을에 알베르게나 호스텔이 없어 우리가 선택한 지난밤 숙소도 유서 깊은 카사<sup>Casa, 저택</sup> 중 하나였다. 비수기라 그런지 두 사람의 숙박료가 40유로도 채 되지 않았는데, 대도시의 허름한 호스텔보다도 저렴한 가격이었다. 배탈 동지였던 나와 남편은 이 스페인의 옛 저택을 우아하게 즐기진 못했지만, 나무 재질의 고풍스러운 방과 화장실을 마음껏 쓰고 그래도 성한 몸이 되어 순례길에 오를 수 있었다.

떠나면서야 제대로 본 비야비시오사는 바닥 그림부터 공원의 조각까지 곳곳이 시드라의 고장임을 상징하는 사과로 장식돼 있었다. 순례길이 지나는 리에라 극장<sup>Teatro Riera</sup> 앞에도 수많은 사과로 장식된 〈라 만사네라<sup>La Manzan-</sup>

era 상〉이 서 있다. 바로 옆에는 마을에서 가장 오래된 건물이라는 산타 마리아 데 라 올리바 성당Iglesia de Sta. Maria de la Oliva도 자리하고 있다. 입구 위쪽에 부드러운 선으로 조각된 성모마리아 상을 올리기 위해 15세기에 정면 구조를 조금 변경하긴 했지만, 건물은 모두 13세기 말에 지어졌다고 한다. 어제는 몸 상태 때문에 제대로 보지 못했던 마을의 골목골목을 더듬어 다시 카미노 위에 섰다.

시드라의 고장 비야비시오사의 리에라 극장 앞에는 수많은 사과로 장식된 〈라 만사네라 상〉이 서 있다.

카미노는 아만디Amandi 마을의 작은 기도소인 산 후안Capilla de San Juan을 지나고, 발데디오스 강을 가로지르는 아치형 중세 다리를 건너 카스키타Casquita로 우리를 이끈다. 그리고 카스키타 마을 입구의 산 블라스 소성당Capilla de San Blas에 이르면 지금껏 한 방향이던 북쪽 순례길이 전혀 다른 두 방향으로 갈라진다. 하나는 북쪽 바닷길이 계속 이어지는 히혼Gijón 방향, 또 하나는 프리미티보 길이 시작되는 오비에도Oviedo 방향이다.

북쪽 순례길이 히혼과 오비에도, 두 방향으로 나뉘는 지점. 순례 표지석에 두 방향이 모두 표시되어 있다.

사실 극한의 힘겨움을 감내하면서 순례라는 느린 걸음을 한 달 넘게 걷는 이유는 그 기간 동안만큼은 노란 화살표만 보고 걸으면 되는 단순함이 좋기 때문이기도 하다. 수많은 선택지로 가득찬 일상에서 벗어나 그저 화살표의 방향대로만 걸으면 되는 하루하루. 중세 순례자들에겐 고행이었을 이 순례길이 현재의 순례자들에겐 휴가가 되는 이유가 그것인지도 모르겠다. 그런데 산티아고 북쪽 순례길에서는 이 두 화살표 앞에서 선택이란 것을 해야 하고, 우리는 왼쪽 방향인 오비에도를 선택했다. 북쪽 길을 걸으며 만난 친근한 이들이 모두 히혼으로 간다고 했기에, 왠지 가슴이 허하고 아렸다.

비야비시오사를 떠나 폴라 데 시에로까지 26km를 걷는 동안 다른 순례자를 단 한 명도 보지 못했다. 모두 히혼 방향으로 간 것인지 아니면 우리와 속도가 달라서 만날 수 없는 것인지 알 수 없었지만 길은 길고 외로웠다. 카스키타를 벗어나는 동안 초록 풀들이 무성한 시골길이 계속 이어졌고, 농가와 오레오, 작은 과수원들만 우리와 이웃해 걸었다.

그런데 갑자기 이상한 일이 벌어졌다. 그동안의 순례길에서 훌륭한 길잡이가 되어준 휴대전화 인터넷이 갑자기 먹통이 된 것이다. 인터넷뿐만 아니라 아예 '통신 서비스 불가'란 메시지만 떴다. 자리에 앉아 유심칩을 몇 차례 번갈아 끼우는 법석을 떨었다. 그런데 어느 순간, 그렇게 안달복달하는 내 표정이 휴대전화 액정에 비쳤다. 그리고는 '하–' 헛웃음이 나왔다.

나는 곧바로 휴대전화를 배낭 속에 집어넣고 자리를 훌훌 털고 일어났다. 어쩌면 나의 진정한 북쪽길 순례는 그저 길만 보고 걷게 될 지금부터라는 생각이 들었다. 다리에도 마음에도 새로운 힘이 솟는 듯했다. 산 페드로 데 암바스San Pedro de Ambás에서 해발 400m의 캄파 고개에 이르는 동안의 찻길은 고되고 지난했지만, 순례니까 당연한 일이라는 생각도 들었다. 좌우로 굽이쳐 오르는 찻길을 따라 걷다 보니 계곡 아래 붉은 지붕을 이고 반듯하게 서 있는 수도원 건물과 성당이 보였다. 전기 로마네스크 양식으로 지어진 산 살바도르San Salvador 성당과 시토 수도원 건물이다.

아스투리아스 지방의 예술 양식을 충실히 따랐다는 성당 건물은 893년에 완성되었다. 멀리서도 반원형 후진과 무려 3층으로 만들어졌다는 회랑의 화려함이 뚜렷이 보였다. 하지만 우리는 먼발치에서 바라보며 오랜 역사와 독

산 살바도르 성당과 시토 수도원. 아스투리아스 지방의 예술 양식을 충실히 따랐다는 성당 건물은 893년에 완성되었다.

캄파 고개를 오르는 길. 걷거나 자전거 타거나 막 상막하 힘든 길이다.

폴라 데 시에로까지 12km나 남았다는 절망적인 정보와 2km만 가면 바르가 있다는 감격스러운 글귀가 함께 있다.

특한 지역 예술과 그것을 아우르는 믿음의 기운을 짐작만 할 뿐이었다. 이 유서 깊고 아름다운 산 살바도르 성당과 수도원을 보려면 발데디오스<sup>Valdediós</sup> 마을까지 3km가 되는 거리를 내려갔다가 다시 올라와야 하는데, 그 힘듦은 책에서의 설명이 아니어도 충분히 짐작되었다. 아쉬움을 뒤로 하고 우리는 걷던 오르막을 계속 올랐다.

구름 한 점 없는 6월의 날씨는 비가 내린 지난 며칠과는 달리 한여름처럼 뜨거웠다. 게다가 산을 돌고 돌아 닦아놓은 찻길은 무심히도 그늘을 만들어주지 않았다. 정상인 캄파 고개에 올라야 오르막이 끝날 테지만, 그 끝은 쉽게 보이지 않았고 체력은 조금씩 바닥을 보이고 있었다. 함께 걸은 순례자는 없었지만, 동호회 모임인지 단체로 자전거를 타고 산을 오르는 아저씨들이 있어 기나긴 오르막이 조금은 덜 지루했다. 그들과 우리에겐 같은 희망이 있었다. 해발 400m 높이의 캄파 고개 정상에 오르면 바르 겸 식당이 있어 밥을 먹고 쉬어갈 수 있다는 희망이었다. 그리고 마침내 숨을 헐떡이며 정상에 섰다. 책에서 읽은 대로 주유소 옆에 식당이 있긴 있었다. 그러나 문이 닫힌 채였다. 자전거 팀은 실망한 기색으로 빠르게 길을 나섰다. 우리는 절망한 채 바닥에 쪼그려 앉았다. 식당이 있는 캄파 고개 정상은 햇살을 정면으로 받고 있어 주저앉아 쉴 곳도 마땅히 없었다.

할 수 없이 우리는 카미노를 계속 걸었다. 숲길의 그늘과 띄엄띄엄 있는 산골 농가들이 위로가 되었다. 어느 농가 앞 시원한 나무 그늘 아래, 깨끗한 벤치가 있어 그나마 편히 쉬었다. 땀을 식히고 짓눌린 어깨를 주무르고 준비해간 포도를 남편과 나눠 먹었다. 감사한 휴식이었지만 고픈 배는 채워지지 않았다. 산길은 계속 이어졌다. 피가레스$^{Figares}$ 마을을 지나는데, 누군가가 커다란 창고 벽면 철판 위에 매직으로 낙서도 해놓고 그림도 그려 놓았다. 순례자를 위한 정보도 있었다. 우리 눈에는 딱 두 가지만 보였다. 목적지인 폴라 데 시에로까지 아직 12km나 남았다는 절망적인 정보와 2km만 더 가면 바르가 있다는 감격스러운 글귀!

이어서 지방도를 2km 정도 걸었을까, 베가 데 사리에구$^{Vega de Sariegu}$ 마을에 거의 다다랐을 때였다. 노란 화살표 두 개가 차도를 건너라고 알려주는 정면에 진짜 바르가 나타났다. 남편은 나보다 더 배고프고 힘들었던 게 틀림없었다. 바르가 보이자 뛸 듯이 걸었다. 메뉴는 순례길에서 지겹도록 먹은 콤비나도$^{combinado, 고기 또는 생선에 감자튀김, 달걀, 베이컨 등이 한 접시에 나오는 음식}$ 밖에 없었지만, 푸짐한 음식을 입에 넣을 수 있다는 것만으로도 감지덕지한 상황이었다.

점심을 먹고 다시 오른 카미노는 좋았다. 꽃과 각종 농기구로 장식된 오레오는 아스투리아스의 전통을 보여주고, 어느 집 앞마당에 앉혀놓은 나무 인형 커플은 목에 조가비를 달고 지나는 순례자를 격려했다. 6월의 오후 햇볕을 온몸에 받으며 흙길을 걷느라 땀은 멈추지 않았지만 새파란 하늘 아래 웅장하게 자리한 산맥이 한동안 우리를 따라오며 시야를 시원스레 뚫어주었다. 하지만 딱 거기까지였다. 숲이 무성한 계곡 길로 들어서자 끊임없이

베가 데 사리에구의 농가에서 만난 나무인형 커플. 조가비를 달고 순례자를 격려한다.

산길이 이어졌다. 목적지인 폴라 데 시에로까지 얼마나 남았는지를 도무지 알 수가 없어 길은 더 멀게 느껴졌고 힘도 더 빨리 빠졌다. 바르에서 감격으로 버무린 음식을 먹지 못했다면 어쨌을까 싶었다. 맑은 물이 흐르는 개울가에서 1인용 비닐자리를 펴고 목을 축였다.

"프리미티보 길에서는 엄청난 산을 넘어야 된다던데…"

모레부터는 새로운 길을 또 시작해야 된다는 걱정에, 내가 먼저 말을 꺼냈다.

"그래서 미리 적응 좀 하라고 오늘 이렇게 산길이 긴가 보다."

남편이 웃는다. 얼굴이 벌겋게 달아오르고 온몸이 땀에 절었어도 어떻게든 긍정적인 말을 내놓게 하는 것이 순례길의 힘인 것인지, 나도 모르게 동의하는 웃음을 지었다. 좁은 숲길은 이 길이 힘든지 어떤지, 긴지 아닌지, 그 어떤 생각조차 거부하고 흙과 풀을 밟는 내 발소리와 거친 숨소리에만 온 신경이 집중될 때까지 이어졌다. 숲길 가운데 소성당Ermita de La Blenvenida 하나가 나타나고서야 걸음을 멈췄다. 소성당 옆 순례 중 숨진 이를 기리는 묘석이 있고 그 옆에 꽃다발 하나가 예쁜 빛깔로 놓여 있어 슬픔을 더했다. 우리는 걷느라 거칠어진 숨을 안으로 삼키고 그의 명복을 빌었다.

허름한 집들이 보이고 폴라 데 시에로Pola de Siero의 어귀에 도착한 듯 했지만, 도심까지의 길은 길고 길었다. 인적 없는 집과 상점들은 폐허 같고, 버려진 도시를 재현해 놓은 영화의 세트장 사이를 걷는 것 같은 느낌이 들었다. 눈앞에 산 페드로 교구성당의 두 첨탑이 보이고 도심에 이를 때까지도

그 느낌은 계속되었다. 무려 26km를 걸어 목적한 곳에 도착을 했는데도 이상하게 기분이 축 가라앉았다. 2010년에 문을 연 깔끔한 공립 알베르게를 무사히 찾아내고서도 그 느낌은 계속되었다.

폴라 데 시에로의 교구성당이 눈에 보이지만 길은 멀고 멀었다.

표정은 전혀 없는데 목소리와 행동이 큰 오스피탈레로 영감님의 무뚝뚝함은 우리를 약간 주눅 들게도 했다. 숙박에 필요한 정보를 적고 순례자 여권에 확인 도장을 받고 1인당 6유로의 숙박료를 지불하는 동안에도 오스피탈레로 영감님은 무표정이었고, 식당과 알베르게 곳곳을 안내하면서도 우리에게 화를 내듯 툭툭거렸다. 우리를 이끌고 2층 침대가 여러 개 놓여있는 도미토리Dormitory, 공동 침실를 먼저 들른 오

폴라 데 시에로의 공립 알베르게 도미토리

스피탈레로 영감님이 남은 침대가 없음을 확인했다. 다른 방에도 들렀지만 마찬가지였다. 영감님이 어깨를 으쓱했다. 우리는 잘 곳이 없으면 어떡하나 하는 염려보다 10여 명은 족히 될 듯 보이는 이 사람들이 언제 다 왔나 싶어 놀라웠다. 길 위에서는 단 한 명도 보지 못했으니 말이다. 오스피탈로 영감님은 어쩔 수 없다는 표정으로 닫힌 문 하나를 열었다. 간이침대가 두 개만 있는 2인실이었다. 영감님은 전용 욕실까지 열어 보이며 오늘은 너희들 것이니 맘껏 쓰라며 투박한 영어를 큰 몸짓 섞어 말했다. 둘이 합쳐 12유로에 욕실이 딸린 2인실이라니. 알베르게에서 묵으면서 이런 호사를 누리게 될 줄 몰랐던 우리는 얼굴에 번지는 미소를 감출 수가 없었다.

"그라시아스, 무차스 그라시아스Muchas Gracias, 정말 감사합니다!"


우리가 감사의 인사를 연이어 날리며 배낭을 벗는 동안에 영감님은 침대 매트리스에 부직포로 만든 1회용 덮개를 손수 씌워주고 있었다. 우리도 얼른 그를 도와 베개 덮개를 씌웠다. 나는 마음으로 소리쳤다.


"오스피탈로 어르신! 이제야 알았어요.
얼굴은 무표정이지만, 마음은 늘 함박웃음 짓고 계신 거죠?"

지난밤 잠들 때까지도 먹통이었던 휴대전화가 새벽에 일어나 보니 정상적으로 작동하고 있었다. 오비에도를 코앞에 두고 두근대는 우리 심장소리에 맞춰 휴대전화도 새롭게 작동하기 시작했나 하는 생각이 들었다. 폴라 데 시에로에서 오비에도까지의 순례 구간은 거리도 짧은데다 대부분 공장지대와 번잡한 찻길을 걸어야 해서 수많은 순례자들이 외면하는 구간이다. 하지만 우리에게 이 길은 오비에도에 닿는 길이라는 것만으로도 의미가 충분했다.

중세에 이런 유명한 말이 있었다 한다.

'산티아고에 가면서 살바도르(오비에도)에 가지 않는 사람은
하인을 방문하는 것이며 주인을 잊은 것이다.'

순례자에게 오비에도는 산티아고 데 콤포스텔라 보다 더 거룩하게 섬겨야 할 곳이라는 뜻이다. 우리 부부는 이 의미 깊은 오비에도에서 우리 순례

의 1부를 마무리하고 '원시의', '처음의'라는 뜻을 지닌 첫 산티아고 순례길 '프리미티보Primitivo'를 걷는다. 새로운 길의 시작점이 될 오비에도를 향해가는 우리 가슴이 뛰지 않을 이유가 없었다.

오비에도를 향해 가는 길. 순례 화살표와 함께 '산티아고에 가면서 살바도르에 가지 않는 사람은 하인을 방문하는 것이며 주인을 잊은 것이다.'라는 글이 써져 있다.

폴라 데 시에로를 벗어나는 길에는 찻소리와 새소리가 함께 들렸다. 찻소리에 지지 않겠다는 듯 지저귀는 새소리가 순례 응원가 같았다. 아스팔트와 흙길, 공장 옆길과 고속도로 육교, 국도까지 다양한 길을 걸어서 상점과 주택이 몰려있는 엘 베론El Berrón에 도착했다. 빗속에 4km 가까이를 걸었더니 허기가 몰려와서, 건너편에 보이는 카페를 향해 길을 건넜다. 그런데 식사를 하려고 장갑을 벗었더니 손가락 사이에서 손등을 거쳐 손목 위까지 지그재그로 줄을 지어 벌레에 물린 자국이 보였다. 장갑을 낀 채로 손을 대지 않고 있었던 터라 가렵거나 크게 부풀어 오르진 않았다. '지난밤 발 많은 벌레가 내 손을 타고 지나갔나?' 대수롭지 않게 생각하고 아침을 먹었다. 갓 구운 토스트와 커피, 직접 짜서 주는 오렌지 주스는 벌레 물린 손을 금세 잊게 만들었다.

여유로운 아침 식사 시간을 보낸 뒤, 폴라 데 시에로의 알베르게 어르신과 비슷한 표정의 주인에게 계산을 하고 다시 카미노에 올랐다. 카페에 들어설 때 길을 건넜다는 생각만으로 우리는 다시 길을 건넜다. 그런데 사방으로 건널목이 있는 사거리에서 순간 방향을 잃고 말았다. 그 많던 화살표도 보이지 않아 우왕좌왕했다. 또 한 번 길을 건너려는데, 저 멀리서 외침이 들려왔다. 카페 주인아저씨가 가게 앞에 나와서 두 손을 흔들며 우리에게 소리치고 있었다.

"그 방향이 아니야! 이쪽이야."

우리가 제대로 길을 가는지 지켜보고 있었던 모양이다. 우리도 알았다며 손을 한 번 흔들어 주고는 아저씨가 알려준 방향으로 몸을 돌렸다. 하지만 아저씨는 가게로 들어가지 않았다. 다시 길을 건너니 노란 화살표도 보였고 방향도 완전히 알아차렸는데, 그는 우리만 보고 있었다. 방향을 알리는 손짓도 계속 했다. '저 아저씨도 얼굴만 무표정, 마음은 함박웃음이었구나.' 싶어 가슴이 따뜻해져왔다. 우리는 감사의 마음을 담아 그에게 90도로 인사를 했다.

엘 베론에서 메레스Meres로 가는 길은 볼품이 없긴 했다. 똑같은 집들이 수십 채나 연속해 붙어있고 폐허가 된 학교 건물이 있는 숲길도 예쁘지는 않았다. 그래도 아침부터 들려온 새소리가 길을 걷는 내내 끊이지 않고 따라왔다. 차 소리가 지나면 새소리가 들리고 새소리가 끝나면 차 소리가 이어지

그늘을 이루고 있는 산 페드로 데 그란다 소성당 벽에 기대 쉬었다 간다.

면서 볼품없는 길을 다채롭게 만들어 주었다. 종탑에 아침 해를 걸고 있는 산 페드로 데 그란다 소성당 Ermita de San pedro de Granda 벽에 배낭을 기대놓고 긴 의자에 앉아 숨을 고르는 동안에도 새들은 경연이라도 펼치듯 여러 소리로 울어댔다. 세상에 의미 없는 길, 아름답지 않은 길은 없다고 소리쳐 알리는 듯했다.

중세의 순례자들도 건넜을 코요토 Colloto의 중세 다리를 지나 코요토의 중심 거리인 카미노 레알을 지나고 나니, 이른바 최악의 구간이 시작되었다. 차들이 거침없이 내달리는 국도 N634 옆을 정신없이 걸으면 어느새 거대한 공업단지가 이어진다. 소음과 무질서, 지저분한 환경들이 한꺼번에 우리를 휘감았다. 중세의 순례자들이 그 중세다리를 건넜는데 눈앞에 이런 광경이 펼쳐졌다면 어땠을까? '카오스Chaos, 천지의 구별이 없는 무질서한 상태'를 떠올렸을까? 지옥을 상상했을까? 아니면 이 길만 지나면 오비에도지, 라는 생각으로 묵묵히 걸었을까? 생각이 꼬리에 꼬리를 물고 떠올라 나는 그 최악의 구간을 오히려 재미있게 걸었다.

길은 오비에도로 들어섰지만 대성당 근처에 있는 숙소까지는 한참이 걸릴 터였다.

'목적지가 눈앞에 보이는 듯해도 생각보다 멀리 있으니 서두르면 안 된다.'

코요토의 중세 다리

　이것이 순례길에서 매일같이 되새겨야할 기본 원칙이다. 마을 이름만 보고서 목적지에 도착했다는 마음이 앞서게 되면 남은 길은 그야말로 고역이 된다. 진짜 목적지를 코앞에 두고 쓰러질 수도 있다. 느리게 걷는 순례길에서 서두름은 금물, 우리는 오비에도 구시가로 향하는 긴 오르막 중간에서 걸음을 멈췄다. 마트에 들러 커다란 물 한 통을 사서 서로 나눠 마시며 호흡을 가다듬고 걸었다. 수많은 관광객들의 시선도 무시하며, 순례자의 느린 걸음으로 걸었다. 조금씩 천천히 성스러운 오비에도Oviedo 중심에 다가가고 있음을 순례자의 마음으로 느끼며 걸었다. 살바도르 대성당이 한눈에 들어올 때까지, 대성당 광장에 발을 딛을 때까지, 털썩 배낭을 내려놓고 두 손을 모을 때까지, 프랑스 바욘Bayonne에서부터 540여 킬로미터를 걸어온 지난 내 한 걸음 한 걸음을 곱씹으며 걸었다.

# El Camino Norte de Santiago

Lugo

Baleira

Salas

Oviedo

Villaviciosa

Llanes

# CHAPTER 5.
# 최초의 산티아고 순례길, 프리미티보

**오비에도, 산티아고에 가면서 오비에도에 오지 않는 자는...**

# 오비에도,
# 산티아고에 가면서 오비에도에 오지 않는 자는...

극심한 가려움으로 밤새 제대로 잠을 이루지 못했다. 지난밤 샤워를 하면서 보니 벌레에 물린 곳이 오른쪽 발등부터 왼쪽 무릎과 손등, 왼쪽 팔과 가슴 부위, 왼쪽 턱부터 귀밑까지 40여 군데나 이어져 있었다. 줄을 지어 물린 모양이나 상태를 보니 악명 높은 베드버그<sup>bedbug, 빈대</sup>에게 물린 것이 틀림없어 보였다. 그나마 증상이 나타나기 시작할 때 땀을 뻘뻘 흘리며 순례길을 걷느라 가려움을 느끼지 못한 것이 다행이었다. 하지만 근처 약국이 이미 문을 닫은 시간에 온몸의 벌레자국을 발견한 것은 비극이라 할 수 있었다. 가려움의 강도는 모기에 물렸을 때의 수십 배는 되는 듯했다. 게다가 얼굴부터 발끝까지 물린 40여 곳이 동시에 가려운 상황, 정말 미칠 지경이었다.

도대체 어디에서 물린 것일까. 일단 전날 묵은 폴라 데 시에로의 알베르게는 제외다. 양말을 신은 채로 딱 붙는 긴 바지와 긴팔 옷을 입고 잠에 들었으니 벌레가 온 몸을 기어 다닐 수가 없었을 터. 게다가 베드버그는 잠복기를 거쳐 증상이 나타난다고 했다. 기억을 더듬어보니 짚이는 곳이 딱 하나 있긴 했다. 최악의 소음을 안겨줬던 값싸고 지저분한 야네스의 호스텔. 너무도 낡은 목조 건물에 축축한 느낌의 매트리스, 색깔 짙은 침구까지, 베드버그가 살기에 딱 맞는 조건이었다.

탄식이 나왔지만 원망은 않기로 했다. 호스텔 아주머니가 빵빵하게 틀어준 히터만 기억하자, 그 덕에 젖은 옷과 신발을 하룻밤 사이에 말릴 수 있었던 것만 마음에 남겨놓자, 베드버그가 짐에 붙어 쫓아오지 않은 것을 감사히 여기자, 마음속으로 수없이 되새겼다.

인터넷 정보를 뒤져보니 베드버그에 물렸을 때는 절대 긁으면 안 된다는 경고가 있었다. 긁는 순간 상황은 통제 불능으로 접어든다 했다. 나는 주먹을 꼭 쥐고 가려움이 몰려올 때마다 손톱으로 손바닥을 찔렀다. 가려움이 조금 약해질 때 선잠이 잠깐씩 들었다 깼다 하면서 퀭해진 눈으로 아침을 맞았다. 숙소에서 아침을 먹고 약국부터 찾았다. 베드버그에 물렸음을 확인받고 먹는 약과 바르는 약을 구입해 얼른 먹고 발랐다.

오비에도는 순례의 역사에서 산티아고 데 콤포스텔라 만큼이나 중

오비에도 살바도르 대성당. 알폰소 2세는 오비에도에서 산티아고 데 콤포스텔라에 이르는 길을 직접 걸어 순례했고, 그가 육로로 이동했던 길은 '최초의 순례길'이 되었다.

요한 역할을 했던 곳이다. 오비에도에서 태어나 머물렀던 알폰소 2세가 아스투리아스 왕국의 왕이 된 후 수도를 이곳으로 옮겼는데, 오비에도의 발전은 그로부터 시작되었다.

전해지는 이야기에 따르면 알폰소 2세는 왕으로 재위하고 있던 814년에 갈리시아 지역에서 야고보의 무덤이 발견되었다는 소식을 듣게 된다. 이슬람 세력에 맞서 힘겹게 재정복 운동을 벌이던 가톨릭 왕에게는 마치 하느님의 계시처럼 여겨졌을 일이다. 알폰소 2세는 무덤이 발견된 자리에 성당을 세우라 명령하고, 오비에도에서 산티아고 데 콤포스텔라에 이르는 길을 직접 걸어 순례했다. 그렇게 알폰소 2세는 '최초의 순례자<sup>El Primer Peregrino</sup>'로 불리게 됐고, 그가 육로로 이동했던 길은 '최초의 순례길<sup>Camino Primitivo</sup>'이 된 것이다.

Quien va a Santiago y no a San Salvador
산티아고에는 가면서 산 살바도르에 오지 않는 자는
honra al criado y olvida al Senor.
종을 높이면서 정작 주인은 잊는 자이다.

순례를 한다면서 오비에도의 살바도르 대성당에 들르지 않는 것은 주객이 전도된 행위라고 꼬집는 중세의 격언이 생길 만 하다. 게다가 중세시대 유럽 각지에서 온 순례자들에게 오비에도가 더 중요하게 여겨졌던 건 대성당에서 보관하고 있는 성스러운 유물들 때문이었다. 대성당에는 알폰소 2세가 이슬람의 침입으로부터 기독교를 보호하기 위해 9세기에 톨레도에서 가져온 예루살렘의 성 유골들을 비롯한 많은 성유물들이 보관돼 있다. 중세

시대에는 이곳의 유물들이 순례자들의 숭배 대상이 되기도 했다는데, 우리는 유물에 대한 관심보다는 새로운 길을 걷기에 앞서 조용히 묵상하는 시간을 갖기 위해 대성당으로 향했다.

중세의 옛 궁전들에 둘러싸인 알폰소 광장에 자리한 산 살바도르 대성당Catedral de San Salvador de Oviedo. 대성당은 높은 탑과 서쪽 면으로 비대칭형 파사드facade, 건축물의 주된 출입구가 있는 정면부를 갖춘 화려한 고딕 양식의 건물이다. 우리는 수많은 관광객들 사이에서 당당히 순례자의 이름으로 입장료 할인도 받고 순례자 여권에 세요도 받은 뒤 성당 안으로 들어섰다. 16세기에 만든 웅장한 제단 벽이 한눈에 들어왔다. 감탄이 절로

16세기에 만든 오비에도 대성당의 웅장한 제단 벽

나올 만큼 큰 규모에 다채로운 색깔이 덧입혀진 조각으로 채워진 제단벽은 독특하고 아름다웠다. 제단벽을 장식하고 있는 목조 조각은 모두 그리스도의 생애를 묘사하고 있었다. 우리는 제단 가장 가까운 자리에 앉아 조용히 눈을 감았다.

그간 참 애썼다, 마음으로 속삭였다. 무거웠던 마음이 툭 내려지는 느낌이었다. 우리는 총 23구간, 540여 킬로미터를 걸어 오비에도까지 왔다. 이곳에 도착하기까지, 그리고 도착해서 이 자리에 앉기까지, 마치 신이 시험이라도 하듯 수많은 힘겨운 일들이 닥쳐왔다. 스스로에게 화가 나 언성을 높여

도 보고, 입을 꾹 다문 채 온몸에 화를 채워도 봤다. 하지만 그래봤자 내 손해라는 답만 돌아왔다. 그 모든 일들은 저절로 지나가게 되어 있었다.

"잘 된다, 잘 될 거다, 잘 되어왔다."

늘 그래왔듯 주문 같은 기도로 평화를 빌었다.

대성당의 유물들은 성스러운 방, 카마라 산타<sup>Camara Santa</sup>에 보관돼 있다. 이곳은 역대 아스투리아스 왕들의 영묘이기도 하고 알폰소 2세의 궁전 예배당이다. 입구로 들어서면 야고보 성인을 비롯한 사도들의 조각상이 기다란 원기둥으로 벽면에 조각돼 있다. 이 역시 스페인 조각의 걸작으로 꼽히는 작품들이지만 사람들의 시선은 모두 철문 안에 놓인 성유물에 향한다. 그리스도를 십자가에서 내릴 때 얼굴을 덮었다는 〈성해포<sup>聖骸布, Santo Sudario</sup>〉가 중

성스러운 방, 카마라 산타

천사의 십자가

그리스도를 십자가에서 내릴 때 얼굴을 덮었다는 성해포

앙에 자리하고 있다. 그리고 그 왼쪽에는 천사의 십자가가, 오른쪽에는 승리의 십자가가 모셔져 있다. 〈천사의 십자가 La Cruz de los Ángeles, 808년〉는 전체를 금, 은, 보석으로 만든 상하좌우 길이가 같은 그리스 십자가이고, 〈승리의 십자가 La Cruz de la Victoria, 908년〉는 섬유와 진주, 칠보 등으로 장식한 만든 라틴 십자가다. 이외에도 성골함을 포함한 9세기 아스투리아스 왕국의 예술품들이 소장되어 있다고 하는데, 철문 바깥에서만 관람을 할 수 있어 자세히 볼 수는 없었다.

카마라 산타를 나오면 중요한 가톨릭 유물들을 전시하고 있는 성당 박물관을 보게 되고 여러 개의 소성당을 거쳐 자연스레 회랑으로 걸음을 옮기게 된다. 오비에도 대성당이 워낙 유명한 곳이라 단체 관광객도 많았지만 이곳이 지닌 성스러움과 위엄 때문인지 내부는 정숙했다. 성당 곳곳을 걷고 보고 앉아 기도하는 동안 지난 순례동안 소진됐던 힘이 조금씩 채워지는 것이 느껴졌다. 정말 첫 순례를 준비하는 마음처럼 설렘도 생겨났다. 산 살바도르 성당이 지닌 그 어떤 보물들 보다 반짝이는 스스로에 대한 믿음을 발견했다.

우리의 원래 계획은 오비에도에 머무르는 동안 아스투리아스 유적을 살뜰히 챙겨보는 것이었다. 8~10세기에 번성한 전기 로마네스크 양식을 고스란히 간직한 이 오랜 유적들은 아스투리아스 왕국에서도 이슬람의 침입을 받지 않은 일부 지역에서만 볼 수 있기에 특별히 더 관심이 갔다. 하지만 베드버그의 습격을 당한 내 컨디션도 엉망이고 시간 또한 여유롭지가 않아 중심지에 있는 폰칼라다<sup>Foncalada</sup>만 찾아봤다. 폰칼라다는 알폰소 3세 시대에 만들어진 원형 천장으로 된 샘이다. 여전히 물이 졸졸 흐르고 있었는데 이 작은 샘터가 유럽에 남아있는 유일한 중세 공공 건축물이라고 한다.

우리는 가지 못했지만 오비에도에서 봐야 할 가장 중요한 아스투리아스 유적은 북쪽 나랑코 산에 있는 건축물들이다. 이곳은 9세기에 라미로 1세가 여름 궁전으로 지은 것으로 1985년 오비에도 도시 전체와 함께 유네스코 세계 문화유산으로 지정되었다. 〈산타 마리아 델 나랑코<sup>Sta. María del Naranco. 848년</sup>〉와 〈산 미겔 데 리요<sup>San Miguel de lillo, 848년</sup>〉성당 건물이 남아 있다. 천 년이 넘는 역사를 지닌 산타 마리아 델 나랑코는 원래의 우아한 모습이 그대로 보존돼 있어 놀랍다. 아스투리아스의 건축이 잘 구현된 이 건물의 커다란 둥근 천장

원형 천장으로 된 샘터 '폰칼라다'. 유럽에 남아있는 유일한 중세 공공 건축물이다.

은 당시의 앞선 건축 기술을 증명하는데, 건물 양쪽 끝에 회랑식 전시관들을 만들어 빛이 실내에 많이 들어오도록 하는 등 혁신적인 디자인도 돋보인단다. 산 미겔 데 리요는 지반 약화로 붕괴됐던 건물을 남은 일부를 토대로 재건해 놓은 것이기는 하지만 옛날 조각들을 그대로 사용해서 파사드와 제단 부분을 제대로 복원했다 한다.

우리는 나랑코 유적지에 가지 못한 아쉬움을 뒤로하고 오비에도 대학과 여행자 동상이 인상적이었던 포르리에르 광장Plaza Porlier, 신시가지 등을 구경했다. 그러면서 적당한 가게에 들러 선크림과 치약, 로션 등 필요한 물건들을 샀다. 칫솔

시드레리아가 모여 있는 가스코나 거리 입구

도 새로 사고 떨어진 샴푸도 장만했다. 그렇게 순례 2부를 시작할 만반의 준비를 갖추고는 가스코나Gascona 거리로 향했다.

"오비에도의 시드레리아에서 하룻밤을 보내지 않고서는 아스투리아스를 경험했다고 말하지 말라."

어느 책에선가 이런 내용을 읽은 기억이 있다. 가스코나 거리는 품질 좋은 사과주 시드라Sidra를 파는 시드레리아Sidrería가 모여 있는 거리다. 커다란 오크 술통이 입구를 장식하고 있는 거리는 근처에만 가도 발효된 사과 냄새가 진동한다. 해가 지려면 아직 멀었는데도 가게마다 노천의 테이블까지 사람들이 넘쳐나고 시드라를 따르는 모습도 곳곳에서 보인다. 잔을 든 한 손

전통적인 방법으로 시드라를 따르는 모습. 이렇게 따라야만 술잔에 공기가 들어가서 맛이 더 풍성해진다고 한다.

은 아래로 내리고 술병을 든 한 손은 하늘 높이 든 채 시선은 정면, 감각으로만 술을 붓는다. 그게 시드라를 따르는 전통이다. 그렇게 따라야만 술잔에 공기가 들어가서 맛이 더 풍성해진다고 한다. 우리는 힐끔힐끔 술잔을 보면서 얼굴이 빨갛게 변하는 초보 직원이 있는 가게는 미안하지만 건너뛰고 숙련된 모습으로 시드라를 따르는 직원이 있는 곳을 찾았다. 저녁식사가 될 만한 안주를 시키고 시드라 한 병을 주문했다. 그런데 가까이서 보니 초보든 베테랑 직원이든 바닥에 술을 흘리는 건 어쩔 수 없는 것 같았다. 시드라의 절반은 마시는 사람의 뱃속이 아닌 시드레리아 바닥에 떨어진다는 말이 괜히 나온 게 아니었다. 우리도 절반의 시드라를 바닥에 양보하고 자리에서 일어섰다.

이제 다시, 순례 시작이다!

4.3km 3.5km 3.9km 4.8km 5.9km 2.8km

오비에도　산라사로　로리아나　에스캄플레로　프레모뇨　페냐플로르　그라도
　　　　데파니세레스

우리가 묵은 숙소에서 카미노에 오르기 위해서는 대성당을 거쳐 갈 이유가 없었지만, 우리는 '부러' 오비에도의 산 살바도르 대성당<sup>Catedral de San Salvador de Oviedo</sup> 앞에서 프리미티보 길의 처음을 열었다. 일명 '정숙한 자'로 불리는 알폰소 2세가 9세기에 첫 순례를 했던 길을 그렇게 제대로 시작하고 싶었다.

오비에도는 바닥에 청동 조가비를 붙여 순례길 방향을 표시하고 있어 갈림길이 나올 때마다 바닥을 살피며 걸었다. 그런데 그 갈림길 마다 새로운 순례자들이 나타났다. 만났다라고 하려면 짧은 인사 정도는 나눠야 하는데, 모두들 그냥 지나쳐갔으니 그냥 '만남 아닌 봄'이었다. 우리가 본 아침의 순례자들은 모두가 첫날임이 분명했다. 신발 밑창에 흙도 전혀 묻어있지 않고 가방도 옷도 새것 같았다. 그리고 무엇보다 머리가 단정했다. 프리미티보 길은 13구간만 걸으면 산티아고 데 콤포스텔라에 도착할 수 있고, '가장 오래 된' 순례길이라는 의미도 있어 많은 이들이 걷는다고 하더니 정말 맞는 것 같았다.

오비에도는 바닥에 청동 조가비를 붙여 순례길 방향을 표시하고 있다.

오비에도를 거의 다 벗어나 카미노 데 산티아고 공원에 이르니 순례길 공식 표지석이 서 있고 옆에 있는 게시판에는 오늘 걷게 될 오비에도에서 그라도까지의 루트가 자세히 설명돼 있었다. 이제 오비에도는 끝나고 카미노는 산 라사로 데 파니세레스Sna Lázaro de Paniceres로 올라간다.

우리는 지금껏 걸어온 호흡대로 천천히 오르막을 오르는데 가벼운 트래킹복을 입고 손바닥만한 가방을 허리에 두른 중년 부부와 대성당 앞에서 처음 봤던 엄마와 아들, 일본인인 듯 보이는 여성과 아주 큰 배낭을 멘 서양인 남자가 우리를 스쳐 지나간다. 지금은 처음이라 모두 스쳐 지나가지만 또 하루 이틀 '봄'을 계속하다 보면 만나고 웃음을 건네게 될 순례 동료들이다. 그리고 또 우리 시야에 나타난 두 청년. 그들의 모습은 머리부터 발끝까지 '우리는 순례길의 패션을 선도하는 순례자다!'라고 외치는 듯했다. 흰 색과 검정색 캡 모자를 하나씩 쓰고 커다란 배낭 아래에 알베르게에서 쓸 고무매트를 돌돌 말아 끼우고 겉옷은 멋스럽게 배낭끈에 걸치고 붉은 십자가가 새겨진 조가비를 달았다. 요즘 순례자들은 대부분 가벼운 등산 스틱을 가져오는데, 그들은 보기만 해도 무거워 보이는 나무 지팡이를 가방에 매달고 있다. 걷기 쉽게 짚으라고 만든 지팡이를 힘들게 매달고 가는 것도 신기하긴 했다. 신발은 역시나 새것, 오늘이 순례 첫날임이 분명했다. 그들 패션의 정점은 몸에 딱 붙는 청바지였다. 구름 한 점 없는 날씨는 오르막이 시작되자마자 땀을 한 바가지 만들어 낼 텐데 과연 저 옷으로 한낮의 더위를 극복하고 25km를 걸을 수 있을까, 중견 순례자의 노파심이 생겨났다.

"올라~"

'지팡이s'란 별명으로 부른 스페인 청년들. 청바지에 커다란 나무 지팡이로 한껏 멋을 냈다.

오전에 봤던 순례자 모두가 그냥 우리를 지나쳤는데, 지팡이를 매단 이 두 청년만 웃으며 인사를 건네 왔다. 이후부터 우리에게 '지팡이s'란 별명으로 불리게 된 그 둘은 이미 땀범벅이 된 얼굴이었지만 어쨌든 씩씩하게 순례 첫날을 열고 있었다.

멀리 아라모<sup>Aramo</sup> 산을 보며 걷는 흙길은 평화로웠다. 카미노 표지가 꼼꼼한 길을 걸어 카르멘 소성당<sup>Capilla del Carmen</sup>에 이르렀다. 안에서 잠시 쉬었다 가고 싶었지만 소성당 쪽으로 들어가 보니 입구 문은 쇠사슬을 둘러 자물쇠를 채워 놓았다. 그런데 출발 때부터 봤던 순례자 모자가 그냥 가려는 우리를 불러 세우더니 세요<sup>Sello, 순례 확인 도장</sup>를 건네준다. 쓰고 나서 잘 넣어놓으라며 세요를 넣는 곳도 알려주었다. 순례길 위의 책임 있는 누군가가 순례 거리를 확인해주는 것이 아니라 스스로 도장을 찍으면 되는 '셀프 세요'가 등장한 것이다. 4년 전 프랑스 길을 걸을 때, 문을 닫은 작은 성당 뿐 아니라 카페에도 식당에도 길가 작은 테이블 위에도 본인이 알아서 찍고 가는 '셀프 세요'가 놓여있는 것을 수없이 경험했었다. 그 때문에 힘겹게 걸어온 순례길을 확인받는 감격의 세요가 아니라 마음만 먹으면 하루에 10여 개도 찍을 수 있는 그저 흔한 도장이 돼버려 씁쓸했던 기억이 있다. 프리미티보 길의 첫날, 그때의 기억이 고스란히 되살아났다.

그런데 숲을 지나고 작은 성당을 만나고 시골 마을의 작을 집들을 거쳐 아스팔트길을 따라 걷는 동안 마음은 지난 기억을 털어내고 고요함을 되찾고 있었다. 걷는 행위는 참 희한하다. 걸음을 옮길 때마다 신체와 감정에 잔잔히 전해지는 흔들림이 요즘말로 '쓰담쓰담'하는 위로의 손길처럼 느껴진다. 그리고 그 작은 진동들이 쌓이고 쌓여 거칠게 숨을 쏟아내야 할 정도가 되면 마음 속 앙금도 내뱉는 숨을 따라 빠져나가는 것만 같다. 그래서 때로는

카르멘 소성당의 입구 오른쪽. '셀프 세요'가 있다. 스스로 찍는 순례 확인 도장은 뭔가 씁쓸하다.

걷는 행위가 '참 수행' 같다는 생각마저 든다. 우리는 긴 걸음으로 땀을 흠뻑 쏟은 뒤 로리아나<sup>Loriana</sup> 마을의 바르에 앉아 얼음 가득한 콜라 한 잔을 들이켰다. 정말 수행 뒤 참 행복을 맛보는 기분, 이런 맛에 순례길을 두 번이나 걷게 됐는지도 모르겠다.

　카미노는 가예고스<sup>Gallegos</sup> 다리를 건너 숲길로 이어진다. 아직 연둣빛 싱그러움을 간직한 6월의 나뭇잎들이 시원한 그늘을 만들어줬다. 하지만 긴 내리막과 긴 오르막이 순례의 걸음이 결코 쉽지 않다는 걸 깨우쳐주며 에스캄플레로<sup>Escamplero</sup> 마을까지 이어졌다. 새끼 고양이가 볕을 쬐고 있는 어느 농가를 지나 분홍 꽃들이 길가에 줄지어 핀 아스팔트길을 걸어 파티마 소성당<sup>Capilla de Fátima</sup>에 도착했다. 문 닫힌 조그만 소성당 앞 나무그늘 아래에는 건장한 독일 순례자 다섯 명이 두런두런 이야기를 나누며 쉬고 있었다. 햇

걷는 행위는 참 희한하다. 걸음을 옮길 때마다 신체와 감정에 잔잔히 전해지는 흔들림이 위로의 손길처럼 느껴진다.

살 좋아하는 유럽 사람들이지만 더위에 지친 기색이 역력했다. 게다가 그들에게 오늘은 순례 첫날이 아니던가. 순례를 마친 그 누구에게 물어봐도 순례 중 가장 힘들었다고 기억할 날, 그 첫날을 그들도 힘겹게 이겨내고 있었다.

파티마 소성당 앞에서 차도를 벗어나니 시야가 확 트인 들길이 펼쳐졌다. 목초지 사이로 구불구불 이어지는 길은 사진에 담으면 더없이 아름다울 카미노일 테지만, 땡볕 아래서 내 발로 걷기에는 한숨이 절로 나오는 고난의 길이었다. 우리보다 먼저 쉬었던 독일 남성 5명이 저 멀리 걸어가고 있는 것이 보여 우리도 땡볕 아래 곧장 걸음을 내딛었다. 볕은 따갑고 길은 길었지만 그래도 길가 개양귀비 꽃의 화사함이 위안이 돼줬다. 이후에는 떡갈나무 사이에 오래된 석벽으로 구분지어진 카미노 레알Camín Real de la Mesa을 잠시 따라 걷게 되는데, 이 길은 프랑스 길 위의 도시 레온León과 아스투리아스 지방을 연결하는 로마시대 때부터 있어온 길이다.

우리는 프레모뇨Premoño에 이르러 산타아나 소성당Capilla de Santa Ana 앞 낮은 담벼락에 배낭을 걸치고 몸을 기댔다. 작은 소성당 건물이 그늘을 만들어 줘 잠시 땀을 식히고 어깨를 쉬었다. 날론 강 옆 차도를 따라 걷고 그 지류인 엘 소토 개천을 건너 댐 근처의 강가를 따라 걷는 동안 눈은 참 즐거웠고 시원했다. 하지만 해는 줄곧 머리 꼭대기에서 그늘 하나 허락하지 않고 우리를 따라왔다. 스페인 기상청의 기록은 어땠을지 모르겠지만, 이날은 우리가 순례를 시작한 이후로 가장 뜨거운 날이었다. 뙤약볕 아래서 산길, 들길, 아스팔트길을 걷자니 '헉헉' '꺽꺽' 온몸에 부하가 걸리는 소리가 났다. 그런데 페냐플로르<sup>Peñaflor</sup>의 중세 다리에 거의 이르렀을 즈음 길 건너편에서 할머니 한 분이 우리를 불렀다. 오라고 크게 손짓하며 뭔가를 계속해서 말씀하셨다. 우리가 알아들은 말은 '아구아<sup>Agua, 물</sup>!' 뿐이었지만 물을 마시고 가라는 얘기라는 걸 금세 알아챌 수 있었다. 할머니는 냉장고에서 갓 꺼낸 시원한 물을 컵에 가득 따라주고는 환하게 웃어주셨다. 그리고 햇볕에 뜨거워진 배낭 속 물통도 시원한 물로 손수 갈아주셨다. 고개를 숙여 몇 번이고 감

더위에 지친 우리를 불러 시원한 물을 대접해준 할머니. 순례길에서 이 보다 더 큰 선물이 있을까.

사 인사를 하는 우리에게, 할머니는 어서 길에 오르라는 손짓과 함께 한 마디 말을 하셨다.

"Buen Camino 부엔 카미노, 좋은 길'이라는 뜻의 순례길 인사!"

그 어떤 작은 것이라도 누군가를 위해 진심을 다해 베풀 때 진정 '좋은 길'이 열린다는 것을 할머니가 보여주었다. 그동안 순례자들을 만날 때면 그저 인사말처럼 써왔던 '부엔 카미노'의 진정한 의미를 할머니가 알려준 것이다. 이제 상대를 위해 온 마음으로 빌어주자, 'Buen Camino'라고. 가장 먼저 곁에서 함께 걷고 있는 남편에게 말하자, "Buen Camino!"

우리는 시원한 에너지를 가득 품고 페냐플로르의 중세 다리를 건넜다. 원래는 12세기에 지어졌으나 1586년 홍수 피해를 입어 여러 세대에 걸쳐 보수된 다리라고 한다. 근처에는 1144년에 지은 순례자 숙소도 있었는데 그 건물은 홍수에 완전히 파괴돼 흔적도 찾을 수가 없다. 옛 모습을 고스란히 간직한 페냐플로르 마을 사이를 지나 넓은 평야를 걸어 목적지 그라도<sup>Grado</sup>로 향했다.

그라도의 숙소에 도착하니 모든 방이 찼다는 의미의 'Complreto'라고 쓴 종이가 입구에 붙어 있었다. 숙소 접수처 겸 바르가 있는 1층에는 길 위에서는 한 번도 보지 못했던 순례자들 여럿이 이미 숙소에 짐을 푼 듯 쉬고 있었다. 미리 예약해놓길 정말 잘했다 싶었다. 그라도에는 2016년에 문을 연 공립 알베르게가 있는데 침대가 16개뿐이라고 했다. 걸음도 느린데다 동영상을 촬영하느라 길에서 많은 시간을 보내는 우리는 16등 안에 알베르게에 도착할 자신이 없어 다른 숙소를 알아봤었다. 인터넷으로는 예약이 안 되고 전

그라도 민속 박물관. 공장 건물을 새롭게 꾸며 아스투리아스 전통 자료들을 전시하고 있다.

화 통화로만, 그것도 스페인어로만 예약이 가능한 호스텔 수준의 값싼 이 호
텔이 유일한 대체 숙소였다. 우리는 오비에도에 묵으면서 숙소 직원에게 전
화 예약을 부탁했었다. 혹시나 예약이 잘못되진 않았을까, 가슴 졸이며 이름
을 말했다. 주인 아들이 손으로 쓴 숙박 명부에는 철자가 틀리긴 했지만 남
편의 이름이 올라 있었고 우리는 무사히 짐을 풀었다.

## [25구간] 그라도 ~ 살라스 22.1km
## "길 위의 행복, 그리고 슬픔"

| 3.6km | 4.2km | 2.7km | 4.3km | 4.2km | 3.1km |

그라도　비야파냐다　도리가　코르네야나　야마스　카사소리나　살라스

　　어제 방이 모두 찼던 터라 아침에 숙소의 식당으로 변모한 1층 바르는 순례자로 꽉 차고도 넘쳤다. 그래도 이 숙소에 묵은 순례자들 중 유일한 동양인이었던 남편과 나는 동작이 재빨랐던 모양이다. 우리는 가장 안쪽 테이블에 여유롭게 자리를 잡고 앉았는데, 미처 자리를 잡지 못한 청년 두 명이 합석을 부탁했다. 얼굴을 보니, 어제 그 '지팡이s'다. 허리를 살짝 내려입는 최신유행 청바지를 입고 있던 어제와 달리 평범한 등산 반바지를 입고 있어 못 알아볼 뻔 했다. 우리는 너무 반가워 이런 저런 이야기를 하고 싶었지만, 안타깝게도 그들과 대화를 나눌 언어가 없었다. 짧게나마 우리가 할 줄 아는 영어는 그들이 아예 못 했고 우리는 그들의 언어인 스페인어를, 그들은 우리의 언어인 한국어를 전혀 못 했으니 말이다. 그들이 아스투리아스 지역에 산다는 것과 이번이 첫 순례라는 것 정도만 손짓발짓으로 이해했다.

　　빵과 커피로 아침을 먹고 있으니 호텔의 여주인이 각자 알아서 세요를 찍어가라며 도장을 내놓는다. 테이블 바깥에 앉았던 '지팡이s'가 먼저 자신들의 순례자 여권에 세 번째 세요를 찍고 우리에게도 도장과 인주를 건넸다.

순례 둘째 날인데 이미 세 번째 세요인 것을 보니 어제 오전 카르멘 소성당의 '셀프 세요'를 이 청년들도 찍었던 모양이다. 우리는 스페인에서 발급받은 그들의 순례자 여권과 겉면 디자인이 다른, 프랑스 바욘에서 만든 크레덴시알<sup>Credencial, 순례자 증명서</sup>을 꺼내 길게 펼쳤다. 우리의 순례자 여권은 앞면의 20여 개 칸을 모두 채우고 마지막 도장이 찍힌 부분이 이미 뒷장으로 넘어가 있었다. 우리 크레덴시알을 보던 '지팡이s'의 눈이 커졌다.

"우리는 프랑스 바욘에서부터 걸어와서 오늘이 순례 25일째야."

그들이 알든 말든 우리는 자랑 섞인 말을 늘어놓았다. 그동안 우리가 얼마나 힘든 날들을 거쳐 오늘에 이르렀는지를 알아봐 달라 외치고 싶었는지 모르겠다. '이제 갓 순례를 시작한 너희와는 달라!' 같은 유치한 감정이었던 것도 같다. 하루하루 몸을 혹사시켜 걷는 순례의 또 하루는 이런 원초적인 감정들로 시작되고 있었다.

그라도를 빠져나간 우리는 산길 오르막을 걷다 고속도로 위 육교를 건넜다. 날쌘 걸음의 젊은 흑인 여성을 비롯한 미국인 청년 4명이 그라도를 출발할 때부터 줄곧 함께 걸었다. 하지만 산 슈안 데 비야파냐다<sup>San Xuan de Villapañada</sup>의 고갯길을 오르는 동안 그들은 우리보다 빠른 걸음으로 앞서 사라져 버렸다. 새끼 당나귀가 어미 옆에 딱 붙어 어리광

풍경이 눈에 들어오지 않는 날, 아버지 기일이었다.

을 부리고, 말들은 각자의 영역에서 여유롭게 풀을 뜯었다. 새소리가 끊이지 않는 들길을 걷는 동안 '집에 전화를 해야 한다'는 생각을 계속했다. 오늘은 아버지 기일이다. 조금 더 시간이 흐른 뒤, 한국의 가족이 저녁식사를 마쳤을 시간에 전화를 하고 싶었다. 하지만 혹여나 잊을까, 오래 걸어 몸이 너무 힘들 때 전화하게 될까, 생각을 멈추고 친정집으로 전화를 걸었다. 예상대로 가족들은 아버지의 추도일을 기념해 모두 모여 있었다. 엄마와 오빠와 언니가 전화기를 돌려가며 응원의 말과 함께 잘 먹고 다니라는 당부를 한다. 오랜만에 만나 웃음 가득한 가족의 모습만 전화기 너머로 보였다. 아버지가 돌아가신지 딱 10년이 되는 날, 이제 더 이상 아버지를 잃은 슬픔은 보이지 않았다. 그런데 길고 험난한 길 위에 있으니 나는 아버지만 떠올랐고, 슬퍼졌다.

아버지가 돌아가실 때까지 나는 아버지를 인정하지 않았다. 착하기만 하고 무능력했던, 그 무능함을 술로 풀었던 그가 나는 미웠다. 쓰러지고 수술하고 3년을 집에서 요양원에서 누워 점점 생명을 잃어가는 동안에도 나는 아버지가 미웠다. 1년에 몇 번, 엄마를 보러 집에 들를 때마다 마지못해 요양병원에 들렀다. 어눌하긴 하지만 아버지가 말을 할 수 있었을 때, 아버지와 나의 마지막 대화는 이랬다.

"행복하나?"

"……"

"행복해야지."

함께 간 엄마가 간호사들을 위해 챙겨간 빵을 나눠주러 나간 사이 불쑥 건넌 아버지의 두 마디 말. 나는 아무 말도 하지 않았다, 아니 못 했다. 내 마음은 울고 있었는데, 눈은 말라버렸다. 정작 눈에 눈물이 고인 것은 아버지였다. 엄마가 병실로 돌아오고 아버지의 팔다리에 로션을 바르고 침대 주변을 정리하는 동안에도 나는 아무 말도 못했다. 아버지의 목소리를 들은 건 그날이 마지막이었다. 그 이후에 찾은 아버지는 말을 할 수 없었고, 또 그 이후에는 온몸의 기능이 서서히 멈추었고, 그 이후에 숨을 거두셨다. 숨을 거두어 가는 그 순간에도 나는 없었고 나의 대답도 없었다.

오르막과 내리막을 정신없이 걷는 동안 그때의 기억이 고스란히 떠올랐다. 수십 번 뜨겁고 따가운 물기가 눈가로 몰려올라왔다. 길 위에 있음이 너무 행복해 슬펐다. 행복하다, 괜찮다, 말 한마디 할 걸, 10년을 묵혀둔 후회가 몰려와 아팠다.

긴 내리막의 중간, 흙먼지 날리는 길가에서 쉬면서 생각도 잠시 휴식했다. 고속도로 주변 공사로 옛 길을 많이 잃었다는 카미노는 또 한 번 육교를 통해 고속도로 위를 건너도록 돼 있었다. 흙길도 많이 잃어 굽이굽이 이

길 위에 있음이 너무 행복해 슬펐다. 행복하다, 괜찮다, 말 한마디 할 걸

어진 내리막도 아스팔트로 잘 닦여있었다. 하지만 중간 중간 숲을 통과하는 길은 여전히 아름다웠다. 카미노는 산타 에울랄리아 데 도리가 Santa Eulalia de Dóriga 교구성당의 회랑을 지나가도록 나 있다. 도리가를 빠져나와 코르네야나 Cornellana로 가는 길은 돌투성이 내리막길에 찻길이 이어진다. 코르네야나에 접어드는 길은 여러 국도가 만나면서 길이 아주 복잡해진다. 우리를 앞서 걷던 프랑스 할머니 순례자 두 분이 엇갈리는 찻길에서 카미노를 찾지 못해 서성이고 계시기에, 길을 알려드리면서 함께 걸었다. 할머니들은 카미노 옆 어느 농가에서 따왔다 하시며 레몬을 꺼내 자르더니 물통에 넣어 흔들었다. 우리에게 건네고 서로에게 건네고, 상큼한 레몬 생수를 나눠 마셨다. 할머니들이 참 부러웠다. 자글자글 주름진 몸이지만 배낭을 싸서 길에 오를 힘과 용기만큼은 그 안에 채우고 있으니, 그리고 곁에 친구가 함께 있으니.

코르네야나의 산 살바도르 수도원

공사로 길 반쪽을 모두 뒤엎어놓은 다리를 지나 나르세아 강을 건넜다. 카미노는 산 살바도르 수도원 Monasterio de San Salvador de Cornellana으로 향해있다. 수도원 앞 십자가 아래에 아침을 먹으며 안면을 튼 순례자들이 여럿 앉아 쉬고 있었다. 여느 수도원들이 그렇듯 1024년 이 수도원이 지어진 데도 전설이 전해진다. 레온 왕국의 베르무도 2세의 딸인 크리스티나 공주가 이곳 숲 속에서 길을 잃었단다. 그런데 곰이 나타나 그녀에게 젖을 먹이면서 돌봤고, 왕은 감사의 마음으로 이곳에 수도원을 세웠다는 것이다. 이곳은 중세시대 순례 여행의 활성화에도 큰 역할을 했다고 하는데, 최근 순례길이 또 한 번의 전성기를 맞고 있는 터라 주민과 지방정부가 협의 끝의 2014년부터 수도원 복원공사를 시작했다고 한다. 수도원에 속해있는 12세기 중반 로마네스크 양식의 교회는 문을 활짝 열어놓고 있었다. 성당 안에서는 일요 미사 중이었다. 배낭을 메고 미사를 드리는 성당 안으로 불쑥 들어갈 수가 없어 바깥에서 두 손을 모으고 섰다. 낮게 울리는 신부님의 음성을 따라 잠시나마 미사에 참여했다. 두 눈을 꼭 감고 돌아가신 아버지를 위한 기도를 했다. 10년 전 미처 못 한 말도 했다.

'저는 행복합니다. 걱정 마세요.'

수도원을 빙 돌아 카미노는 계속되었다. 길을 따라 숲으로 올랐고 산골 집들을 몇 채 지나 좁은 흙길을 따라 걸었다. 인근에 채석장이 있는 야마스 Llamas에 가까워지니 길은 아스팔트로 바뀌고 마을 어귀에 순례자를 위한 자판기 쉼터가 마련돼 있었다. 지붕이 있고 음료 자동판매기 옆에 테이블과 의자가 놓여있다. 쉴 곳이 마땅찮은 순례길에서 딱 그 만큼의 공간이 얼마나 소중한 지는 걸어보면 안다. 테이블 한쪽에 놓인 방명록에는 그 작은 공간에 대한 감사의 말이 빼빽이 채워져 있었다. 나 역시 한글로 고마움을 표한 다음 길 위에 다시 섰다.

들판을 지나고 묘지도 지나고 채석장 앞을 돌아 걸었다. 작은 돌다리와 나무다리를 지나 개울을 두 번 건너니 찻길이 카미노를 가로막고 있다. 카미노는 가드레일을 뚫고 나있었다. 사람 한 명 정도가 통과할 만큼만 절단된 가드레일에는 도로를 무단 횡단해 가라고 노란 화살표가 그려져 있었다. 새로운 도로가 생기면서 최초의 카미노란 의미를 상실하는 게 아닌가 하는 우려가 많다는 구간. 옛 길은 툭툭 끊겨있지만 그 끊긴 길을 이어 걷는 순례자

옛 길은 툭툭 끊겨있지만 그 끊긴 길을 이어 걷는 순례자들이 있는 한 의미는 상실되지 않으리라. 그렇게 믿으며 길을 걸었다.

현재 호텔로 쓰이는 성채의 중정에서 첫영성체를 받은 아이들의 가족 축제가 열렸다.

들이 있는 한 의미는 상실되지 않으리라, 그렇게 믿으며 길을 걸었다.

우리는 무단 횡단 뒤에 곧장 숲길을 걸어 목적지인 살라스Salas에 도착했다. 살라스는 프리미티보 길을 지나는 아스투리아스 마을 중에서 가장 옛 모습을 잘 보존하고 있다는 곳이다. 마을 중앙에 있는 시청사와 산타 마리아 라 마요르 성당의 모습, 라 캄파 광장으로 이어진 아치나 14세기 탑 등은 중세 도시의 느낌을 고스란히 간직하고 있었다. 우리가 묵을 숙소 역시 옛 모습 그대로였다. 16세기에 지어진 발데스 살라스 궁전Palacio de Valdés Salas, 지금은 호텔로 쓰이는 이 성채에 우리는 방을 얻었다. 알베르게에는 자리가 없고 도착할 무렵 비가 추적추적 내리기 시작해 급하게 잡은 숙소였다. 중정을 갖춘 건물의 멋스러움은 감탄을 자아낼 만했다. 때마침 중정에서는 이날 첫 영성체세례를 받은 뒤 처음으로 하는 영성체. 또는 그 의식.를 받은 아이들의 축제가 한창이었는데, 순례 중에 누리는 호사가 불편했던 마음이 아이들 웃음에 조금 편안해지는 듯했다.

체크아웃을 위해 호텔 1층 사무실을 향하는데, 입구에 캐리어가 배송을 기다리며 줄을 서 있다. 꼬리표에 적힌 목적지가 오늘 우리가 걸어서 도착해야 할 티네오인 걸 보니 순례자의 짐인듯 했다. 모두 배낭이 아닌 커다란 트렁크에 짐을 싸왔다는 건, 애초에 짐을 짊어질 의지가 없었다는 의미일 터였다.

하룻밤 호사를 누린 호텔을 나서는데 빗방울이 떨어진다. 비싼 값을 지불하고 편히 묵어갈 수는 있어도 순례의 걸음은 내 맘대로 편할 수 없다는 것을 궂은 날씨가 알려준다. 중세의 탑이 연결된 성벽의 아치를 빠져나가 본격적인 순례의 하루가 시작되었다. 보슬비와 안개가 뒤섞여 촉촉해진 공기가 발을 붙들었다. 그냥 이 골목 어귀에 앉아 차 한 잔 앞에 두고 떨어지는 빗방울 소리나 들으며 나른하게 하루 쉬었으면 좋겠다, 그런 마음만 가득했다. 유혹은 중세의 골목을 휘감은 안개처럼 나를 감싸 안았다. 하지만 안개를 뚫고 한걸음, 안주하고픈 마음을 뚫고 또 한걸음, 몸을 짓누르는 피로를 이겨내고 크게 한걸음, 그렇게 한걸음씩 살라스를 벗어나 카미노를 나아갔다.

마을을 벗어나 오른쪽 숲길로 들어섰다. 살라스에서 시작되는 8km 정도의 산길은 북쪽 순례길 중에서도 가장 힘든 구간에 속한다고 하는데, 돌멩이가 많은 좁은 오르막길은 걷는 순례자에게도 힘들지만 자전거 순례자들에게도 만만찮은 길이었다. 크기가 다른 돌멩이들 때문에 자전거 바퀴가 제멋대로 휘청대기 일쑤라 넘어지지 않게 용을 써가며 가다 서다를 반복해야만 했다. 그래도 커다란 나무들이 빗물을 막아줘 돌멩이들이 많이 젖지 않은 것은 다행이었고 흙길도 아직 진창이 되지 않아 그나마 나았다.

비는 계속 오락가락했다. 차도의 갓길을 따라 고속도로의 거대한 육교 아래를 지나는데 자욱한 안개 너머로 보이는 고속도로의 유려한 굴곡이 왠지 멋스럽게 보였다. 눈에 보이는 모든 것을 신비롭게 만드는 안개의 힘은 계속되었다. 여느 때 같으면 헉헉대는 숨소리가 온몸을 뒤흔들었을 텐데, 힘겨운 걸음에도 고요함이 깃들었다. 마음이 낮아지는 느낌, 머릿속에 떠오르는 수많은 생각마저도 서로 중요하다 날뛰지 않고 차분하게 하나하나 정리되는 느낌이다.

온종일 안개와 비가 쫓아온 날. 앞서간 순례자가 웃음을 남겨놓았다.

찻길을 벗어나 다시 숲길이 시작되었다. 앞서 간 순례자가 뒤에 오는 순례자들이 안개 속에서 길을 잃을까, 돌멩이들을 주워 커다란 화살표를 만들어 놓았다. 그 옆에 나란히 웃는 얼굴도 있다. 순례자 한 명이 둘 다 만들었을까, 아니면 또 다른 누군가가 친절한 화살표를 보고 감사의 웃음을 추가했을까. 비와 안개에 젖은 길은 흐뭇한 상상을 불러일으켰다. 하지만 낭만도 흐뭇함도 갈림길에서 끝이 났다. 한쪽은 말끔한 아스팔트길이었고 한쪽은 소똥이 질펀한 엄청난 진창길이었는데, 순례 화살표는 무심히도 흙길, 그야말로 똥길로 향해 있었다. 카미노의 무심함은 거기서 끝이 아니라는 듯 가파른 오르막까지 이어져 나타났다.

벌써 집을 떠나온 지 한 달이 넘어가고 있었다. 순례 첫 날 짊어졌던 배낭의 무게가 고스란히 느껴졌다. 프랑스에서 스페인으로 국경을 넘을 때도 떠올랐다. 처음 바닷길을 걸을 때, 처음 비를 맞았을 때, 물집을 터뜨릴 때, 함께 걷던 이들과 헤어졌을 때. 지루한 산길, 이어진 찻길을 걷는 동안 순례길의 수많은 장면들이 끊임없이 떠올랐다. 그런데 순례자들 모두가 이 길을 걸을 때쯤엔 생각이 많아지나 보다. 누군가가 보데나야<sup>Bodenaya</sup> 마을로 들어서는 터널 안에 무한대 표시를 이용한 순례 화살표를 그려 놓았다. 무한대의 생각 속을 걷는 것이 바로 순례가 아니겠나, 화살표는 그렇게 말하는 듯했다.

무한대의 생각 속을 걷는 순례길

안개 속으로 고요히 젖어들 수 있어 좋았다.

떠나온 날이 길어지고 머리와 마음에 저장되는 장면들이 늘어난 만큼 산티아고 데 콤포스텔라도 가까워지고 있었다. 시간이 일러 문을 열지 않은 것으로 보이는 보데나야의 알베르게 앞에는 앞으로 산티아고까지 256km가 남았다는 표시가 있었다. 걸어온 길이 600km가 넘었다는 얘기다. 우리는 보데나야에서 1km 남짓 떨어진 라 에스피나

P La Espina의 카페에서 잠시 쉬었다. 카미노 위에서는 바르나 카페를 찾을 수 없지만 마을 중심으로 조금만 들어가면 가게가 많으니 순례자들은 참고하면 좋다. 마을을 벗어나 진창이 된 목장 길을 조금 걷고 나니 다음 마을인 라 페레다La Pereda가 이내 나왔다. 순례길은 크리스토 데 로스 아플리히도스 소성당Capilla del Cristo de Los Afligidos을 돌아 오르막길을 오르도록 나 있는데, 방향을 알려주는 화살표와 표지석이 짙은 안개 속에서도 뚜렷이 보였다. 이곳에서 좁은 흙길을 지나고 AS216을 잠시 따라 걸으면 다음 마을인 엘 페드레갈El Pedregal까지도 금방이다.

"얄밉네. 또 똥밭으로 가라 하네. 진창길로."

도로가 끝나고 십자가가 보이는 오른쪽 길로 들어서자 순례 화살표는 또 진창길로 향해 있었다. 그것도 옆에 황소들이 노니는 목장이 있는, 그야말

로 엄청난 '소똥' 진창길이었다. 간간이 실개천이 흘러 발밑을 씻어도 봤지만 그래봐야 소용없다는 걸 연속해서 나타나는 진창길이 알려줬다. 엘 페드레갈에서 목적지인 티네오까지 6km 정도 되는 기나긴 길은 걷기 좋은 길이란 평이 많은데, 그건 날이 좋아 폭신폭신한 마른 흙을 밟으며 걸을 때나 해당된다는 것도 진창으로 변한 산길이 알려줬다. 그래도 물방울을 매단 들꽃은 예뻤다. 들판너머 처연하게 서 있는 나무도 멋졌다. 마치 꿈속을 걷듯 온갖 생각을 머릿속에 그리며 걷는 길이 좋았다. 남편이 입을 꾹 다문 채 상념에 잠긴 듯 걷는 모습도 사랑스러웠다. 문득 살라스에서부터 쫓아온 안개가 고맙다는 생각이 들었다. 만약 안개가 아니었다면 오늘의 이 숲길이 이만큼 아름다운 풍경이었을까? 푹푹 빠지는 진창 바닥은 잊고 고요히 그 풍경 속에 젖어들 수 있었을까?

숲을 빠져나와 아스팔트를 걷게 되자 발은 살 것 같다 소리쳤고, 머리는 이제 생각을 끝냈다고 알려왔다. 티네오<sup>Tineo</sup> 축구장에서 오른쪽으로 산 로케 소성당<sup>Ermita de San Roque</sup>까지 올라가면 넓은 공원과 카페가 나온다. 가야할 길이 아직 많이 남았다면 딱 쉬어 가기 좋은 곳이지만, 우리의 목적지는 코앞이다. 알폰소 9세가 1222년에 아스투리아스 지방에 최초로 만든 마을, 해발 672m에 위치한 티네오의 시가지가 발 아래로 내려다 보였다. 239m의 살라스에서 온종일 얼마를 오르내린 것인지. 찻길을 돌고 돌아 인디아노 풍의 저택과 시청이 자리한 폰탄<sup>Pontán</sup> 광장에 들어서니 정말 다 왔다 싶었다.

해발 672m 티네오로 들어서는 길

# [27구간] 티네오 ~ 폴라 데 아얀데 27km
## "천둥번개와 비바람을 뚫고... 기특하다!"

700~800 미터의 고도를 오르내리며 걷는 길, 오늘 걸어야 할 길은 그렇다. 게다가 날씨도 맑지 않아 온 힘을 모으고, 또 온 정신을 쏟아서 가야 할 길이다. 그런데 밤새 배가 고파 먹는 꿈을 꿨을 정도로 어제 제대로 된 음식을 먹지 못했다. 어제 저녁, 너무 피곤한 나머지 슈퍼마켓에서 소시지와 과일, 빵 등을 사서 숙소에서 간단히 요기만 하고 쓰러지듯 잠에 빠졌던 것이다. 하지만 몸을 혹사하는 순례에서는 그러면 안 됐었다. 때를 건너뛰진 말았어야 했다. 나는 밤새 먹는 꿈을 꾸느라 제대로 잠도 이루지 못하고, 힘이 쏙 빠진 채 아침을 맞았다.

티네오를 벗어나는 카미노는 시작부터 오르막이었다. 그리고 날씨는 어제처럼 안개를 가득 품은 대기 속에 빗방울이 든다 그치기를 반복했다.

"오늘도 안개 속을 걷네. 그런데 사람이 없다. 먼저 다 갔나?"

나는 뿌얀 안개 너머에서 동영상 촬영을 하고 있는 남편을 향해 소리쳤다.

해발 700~800미터의 고도를 오르내리며 걷는 길

출발부터 목초지도 지나고, 떡갈나무와 밤나무, 자작나무, 너도밤나무까지 거치며 긴 숲길을 지나는 동안 길 위에서 순례자를 단 한 명도 만나지 못했다. 우리가 너무 늦게 출발했고 걸음이 너무 느린 건 아닌지, 너무도 짙은 안개 속을 걷다 보니 두려움도 살짝 몰려왔다. 우리는 그렇게 단 둘이 안개 자욱한 산길을 1시간 20분 동안 올라 해발 876m 구아르디아 언덕Alto de Guardia에 이르렀다. 고지대 목장이 있는 봉우리다. 여기서 잠시 아스팔트길을 따라 걷지만, 노란 화살표는 우리를 다시 수풀 우거진 산길로 이끈다. 쿠에르노 봉을 돌아 오보나 산을 다시 오르는 길, 카미노는 여전히 흙길에 오르막이다. 그리고 오르막 뒤에는 어김없이 내리막이 나타난다. 오를 때의 힘겨움에 비례한 내리막의 고통이 끝나고 나니 얼마 전 아스팔트를 새로 깐 듯 보이는 찻길이 나타났다. 그 도로를 따라 걸으니 796m의 피에드라테차 봉Alto de Piedratecha이다. 오늘 고지대를 오르락내리락 한다는 순례 안내서가 틀리지 않았다. 차도를 내려가 빽빽한 떡갈나무 숲을 걷고 이어서 들길을 따라 걸었다.

거의 3시간을 걷고서야 처음 집들이 보였다. 비야루스Villauz 마을이었다. 들어가서 쉴 만한 가게는 보이지 않았지만, 드디어 순례자들의 모습이 보였다. 프리미티보 길 첫날부터 안면을 트고 어제도 같은 숙소에 묵었던 독일 남성 순례자 5인방이었다. 그들은 마실 물이 다 떨어졌는지 어느 집 마당에 들어가 물통에 물을 받고 있었다. 우리는 커다란 나무가 지붕이 돼주고 있는 기다란 벤치에 앉아 목을 축이며 쉬었다. 그런데 한 5분쯤 쉬었을까, 갑자기 천둥번개가 치기 시작했다. 하늘은 금세 컴컴해졌고 순식간에 장대비가 쏟아졌다. 우리는 얼른 짐을 챙기고 비옷을 입었다. 그나마 풍성한 나뭇잎들이 비를 막아줘 몸이 젖지 않은 상태로 비옷을 입을 수 있었다. 그런데 저 멀리서 독일 순례자 5인방이 비옷도 챙겨 입지 못하고 몸이 절반은 젖은 채로 우리 쪽으로 달려왔다. 우리가 막 떠나려는 것을 보고 우리가 앉았던 벤치를 사용해도 되겠느냐 묻는다.

"물론이야. 빨리 닦고 비옷 입어."

우리는 얼른 자리를 비켜주고는 천둥번개에 비바람까지 몰아치는 길 위에 섰다. 이럴 때는 번쩍이는 하늘도 가려주고 거센 빗방울도 막아주는 숲길이 나으련만, 마을을 벗어난 카미노는 사방이 훤히 뚫린 들판 한가운데 찻길을 걸으라 했다. 멀리서, 가까이서, 하늘이 번쩍이며 갈라지는 광경이 쉴 새 없이 펼쳐졌다. 천둥소리도 거센 빗방울과 함께 떨어져 내 몸을 때리듯 울렸다. 무서웠다. 내 삶을 되짚어서 크게 지은 죄가 없는지, 빠르게 머리를 돌려 생각하게 할 정도로 하늘은 화가 난 듯 보였다. 그래도 이 길을 함께 걷는 이들이 있어 다행이었다. 검정색 비옷을 입은 건장한 남성 두 명이 우리와 점점 거리를 벌리며 앞서 걸어가고 있었고, 비옷도 입지 않은 젊은 순례자가 오가는 차들을 조심해 가라는 말을 건네며 잰 걸음으로 우리를 추월해 갔다. 또 친구인 듯 보였던 미국 청년들 4명 중 가장 씩씩하게 잘 걷던 여성

비바람이 몰아쳐도 노란 화살표는 무심하다.

의 모습도 보였다. 어제까지만 해도 배낭을 메고 걷던 그녀도 오늘은 가방 보내는 서비스를 이용했는지 맨몸에 등산 스틱만 짚으며 걷고 있다. 모두가 오늘은 이 길 위에서 함께 걷고 있는 것만으로도 감사했고, 위로가 되었다.

알베르게가 있는 캄피에요Campiello에 들어서니 마을 입구 바르에 눈에 익은 순례자들이 여럿 앉아 있었다. 바로 인근에 알베르게와 큰 식당, 기념품점을 함께 운영하는 건물에 다다르자 오늘 걸어온 순례자는 모두 모인 듯 보였다. 우리를 비롯한 모든 순례자들이 오늘 이 캄피에요의 쉼터를 얼마나 감사한 마음으로 찾아들었을까? 친절한 직원의 안내가 비에 젖은 순례자들의 마음을 포근히 감싸주는 곳이었다. 우리는 자리에 앉아 순례자 메뉴를 주문했다. 식당 한 쪽을 보니 각각 다른 속도로 걸어온 듯 했던 미국 청년들 4명도 모두 모여 있었다. 우리보다 먼저 주문을 한 듯 음식이 나오고 있었다. 그런데 음식을 먹는 네 사람의 표정이 썩 밝지 않았다. 그들은 먼저 나온 파스타를 조금 먹는가 싶더니 메인 요리는 거의 손대지 않고 차를 주문했다. 우리 식탁에도 같은 음식이 나오고 맛을 보고서야 이유를 알 것 같았다. 차가운 파스타는 참치 비린내가 너무 많이 났고 메인으로 나온 고기도 냄새가 너무 심했다. 비위가 약한 편이 아닌 나도 고기는 한 입도 못 먹고 뱉어낼 정도였다.

캄피에요의 기념품점에서 팔고 있는 순례 배지. 태극기도 보인다.

우리가 곁들여 나온 감자튀김으로 식사를 접고 따뜻한 커피를 마시는 동안 식당 유리창 너머로 아스투리아스 지방 출신 청년 듀오인 '지팡이s'가 도착했다. 교통경찰들이 입는 형광 조끼까지 어떻게 챙겨올 생각을 했는지, 비오는 찻길에서 눈

아스투리아스 지방 출신 청년 둘. '지팡이s'가 캄피에요에 들어오고 있다.

에 잘 띄라고 조끼를 배낭에 덧씌운 그들의 디테일에 놀라지 않을 수 없었다. 그리고 그동안 멋 내려는 듯 배낭에 매달고 다니던 두꺼운 나무 지팡이는 이제 제 용도를 찾아 두 사람의 손에 쥐어져 있었다. 그들은 여기서 묵을 작정을 했는지 곧장 알베르게로 향했다. 프리미티보 길 첫날에 보았던 여유로운 미소는 어디로 가버렸는지, 지친 기색이 역력한 그들의 얼굴에서는 이

길에서 도망치고 싶다는 마음마저 보이는 듯했다.

그들의 마음에 꼭 전달되라고 몇 번을 기도하듯 되뇌었다.

비가 조금 잦아드나 싶어 식당을 나섰는데, 출발한지 얼마 되지도 않아 하늘이 심상찮게 변하고 있었다. 찻길이 계속됐고 차들은 빗물을 튕기며 갓길로 걷는 우리 곁을 쌩쌩 지나다녔다. 보호막이라고는 하나 없는 넓은 들판 한가운데서 비바람을 뚫고 걷는 것도 두려운데, 천둥번개도 그치지 않고 계속돼 마음을 철렁철렁 내려앉게 만들었다. 캄피에요에서 그렇게 많았던 순례자들이 길 위에서는 보이지 않았다. 우리보다 식당을 먼저 떠난 순례자들도 있고 캄피에요의 알베르게에 짐을 푼 순례자들도 있고, 택시를 불러 폴라데 아얀데까지 편히 가버린 사람들도 있어 길 위에서는 찾아볼 수 없었다. 그나마 우리를 앞서 걷던 미국 청년 4명도 눈앞에서 번개가 내려치는 걸 몇 번 보더니 서로 모여 뭔가를 의논하기 시작했다. 그들 역시 차를 불러 가는 방법을 선택한 모양이었다. 갓길에 서서 어디론가 전화를 거는 그들을 지나쳐 우리는 비바람 몰아치는 도로를 계속 걸었다.

비바람 몰아치는 도로를 계속 걸었다.

어느새 차도를 벗어난 카미노는 보레스Bores에서 오르막 숲길로 이어졌다가 산 중턱에서 삼블리스모 Samblismo 마을을 향해 내려간다. 우리는 충실히 카미노의 화살표를 따라 걸었다. 그 사이 천둥번개는 그쳤고 빗줄기도 그 위세가 좀 꺾인 듯 했다. 그런데 삼블리스모 마을을 지나는데 잘 정리되어 있다던 이 곳의 흙길이 온통 물바다라 걸어서 지날 수 없는 상황이다. 처음에는 철벅철벅한 진창길 수준이라 그냥 지났는데, 갈수록 흙탕물이 많아지더니 길은 아예 사라져 버렸다. 마을의 실개천이 흘러넘쳐 우리가 가야 할 농로가 길이 아닌 또 하나의 개천이 되어버린 것이다. 어쩔 수 없이 농가가 있는 곳까지 왔던 길을 되돌아갔다. 오늘 계속 따라 걸었던 AS219 지방도가 틀림없이 근처를 지나고 있을 터였다. 남은 길은 지방도를 따라 말끔한 길을 걷는 편이 낫겠다 싶었다. 대충 도로가 있을 방향을 농가 뒤로 정하고 언덕을 올랐는데, 반갑게도 찻길이 나타났다. 이제 8~9km 정도를 지방도로인 AS219 따라 걸으면 목적지인 폴라 데 아얀데<sup>Pola de Allande</sup>가 나올 터였다.

예상했던 대로 길은 멀고도 지루했다. 비가 잦아들고 나니 들판에서 연기가 피어올랐다. 비가 왔지만 기온은 높은 편이라 빗물을 머금은 땅이 수증기를 뿜어내고 있었다. 우리 몸도 비옷 안에서 수증기가 피어올라 온몸이 젖었다. 하지만 비는 쉬이 그치지 않았다. 콜리나스 데 아바호<sup>Colinas de Abajo</sup>라는 이름이 적힌 간이 버스정류장에서 비옷을 벗고 휴식하는 동안에도 빗줄기가 세졌다 잦아들었다를 반복했다.

비는 포르실레스 고개<sup>Alto de Porciles, 773m</sup>를 넘어서자 겨우 그쳤다. 차도 거의 지나지 않는 길을 우리 둘만 외로이 걸었다. 소변을 보고 싶은 마음이 계속되었지만, 길가에서 시원스레 볼일을 보는 남편과 달리 나는 해결이 쉽지 않았다. 그렇게 얼마를 더 걸었을까? 언덕 위에 아주 조그만 바르가 나타났다. 여든은 훌쩍 넘겼을 할머니 한 분이 홀로 가게를 지키고 있었다. 안내를 받아 간 화장실은 할머니가 거주하는 방 옆에 있었다. 낡고 작았지만 깔끔하게 정돈된, 욕조까지 갖춘 할머니의 욕실이었다. 따뜻한 코코아를 주문해 마셨는데 한 잔에 1유로, 우리 돈으로 1,300원 정도였다. 화장실을 사용한 값도 안 되겠다 싶어 죄송한 마음이었는데, 우리에게 순례자 여권을 달라시며 주름진 손으로 꾹꾹 세요까지 찍어주셨다.

협곡에 자리한 폴라 데 아얀데가 내려다 보인다.

시원하게 뚫린 도로를 따라 걷지만 소들이 떼 지어 찻길을 건너는 풍경이 낯설지 않은, 산골 중에 산골을 우리는 걷고 있었다. 숨 쉴 때마다 가슴으로 스며드는 공기도 맑고 시원했다. 교각을 지나 오르막을 올랐더니 또 어떤 고개의 정상이다.

팻말을 가까이 가서 보니 806m 높이의 라바도이라 봉Alto de Labadoila이었다. 조금 더 찻길을 따라 걸었더니 드디어 발 아래 폴라 데 아얀데가 보였다. 찻길을 빙 돌아 마을로 내려섰다. 어느새 파란 하늘이 모습을 살짝 드러내고 있었다. 천둥번개에 식겁도 하고 비바람이 몰아치는 혹독한 시간들에 괴로워도 했지만, 도착 즈음에 비친 한줌 햇살에 감사한 마음이 들었다.

시청 건물이 보이는 폴라 데 아얀데의 중심에 들어서자 중간에 사라진 미국 청년 4명이 바르에 앉아 맥주를 마시고 있는 모습이 보였다. 바르에 앉았거나 마을을 둘러보고 있는 순례자들 숫자는 생각보다 많았다. 다들 언제, 어떻게 왔는지 멀쩡하고 깔끔한 모습으로 산골 마을의 여유를 즐기고 있다. 우리는 미리 예약해놓은 숙소를 찾았다. 접수처는 1층은 바르였다. 우리가 이름을 말하고 열쇠를 받는 동안 옆에서 맥주를 들이키던 중년 남자가 물었다. 그것도 우리를 위아래로 훑어보면서 말이다.

"오늘 날씨 장난 아니었는데, 비 맞으며 온종일 걸어 온 거니?
나는 그냥 날씨 확인하고 처음부터 버스타고 왔어."

그도 순례자였던 모양이다. 우리는 대답 없이 '슬픈 미소'를 띄운 뒤 열쇠를 받아 방으로 향했다.

폴라 데 아얀데는 정말 예쁜 마을이었다. 사람들의 살가움도 좋았다. 식당이나 마트의 주인이 아니어도 그냥 눈이 마주치면 손을 흔들어주고 인사해주고 웃어주었다. 그리고 무엇보다, 하루의 고생을 보상해줄 만큼 맛있는 피자가 이 작은 산골 마을에 있다는 게 놀라웠다. 하지만 하루 순례를 일기에 쓰려고 침대에 엎드려 누우니 맥이 빠졌다. 많은 이들이 가방 보내는 서비스를 이용하는 것을 목격하고, 비 내리지 않는 일정 구간만 걷다 차를 타고 사라지고, 아예 일기예보를 보고 처음부터 걷지 않은 사실을 알게 된 때문이고, 그 걷지 않고 바르에 앉아 맥주를 즐기던 한 미국인이 빗속과 진흙탕을 아홉 시간 넘게 걸어 도착한 우리를 보며 웃으며 말을 건 때문이리라. 하지만 그 때문에 더 뿌듯한 마음이 드는 것도 사실이었다.

"우리 정말 기특하다!"

| | 8.4km | 1.6km | 3.9km | 3.6km |
|---|---|---|---|---|
| 폴라데아얀데 | 푸에르토 델 팔로 | 몬테 푸라도 | 라고 | 베르두세도 |

이번 구간은 단 한 줄로 설명할 수 있다. 해발 524m의 폴라 데 야얀데에서 출발해 해발 1146m의 팔로봉에 올랐다가 해발 890m의 베르두세도에 배낭을 내리기까지 7시간의 산행을 하는 코스다.

폴라 데 아얀데를 벗어나 닐손 계곡으로 내려가는 샛길. 그냥 지나치지 않게 조심해야 한다.

폴라 데 아얀데를 벗어나는 길은 처음부터 오르막이다. 찻길을 따라 1km 남짓 걷다 보면 왼쪽 바닥에 숲길로 들어서라는 노란 글씨가 보인다. 닐손Nilsón 계곡으로 내려가는 샛길로 들어서라는 표시인데, 아스팔트 왼쪽 바닥에만 표시가 되어있어 찻길의 오른쪽으로 따라 걷다가는 자칫 이 표시를 놓칠 수도 있겠구나 싶다. 산길로 접어드니 이내 농가가 한 채 나타나고 커다란 황소를 이끌고 가는 농부의 모습이 보였다. 웃으며 인사를 해주는 아저씨 덕분에 산행의 첫 발걸음은 가벼웠다. 정상에 오를 때까지 단 한 채의 집, 순례자가 아닌 단 한 명의 사람도 만나지 못하리라는 걸 이 때는 알지 못했다.

깊은 계곡을 따라 본격적인 산행이 시작되었다. 미국 여성 순례자 한 명이 우리를 앞서 걸었다. 어제 비바람 길에서 차를 타고 사라졌던 4명의 미국 청년들 중 한 명이다. 배낭을 메지 않은 편안함을 어제 이미 경험해서인지 오늘도 배낭 없이 맨몸이다. 곧이어 4인방 중 한 명인 남성의 모습도 보였다. 나머지 둘은 오늘 길을 포기한 듯 온종일 보이지 않았다.

무거운 배낭을 짊어지고 산을 오르는 힘겨움을 말해 무엇 할까. 그래도 그늘 아래 자리한 너럭바위도 있고 깔개만 깔면 될 평탄하고 깨끗한 풀밭이라도 있으면 중간 중간 쉬어서라도 갈 텐데, 팔로봉은 그런 쉼터를 허락하지 않았다. 어쩌면 그렇게 앉아 쉬기 좋은 자리들마다 소들이 똥을 싸놓았는지. 가방을 내리고 쉴 수가 없었다. 어쩌다 거대한 소똥들을 피해서 겨우 자리를 잡고 앉더라도 파리 떼가 달려들어 금세 자리를 떠야 했다. 그나마 쉴 만했던 곳은 길 옆 돌무더기였다. 소가 돌 언덕을 올라타 똥을 쌀 수도 없으니 깨끗했고, 배낭을 풀어 던져놓기에도 안정감이 있고 좋았다.

시원한 계곡물이 보이고 나무다리를 건너고 보니 해발 725m에 위치한 라레이가다 La Reigada라는 곳을 지나고 있는 듯 했다. 오르막, 오르막, 숨이 턱턱 막히는 오르막뿐이었지만 오르지 않고서는 오늘의 순례가 끝날 수 없으니 올라야만 하는 운명. 그래도 남편과 나는 빽빽한 나무들이 그늘을 만들어주고 있으니 얼마나 다행이냐며 서로를 위로했다. 그런데 그 말을 하지 말았어야 했다. 잠시 산길을 빠져나와 산등성이를 휘감고 오르는 찻길에 합류해 걸었는데, 그때부터 땡볕이 시작되었다. 산길로 다시 들어가도 고도가 높아지면서 그늘이 돼주던 키 큰 나무들이 모조리 사라졌다. 길도 우리도 내리쬐는 햇빛을 고스란히 받게 됐고 시간이 정오를 향해가고 있어 햇빛은 더

팔로 봉을 오르는 동안 가장 편히 쉬었던 쉼터, 돌무더기. 산길을 오르는 내내 어마어마한 소똥 때문에 쉴 곳을 찾기가 쉽지 않았다.

욱 맹렬히 우리를 쏘아댔다. 설상가상, 더욱 가팔라진 오르막이 길고 길게 이어져 있었다.

"아, 힘들다. 진짜 힘들다."

정말 악 소리가 날 정도로 힘들었다. 지리산이 가까운 진주에 살다 보니 간혹 중산리를 거쳐 천왕봉에 오르는데, 해발 1915m의 천왕봉을 당일치기로 다녀올 때만큼 힘들었다. 아니 천왕봉을 오를 때보다 몇 배나 무거운 배낭을 짊어졌으니 힘겨움의 크기는 수십 배가 더해진 듯했다. 짧은 주기로 가다 서다를 반복하며 오르고 또 올랐다. 마침내 정상에 오르니 헉헉대는 우리와는 너무 대조적으로 소들이 한가로이 풀을 뜯고 있었다. 차에 태워 소를 옮기지 않았다면 소들도 힘겨운 등반을 했을 터, 오르는 길에 우리를 괴롭혔던 수많은 소똥들도 이해가 되었다.

정상에는 시원하게 찻길도 뚫려 있었다. 거칠 것 없는 바람이 거세게 몰아쳤다. 멀리 찻길 위에는 차 한 대가 세워져 있고 사람도 몇 명 보였다. 처음에 우리는 음료를 파는 푸드 트럭인 줄 알고 반색했었다. 하지만 조금 더 가까이 가서 보니 뒤 트렁크에 순례자들의 짐이 가

팔로봉 정상

득 실려 있는 작은 버스였다. 고된 등반을 해야 하는 오늘 루트에는 짐과 함께 순례자도 함께 실어 나르는 서비스가 있는 모양이었다. 두 다리로 걸어 오르진 않았어도 북쪽 순례길 가장 높은 봉우리라는 1146m의 팔로봉Puerto del Palo에 올랐다고 인증은 하고 싶었던지, 몇몇 사람들이 버스에서 내려 사진을 찍고 있었다.

"차타고 와서 인증 사진만 찍을 거면 순례는 왜 해, 그냥 관광을 하지."

분노가 섞인 말이 절로 나왔다. 나와 다른 누군가를 미워하고 욕하려고 순례길을 걷는 것은 아니지 않느냐, 자신의 걸음에만 집중하면 되지 않느냐, 그렇게 마음을 다스려보려 해도 순간 끓어오르는 화는 어쩔 수 없었다.

차를 타고와 인증 사진만 남기는 순례자들 모습에 허탈감이 밀려든다.

두 발로 숨을 헐떡이며 쉴 자리마저 소들에게 내주고 올라온 우리는, 화를
낼 자격이 있다는 생각마저 들었다. 그런데 화만 내고 있을 수도 없는것이,
올라왔으니 내려갈 일이 걱정이었다. 아니나 다를까, 팔로봉의 전경을 사
진에 담고 있으려니 크고 노란 화살표가 어서 오라며 내리막을 향해 손짓
하고 있었다. 힘겹게 두 발로 산을 오른 우리들은 이제 서둘러 내려갈 걱정
을 하는데, 유유히 차로 정상을 찍은 이들은 내려갈 기색도 없었다. 시간에,
걸음에 쫓길 이유가 없기 때문이다. 왜 느린 걸음을 선택한 우리가 더 바빠
야 하는지.

　내려가는 길은 막막했지만 멋있었다. 우리는 유려한 선을 이루며 시원스
레 자리한 산자락을 이웃해 걸었다. 발아래 두둥실 떠 있는 구름이 가슴에
있던 화를 몰아내더니 뿌듯함을 불어넣어 주었다. 내리막이고 땡볕인데다

돌멩이가 가득해 걷기 쉬운 길은 아니었지만, 오르막의 힘겨움을 이겨낸 뒤의 내리막은 선물처럼 느껴졌다. 숨을 고르며 조심조심 내리막을 걷는데, 문득 옛 동기 K의 생각이 났다. K는 세계 이곳저곳을 여행하다 아프카니스탄에 가게 되었고, 현지 아이들의 열악한 교육 환경을 보고는 그들을 지원하는 불교 단체에 봉사를 자원했다 한다. 그런데 담당 스님이 3일 안에 만 배를 해야만 자

내려가는 길은 막막했지만 멋졌다.

원봉사 자격이 주어진다 하더란다. 종교를 가지고 있지 않던 K는 그 어떤 목적의식 없이 그냥 절을 했단다. 그런데 하루가 지나고 이틀이 지나고 천 배, 이천 배 엎드려 절하는 횟수가 늘어날수록 몸과 함께 마음도 엎드리고 있더란다. 다리에 힘이 풀리고 고꾸라지듯 온 몸이 앞으로 쓰러질 때는 마음도 그렇게 낮아지며 쓰러지더란다. 그렇게 아프카니스탄에서 6개월간 봉사를 하고 돌아온 그는, 오랜 기간 준비한 다큐멘터리를 끝내고 이후의 일을 고민하던 나에게 만 배를 권했다. 힘겹게 몸을 숙이다 보면 복잡한 생각도 정리되고 정말 내가 하고픈 일도 찾을 수 있을 거라는 말과 함께. 그런데 K는 3일을 강조했다. 나의 의지를 북돋우려 그랬겠지만 세상에는 일만 배를 해본 사람과 아닌 사람, 둘로 나뉜다는 말도 덧붙였다.

만 배를 위해 지리산 법계사에 오른 첫 날 저녁부터 다음날 저녁까지 나는 108배를 33번 했다. 그러고는 밤새 어찌나 앓았던지 천도제를 지내기 위

해 왔다가 같은 방에서 잠이 든 아주머니들은 내가 무슨 병을 앓고 있는 줄 알았단다. 나는 제대로 걸을 수도 없는 지경으로 세 번째 날을 맞았고 72시간 중 남은 시간동안 만 배를 할 수 없는 상황이 되어 버렸다. 나는 포기했다. K가 말한 세상에서 만 배를 해본 사람과 아닌 사람 중에 나는 아닌 사람이 되고 말았다.

그런데 10여년이 지난 지금, 산티아고를 향한 순례길 위에서 이런 생각이 들었다. '사흘 동안의' 만 배에서 그 '사흘 동안'이 뭐가 그렇게 중요했을까? 만약 그 당시 나만의 속도에 맞춰 진정 나만의 절을 했다면 어땠을까? 나만의 방식으로 내 마음을 되짚어가는 느린 절을 했다면 어땠을까? 지리산의 맑은 기운 속에서 욕심을 내려놓고 할 수 있을 만큼 마음이 낮아지는 절을 했다면, K가 말했던 깨달음이 아닌 나만의 깨달음을 얻어 오진 않았을까?

그렇게 생각하니 마음이 편해졌다. 배낭을 메지 않고 걷든, 못 걷겠다 싶은 길은 차를 타고 건너뛰든, 비바람이 몰아칠 때면 맥주를 마시며 하루를 그냥 쉬든, 그 모든 것은 그걸 선택하는 각자의 몫이다 싶었다. 꿋꿋이 나의 짐을 메고 한 구간도 건너뛰지 않고 걷겠다는 선택은 나의 것으로 충분했다.

내리막은 해발 920m의 몬테푸라도<sup>Montefurado</sup>에서 멈추었다. 순례자들의 걸음도 이곳에서는 잠시 멈추었다 간다. 돌담을 따라 평평한 길을 걸으면 돌집 몇 채와 옛날 순례자 숙소로 쓰였다는 건물과 작은 기도소도 보인다. 순례 안내서에 따르면 이곳의 인구는 단 1명이라는데, 그를 볼 수는 없었지만 이곳 농장을 지키는 사람인가 싶기도 했다. 우리는 다른 순례자들과 함께 그늘을 이룬 농가 돌 벽에 기대어 잠시 쉬었다가 다시 길에 올랐다. 건물들을 빠져나가려고 보니 개인 소유의 땅임을 알리는 듯 낮은 돌담이 둘러쳐져 있었는데, 카미노는 그 담을 넘어가도록 되어 있었다. 조심해서 넘어가라는 듯 발을 딛을 돌 판마다 노란 화살표가 그려져 있어 미소가 절로 지어졌다.

이곳에서부터는 목초지가 펼쳐진 산등성이를 걷는다. 완만한 오르막을 통해 코우소 고갯길을 지나니 가파른 내리막이 이어졌지만, 길은 그리 어렵지 않았다. 다만, 너무 더운 것이 문제였고 물을 살 만한 가게가 없다는 것이 더 큰 문제였다.

꿋꿋이 나의 짐을 메고 한 구간도 건너뛰지 않고 걷겠다는 선택은 나의 것으로 충분했다.

힘든 산길을 걷는다는 걸 이미 알았기에 물도 많이 준비한다고 했는데, 땀으로 수분을 무한정 뺏기다 보니 물통은 어느새 바닥을 보였다. 산길이 끝나고 차도를 나란히 따라 걸어 라고Lago로 가면서도 절망은 희망으로 바뀌지 않았다. 마을이라고는 하지만 인구가 7명, 순례 안내서에도 가게가 있다는 표시는 없었다. 오레오가 여럿인 골목길도 지나고, 자연 기념물로 지정되었다는 거대한 나무 아래에 위치한 조그만 성당도 지났다. 사람은 단 한 명도 만나지 못했고, 물을 살 만한 곳도 물을 얻을 만한 곳도 없어 보였다. 그런데 마을을 다 빠져나가 찻길에 오르려는데, 찻길 바로 옆 건물에서 왁자지껄 사람들 소리가 들렸다. 길 위에 올라서니 세상에! 바르가 문을 열고 있었다. 모두들 언제 다 왔는지 10여 명의 순례자들이 이미 가게 앞 파라솔 아래 앉아 쉬고 있었다. 우리는 곧장 가게 안으로 들어갔다.

"물 주세요. 큰 물이요~ 큰 걸로요!"

길 위의 유일한 바르에서 모든 순례자가 외쳤다.
"아구아 그란데!"

극적으로 만난 가게에서 우리는 그렇게 외쳤다. 꼬박 5시간 30분 동안 한여름 더위 속에서 산행을 한 뒤 찾은 가게는 감동 그 자체였다. 바르를 연 주인 부부에게 달려가 뽀뽀라도 해주고 싶었다. 우리보다 뒤에 도착한 순례자들도 감동 섞인 목소리로 우리와 같은 말을 외쳤다.

라고에서 3km 남짓을 더 걸어야 오늘의 목적지인 베르두세도<sup>Berducedo</sup>다. 찻길을 따라 걸은 후 소나무 숲길을 걷는 동안에 땡볕은 기세가 더 등등해져 있었다. 그래도 충분히 쉬고 물도 넉넉히 채워 놓은 덕에 길은 걸을 만했다. 베르두세도의 알베르게는 마을 입구에 위치해 있었는데, 부지런한 순례자들이 이미 빨래를 널어놓고 쉬고 있었다. 이 공립 알베르게는 이미 가득 찼고, 마을 중심에 있는 사립 알베르게도 북적북적 순례자들로 넘쳐났다. 미국 청년 넷을 비롯해 얼굴을 익히 아는 순례자들 대부분이 이곳에서 묵는 듯했다. 우리는 마을 가장 안쪽, 산타 마리아 성당<sup>Iglesia de Santa María</sup> 옆의 사립 알베르게에 짐을 풀었다.

16세기에 지어진 베르두세도의 산타 마리아 성당

## "작은 민속박물관이 준 감동"

4.4km　　　2.4km　　　　7.2km　　　　　　6.4km

▶ ───── ⊙ ───── ⊙ ─────────── ⊙ ───────── ◀

베르두세도　　라 메사　　부스폴　　　　　살리메 댐　　그란다스 데살리메

　　이른 아침 숙소를 나서니 마을이 온통 안개로 뒤덮여 있다. 카미노는 시멘트 길로 된 오르막에서 시작해 안개 자욱한 숲길로 이어졌다. 30분 쯤 걷고 나니 땀이 아닌 안개 속 물기에 머리카락이 젖어 물이 뚝뚝 떨어질 정도였다. 첫 마을인 라 메사La Mesa로 들어가려면 왼쪽 길로 내려가야 한다는데, 너무 짙은 안개 때문에 화살표를 못 보고 지나친 건 아닐지 걱정이 들기도 했다. 하지만 우리는 숲길에서 마을로 내려가는 길을 제대로 찾아들었다.

　　라 메사에서는 가파른 경사의 오르막이 끊임없이 이어졌다. 얼마나 긴 오르막인지, 얼마나 기울기가 심한지, 안개 때문에 가늠도 안 돼 그저 숨소리만 들으며 한 발 한 발 옮길 뿐이었다. 오르막이 너무 지루해 경보를 하듯 빨리 걷다 쉬기를 반복하기도 했다. 앞서 가던 중년 여성을 빠른 걸음으로 지나쳐 가니, 그녀가 나를 붙들며 말했다.

"천천히 가. 천천히 같이 가자!"

안개 사이로 그녀가 지친 표정임에도 얼굴에 웃음을 머금은 것이 보였다. 나는 이내 속도를 늦추고 그녀와 함께 걸었다. 스페인 남부에서 왔다는 그녀는 거친 숨을 몰아쉬며 말했다.

"그래도 어제 넘었던 팔로봉 보다 낫지 않아?"

맞다. 우리는 1146m의 팔로봉을 넘어 온 사람들이다. 시멘트로 닦아놓은 이 오르막이 힘들다고 막 걸어서는 될 일이 아니다. 함께 걷는 이의 걸음도 보며 마음이 맞는 이와 이야기도 나누며, 안개가 감춘 주변의 풍경도 보고 살갗에 닿는 공기와 코에 머무르는 냄새와 가슴을 두드리는 생각들에도 주의를 기울이며 걸을 일이다. 프랑스 길을 이미 걸었고 이번에는 프리미티보 길만 걷는다는 그녀와는 부스폴<sup>Buspol</sup>에 거의 도착했을 즈음 헤어졌다.

우리는 들판을 지나 숲길을 걷고 안개 사이로 햇살이 살짝살짝 비칠 무렵 부스폴 봉우리에 올랐다. 납작한 돌판으로 지붕을 이은 독특한 건물들이 눈에 띄었다. 농장을 표시하기 위한 울타리도 납작하고 긴 돌판으로 이어놓았다. 농장 울타리 끝에는 산타 마리아 소성당<sup>Capilla de Santa María de Buspol</sup>이 있었다.

해발 974m 부스폴에 자리한 산타 마리아 소성당

옛날에는 이곳을 순례자 숙소로 사용했다고 하는데, 사람 하나 들어가기 힘든 작은 건물이라 상상이 되지 않았다. 아마도 소성당 곁으로 더 큰 건물이 이어져 있었겠지? 막연한 생각만 했다.

소들이 풀을 뜯고 있는 사이를 지나 언덕 끝까지 가자, 내리막길이 시작되

두 달 전 화재가 발생해 까맣게 그을린 나무들. 숲의 고통이 느껴졌다.

었다. 이제 걷히나 싶던 안개는 더 짙게 길 위에 내려앉았다. 10여 미터를 앞서가는 남편의 모습이 보이지 않을 정도였다. 발을 헛딛지 않게 조심조심 내리막 숲길을 걸었다. 그런데 언제부터인가 불에 그을린 나무들이 보였다. 새까맣게 타서 밑둥만 남은 나무들도 있었고 나무는 무사했어도 바닥의 풀들이 까맣게 죽어버린 곳도 있었다. 숲의 고통이 느껴지는 듯 했다. 그러고 보니 인터넷 카미노 카페를 통해 우리가 이곳을 지나기 두 달 전인 4월에 화재가 발생했다는 소식을 접했었다. 이 산에서는 화재가 워낙 자주 발생해 자생력이 좋은 소나무들을 많이 심어놓았다는 내용을 책에서 본 기억도 났다. 잦은 화재의 이유가 무엇인지는 잘 모르겠으나 너무도 수려한 계곡의 숲길이 까맣게 그을린 걸 보니 마음이 아팠다.

그래도 희미하게 초록빛을 간직한 소나무 숲길을 내려가고 있는데, 희뿌연 안개 사이로 우리를 향해 올라오고 있는 두 사람이 보였다. 가까이 오면 올수록 그들은 순례자임이 분명해 보였다. 말로만 듣던, 산티아고 데 콤포스텔라에서 시작해 순례길을 거꾸로 걷고 있는 순례자인 듯했다. 우리는 망설임 없이 물었다.

우리는 프랑스 바욘에서 시작해 850km에 이르는 길을 걷는데, 산티아고 데 콤포스텔라에서 오비에도까지 불과 260km를 걷는 이들이 왜 더 멋져 보이는 것인지. "부엔 카미노" 크게 인사를 던지며 엄지를 올려 보였다. 우리는 그들의 오르막을 응원한 뒤 내리막을 이어갔다. 지그재그 길을 걸어 일정 높이 아래로 내려오자 안개는 완전히 걷히고, 좁고 가팔랐던 숲길도 조금은 넓고 완만해졌다. 긴 침엽수림 사이로 보이는 계곡의 청록색 물빛이 아름다웠다. 우리는 계곡 아래가 시원하게 내려다보이는 평지에 자리를 깔고 풍경을 보며 쉬었다. 검게 그을린 나무들이 바로 발 아래 있어 안타까운 기분도 들었지만 눈에 박히는 풍경은 그야말로 절경이었다. 물도 마시고 초콜릿도 먹고 밤사이 안부를 묻는 지인들의 SNS 글에 답도 해가며 조금 오래 쉬었다. 휴식을 끝내고 계곡 길을 계속 내려가다 보니 계곡을 내려다보며 휴식하는 순례자들이 곳곳에 있었다.

밤나무 숲길을 빠져나가 찻길을 걷다 보니 눈앞에 살리메 댐$^{Presa de Salime}$이 나타난다. 댐으로 내려가는 길 오른쪽에는 전망대가 있으니 들렀다 가면 좋다. 130m 높이의 댐을 전체적으로 관망할 수 있고 계곡 풍경까지 멋지게 눈과 카메라에 담을 수 있는 곳이다. 전망대에서 나와 다시 찻길을 걸으니 카미노의 화살표는 살리메 댐을 향해 그려져 있다. 예전의 순례길은 댐 아래 수몰된 마을을 지났겠지만 지금은 계곡을 가로질러 서 있는 살리메 댐 자체가 순례길이 돼버렸다. 1954년 이 산골짜기에 댐이 건설되면서 계곡 아래에 있던 살리메 마을을 비롯한 여덟 개의 마을과 그때까지 순례자들이 이용하

살리메 댐. 1954년 댐이 건설되면서 8개 마을과 순례자들이 이용하던 두 개의 다리가 물에 잠겼다.

던 두 개의 다리가 물에 잠겼다. 댐이 생기기 전에는 순례자들이 계곡 아래의 살리메 마을로 내려가 나비아 강을 건너는 다리를 이용해 그란다스 마을에 도착했을 텐데, 지금은 댐을 건너 계곡을 에둘러 걸은 다음 그란다스 데 살리메<sup>Grandas de Salime</sup>에 이른다.

댐을 건너 그란다스 방면으로 향하는 길은 다시 오르막이다. 계곡을 에두르는 찻길이라 그늘을 만들어 줄 나무도 없는데 안개가 완전히 걷힌 하늘은 햇볕을 사정없이 쏘아댔다. 그래도 책에는 문을 닫았다고 되어 있던 그란다스 호텔이 바르<sup>Bar</sup> 영업을 하고 있어 천만다행이었다. 바르는 그야말로 성업 중이었다. 우리가 도착했을 때는 스무 명 가까운 순례자들이 야외 테이블에 앉아 휴식을 취하고 있었고 이어서 들어오는 순례자의 숫자도 적지 않았다. 당연히 경치를 우선에 두고 자리했을 호텔이라 바르의 야외 테이블에서 보는 계곡의 풍경은 아름다웠다. 멋진 풍경을 보며 먹고 마시고, 게다가 화장실 이용까지 시원하게 마치고 다시 길에 올랐다.

힘들지만 경치는 끝내주던 그 가파른 오르막 찻길을 계속 걷다가 그란다스에 거의 다 왔다 싶었는데, 순례 화살표가 왼쪽 산길을 향해 나 있는 게 보였다. 그란다스의 계곡 위에 있는 코토 산기슭을 지나 그란다스 데 살리메로 들어가는 길이었다. 우리는 잠시 갈등을 했다. 계속 찻길을 따라 걸어도 마을에 도착할 것이 뻔했기 때문이다. 게다가 숲길에 비해 찻길이 더 편하고 빠를 듯 보였다. 그런데 우리와 똑같은 생각을 하며 걸음을 멈춘 이가 또 있었다. 오전에 안개 속에서 '천천히 함께 걷자'던 중년의 스페인 순례자였다. 그녀는 이미 고민을 끝냈는지 "찻길로 계속 가는 것이 더 나을 것 같아."하며 우리를 이끌었다. 마을 입구에 들어서서 방향이 헷갈렸을 때도 마을 어르신에게 길을 물어 우리를 앞장서 걸었다. 서로 정해놓은 숙소가 달라 마을 중심에 들어서서는 헤어져야 했는데, 온종일 함께 걸어온 듯한 느낌에 이별이 아쉬웠다.

우리는 숙소에 짐을 풀고 '빨래와 씻기'라는 순례자의 필수 일과를 서둘러 끝냈다. 꼭 보고 싶었던 민속박물관이 문을 닫기 전에 가기 위해서였다.

마을 중심가로 들어서는 카미노 위에 있는 민속박물관<sup>Museo Etnográfico</sup>은 세

계곡을 돌고 돌아 그란다스 데 살리메에 이른다.

개의 건물로 이루어져있다. 각각의 건물에는 아스투리아스와 갈리시아 지방의 농촌 마을에서 전해 내려오는 수천 점의 물건들이 특색있게 전시되어 있다. 전통적인 농촌 가옥의 내부를 사진 한 장, 물컵 하나까지 있어야 할 자리에 고스란히 재현해 놓았고 곡식을 빻고 직물을 짜고 나막신을 만들고 하는 농촌의 다양한 작업과 그와 관련된 도구들도 정갈하게 전시되어 있었다. 박물관 마당에는 오레오도 옛 방식대로 지어져 있는데, 그 안에 들어가 볼 수가 있어서 순례길 내내 궁금했던 내부 모습을 직접 확인할 수 있었다. 그리고 박물관의 다른 건물 한 동에는 학교와 이발소, 술집, 양조장 같이 이 지역의 마을에 있을 법한 곳들을 모두 옛 모습대로 옮겨놓았는데, 허술한 구석이 하나도 없었다. 그리고 무엇보다 감동적이었던 건 박물관 곳곳을 열정적으로 소개해주고 안내해주는 직원 아주머니의 모습이었다. 행동 하나하나 말 하나하나에는 자신이 태어나고 자란 고장에 대한 자부심이 가득했다. 인구 800명의 마을에 어떻게 이렇게 멋진 박물관을 세울 수 있었을까? 어떻게 운영이 가능했을까? 놀랍기만 했다.

그란다스 데 살리메의 민속박물관

세 개의 건물로 이루어진 민속박물관에는 아스투
리아스와 갈리시아 지방의 농촌 마을에서 전해
내려오는 수천 점의 물건들이 특색 있게 전시되
어 있다.

고대 켈트의 문양도 보인다.

　박물관에서 나오니 지는 햇빛은 받은 골목길이 금빛으로 반짝였다. 문득
이런 생각이 들었다. '작은 산골마을이면 뭐 어떤가. 지난 삶의 모습을 자긍
심 가득 담아 이렇게 감동적으로 펼쳐낼 수 있으니, 이 얼마나 멋진 곳인가!'

# El Camino Norte de Santiago

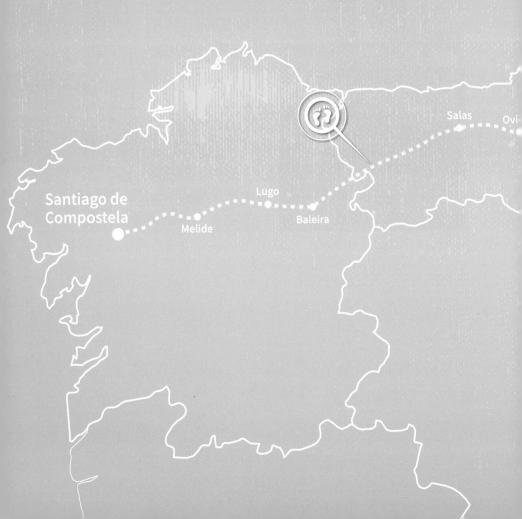

# CHAPTER 6.

## 신의 땅,
## 갈리시아로...

2.7km    2.4km    4.5km    4.2km    4.2km    5.8km    1.4km

▶ ──●──────●──────●──────●──────●──────●──────▶

그란다스  사레이헤이라  카스트로  페냐푸엔테  엘아세보  폰프리아  파라다노바  아폰사그라다

매일 새로운 마을을 찾아들고 매일 여러 개의 마을을 떠나는데, 그란다스 데 살리메를 떠나는 길은 조금 아쉬운 느낌이 들었다. 언덕길을 걸어 마을의 집들을 모두 지나쳐 들꽃 가득한 들판에 섰을 때까지도 아련한 마음이 가시지 않았다. 댐으로 인해 수몰된 여덟 개 마을의 과거를 모두 감싸 안고 있다는 생각 때문이었을까. 그런데 나만 그런 건 아니었는지 들판 한가운데 서 있는 순례 표지석 위에 누군가가 운동화 한 켤레를 얹어놓고 갔다. 이 마을에 마음을 두고 가겠다는 의지의 표현처럼.

오늘도 고지대만 따라 걷는다. 563m의 그란다스 데 살리메에서 출발해 1110m 고지의 아세보 고개를 찍고 949m에 올라앉아 있는 아 폰사그라다에 짐을 풀 예정이다. 지나는 길에는 그다지 유서 깊은 건물도 없고 시간을 들여 둘러볼 만한 마을도 없다. 하지만 그래서 더 순례길답다는 생각도 들었다. 풀숲 사이 좁은 흙길, 이름 모를 꽃들이 지천인 들길, 끊이지 않고 걸음을 따라오는 청명한 새소리, 신비롭게 아침을 열어주는 자욱한 안개, 발아래 융단처럼 펼쳐진 구름, 풀냄새 가득한 공기… 길 위의 그 모든 것들에 마

음을 두며 걸을 수 있는 길, 이번 구
간은 힘들었고 볼 것도 없었지만 그
런 길이었다.

우리는 작고 조용한 마을 사레이
헤이라Careijeira를 지나 찻길로 접어
들었다. 멀리 풍력 발전기가 보이
고 차들이 속도를 내며 달리는 도
로였지만, 갖가지 문명의 소음을 뚫
고 맑은 새소리가 끊어지지 않고 들
려왔다. 카스트로Castro 마을로 향하
는 완만한 오르막도 따가운 햇살 때
문에 길의 난이도에 비해 몇 배는

순례 표지석 위에 누군가가 운동화를 얹어놓고
갔다. 마음을 두고 가겠다는 것처럼.

더 힘들었다. 돌벽을 쌓고 돌판으로 지붕을 얹은 고지대의 집들은 견고하
면서도 멋져 보였다. 공동묘지가 있는 소성당을 지나 카미노는 마을을 빠
져나갔다.

카스트로 마을에서는 흙길과 찻길을 따라 내리 오르막을 걸었다. 이 찻길
은 페냐푸엔테Peñafuente 근교까지 이어지는데, 페냐푸엔테는 프리미티보 길
이 지나는 아스투리아스 지방의 마지막 마을이다. 이 마을을 지나면 아스투
리아스 주가 끝나고 갈리시아 주가 시작된다. 빨리 주 경계를 넘고 싶은 마
음도 있었지만, 날이 너무 더워 떨어지는 땀방울만큼 체력도 뚝뚝 떨어지고
있었다. 주 경계를 넘기 위해서는 1110m 고지의 아세보 고개Alto del Acebo도 넘
어야 해서, 쉬면서 체력을 보충하는 게 우선이었다.

카스트로 이후 찻길을 벗어난 카미노는 1022m의 사로Zarro 산을 우회해

고지대의 카미노는 침묵을 부른다.

숲길을 통해 쿠리스카다<sup>Curiscada</sup> 산을 오른다. 그늘 하나 없는 산길은 역시 쉽지 않았다. 한여름 땡볕은 경사가 급한 오르막이든 평평한 능선 길이든 상관없이 10분만 걸으면 땀을 쏟게 만들었다. 게다가 고개를 오를수록 가까이 다가오는 풍력발전 단지는 위협적으로 느껴지기까지 했다. 그래도 힘이 되는 것이 딱 한 가지 있었다. 느리건 빠르건, 힘이 많이 들었건 적게 들었건, 한 걸음 한 걸음 걸음을 잇다 보면 목적지에 도달한다는 불변의 진리였다. 그렇게 우리는 한 달 동안 느리고 힘든 걸음걸음을 이어 바스크와 칸타브리아 지역을 지나고 아스투리아스를 거쳐 산티아고 데 콤포스텔라가 있는 갈리시아<sup>Galicia</sup> 땅을 코앞에 두고 있는 것이다.

1110m 높이의 아세보 고개를 지나 아스투리아스와 갈리시아의 경계석 앞에 서니, 가슴이 뭉클했다. 경계를 알리는 까만 돌은 글씨가 잘 보이지 않

을 만큼 닳고 닳았지만, 순례자를 감동시키기에는 부족함이 없었다. 이 돌은 중세 시대부터 이 자리에 서서 '산티아고의 나라' 갈리시아에 도착했음을 알리는 역할을 했을 테니 말이다. 하지만 앞서 걷던 수많은 순례자들은 그 작은 돌판 하나로는 부족하다 싶었나 보다. 돌판이 세워진 곳에서부터 조그만 돌멩이들을 이어 바닥에 경계선을 그어놓았다. 그 넉에 우리는 수 경계를 넘는 기분을 충분히 낸 뒤, 갈리시아 땅을 걸었다.

갈리시아는 짧은 평지에서 시작해 내리막으로 이어졌다. 얼마 지나지 않아 갈리시아 지방의 산티아고 순례길 첫 공식 표지석이 보였다. 새로 세운 표지석인 듯 돌도 깨끗했고 조개 표시와 노란 화살표, 갈리시아라는 글씨까지 깔끔했다. 무엇보다 이전의 순례 표지석과는 달리 산티아고 데 콤포스텔라까지 남은 거리를 표시해놓았는데, 남은 거리가 166.098km다. 정말 많이 왔다 싶었다. 그동안 700km 가까이를 걸어왔다는 것도 실감되었지만, 이제 166km만 더 가면 된다는 사실이 감격스러웠다. 산티아고에 정말 가까워졌다는 느낌이 온 몸을 휘

아스투리아스와 갈리시아의 경계석

순례자들이 조그만 돌멩이로 바닥에 경계선을 만들어 놓았다.

감고 돌았다.

미리 알아본 정보에 의하면 갈리시아 지방부터는 조개 표시의 방향이 반대로 바뀐다고 했다. 지금까지는 조개의 벌어진 방향이 아닌 꼭짓점을 향해 걸었다. 칸타브리아 지방 같은 경우는 조개 표시만 있고 화살표로 따로 방향을 표시해놓지 않은 경우가 많아 헷갈릴 때도 있는데, 조개 빗살이 모인 쪽으로만 보고 걸으면 방향이 모두 맞았다. 그런데 갈리시아 지방부터는 그 방향

갈리시아 지방의 첫 공식 순례 표지석

이 바뀌어 조개의 벌어진 쪽을 보고 걸어야 한다는 것이다. 책에서는 그 이유를 분명히 밝혀놓지 않았는데, 나는 그 내용을 읽으며 이제 '신의 땅' 갈리시아로 들어왔다는 걸 확실히 알고 걸으라는 뜻으로 이해했었다. 실제로 갈리시아 지방에 들어서서 본 첫 번째 순례 공식 표지석에는 조개의 방향이 바뀌어 있었다. 지금껏 조개의 꼭짓점 쪽만 보고 걸어왔고 그 방향이 단 한 번도 틀린 적이 없었기에, 앞으로는 조개의 열린 쪽만 보고 걸으면 되겠다 싶었다. 그런데 이후에 이어진 표지석들은 방향이 제각각이었다. 아래에 노란 화살표가 방향을 정확히 알려주고 있기 망정이지 조개의 방향만 보고 걸었다가는 두 번에 한 번은 길을 잘못 들지 싶었다.

차도 옆으로 나있는 흙길을 걸어 엘 아세보<sup>El Acebo</sup>를 거쳐 폰프리아<sup>Fonfría</sup>까지 걸었다. 숲이 우거진 카미노를 걷는데 갈림길 한쪽에 갈리시아 지방에서

추진하고 있는 순례길 정비에 관한 설명을 써놓은 커다란 알림판이 서있었다. 엄청난 예산을 들여 표지석을 모두 바꾸고 길도 정비한다는 내용이었다. 갈리시아 지방에 들어서면서부터 표지석이 새것으로 바뀌어있고 지나치게 많다 싶게 서 있었던 것이 모두 정비 사업의 결과인 모양이었다.

"그런데 하려면 제대로 하지, 조개 방향이 오락가락하는 건 뭐야?"

이런 말이 툭 튀어나왔다. 폭발적으로 늘어난 순례자들의 씀씀이가 갈리시아 지방 재정의 큰 부분을 차지할 것임이 분명한 만큼 순례길 정비에 예산을 쓰는 것은 좋았다. 하지만 그냥 새 것으로만 바꿀 것이 아니라 작은 것 하나부터 체계적이고 꼼꼼히 챙겨 정비했다면 하는 아쉬움이 든다.

폰프리아에서 카미노는 산을 우회해 바르베이토스<sup>Barbeitos</sup>로 가는 길과 북쪽으로 나 있는 도로를 걷는 두 갈래 길이 있다고 하는데, 우리는 우리도 모르게 산길을 택했었나 보다. 그런데 산길을 걷는 동안 'Mesón Catro Ventos'라는 이름의 식당 광고가 계속 눈에 들어왔다. 아스투리아스 전통 식당이라는 기치를 내걸고 있었다. 갈리시아에 이제 들어섰는데 무슨 아스투리아스 음식이냐, 할 수도 있겠지만 새벽에 출발해 오후 3시가 되도록 음식다운 음식을 입에 넣지 못하고 있었으니 이것저것 가릴 처지가 아니었다.

식당은 산길을 빠져나온 카미노가 찻길과 만나는 곳에 있었다. 1층은 바르 2층은 식당으로 운영하는, 내부 인테리어도 멋지고 규모도 큰 건물이었다. 우리는 2층 식당에 자리를 잡았다. 나이가 예순은 됐을 직원이 주문을 받으러 왔다. 메뉴판은 없고 '메뉴 델 디아<sup>Menu del Dia, 오늘의 메뉴</sup>'만 있다고 한다. 사실 그것도 겨우 알아들었다. 영어가 단 한 마디도 통하지 않았다. 그러면 그냥 오늘의 메뉴를 달라고 하면 될 것 같지만 전채와 메인 요리, 후식에 음료까지 골라서 주문해야 할 것이 너무 많았다. 우리는 메뉴를 글로 적어주면 휴대전화의 번역기로 확인을 해서 주문을 하겠다고 손짓발짓을 했다. 예순 나이의 직원은 반듯한 필기체로 전채와 메인, 후식까지 모두 세 종류씩 아홉 개의 음식 이름을 적어왔다. 나는 번역을 위해 휴대전화를 꺼냈다. 그런데 이걸 어째! 또 '서비스 불가'란 글이 떠 있었다. 900m가 넘는 고지라 그런지, 새로 끼운 유심칩이 문제인지 알 수는 없었지만 주문을 더 미룰 수는 없었다. 우리는 직원에게 난감한 웃음을 띠우며 전채도 1번 2번 하나씩, 메인도 1번 2번 하나씩을 시켰다. 후식도 못 알아봤지만 아이스크림을 뜻하는 '헬라도<sup>Helado</sup>'라는 단어는 알아 주문을 끝냈다. 도무지 어떤 음식인지 알지도

'찍기 주문'으로 나온 훌륭한 요리들

못하고 시킨 '찍기 주문'이었지만 결과는 대성공이었다. 전채요리는 우리 시금치국과 비슷한 스프와 샐러드가 나왔고 메인 요리는 숯불에 구운 소고기 등갈비와 돈까스와 맛도 생김새도 똑같은 음식이 나왔다. 가격도 모르고 시킨 음식인데 후식인 아이스크림에 음료까지 포함된 가격이 1인 12유로, 만 육천 원 정도였으니 요즘말로 '가성비 갑'인 점심식사였다.

점심 후의 카미노는 찻길을 따라 걷는 길이었다. 하지만 도로 위 갓길을 걷는 것이 아니라 가드레일 안쪽으로 순례자가 걸어갈 수 있는 흙길이 따로 나 있어 안전하게 걸을 수 있었다. 하지만 목적지인 아 폰사그라다 A Fonsagrada 까지 가는 길은 지루했고 때로는 아주 가팔랐다. 게다가 직사광선에 살이 익을 것 같은 고통까지 더해지니 마을에 도착했을 즈음에는 쓰러질 것만 같았다. 그래도 그 땡볕 아래에서 집 앞의 텃밭을 일구던 영감님이 반갑게 맞아줘 얼굴에 웃음을 지을 수 있었다. 절말 스페인어만 잘 할 수 있다면 949m 고지에 사는 어르신께 이렇게 말하고 싶었다.

"프리미티보 길 순례는 매일 높이 오르기 대회를 하는 것 같아요.
이곳 마을들도 누가 더 높이 있나 내기를 하는 것 같고요.
힘들어 죽겠어요!"

1.5km  5.8km  5km  4.9km  2.5km  4.6km

아폰사그라다  파르돈  몬토우토  파라다베야  아라스트라  아폰타네이라  오카다보

갈리시아 속담에 이런 말이 있다고 한다.

"햇빛을 위해 기도하되, 비옷 준비를 잊지 말라"

그만큼 갈리시아 지방의 날씨가 변화무쌍하며 비가 잦다는 뜻이다. 4년 전 프랑스 길 순례를 하며 6월에 갈리시아 지방을 지났던 우리는 이 지역에 발을 들인 첫날부터 우비를 달고 걸었다. 그런데 이번에는 뭔가 이상했다. 우기라 이름 붙은 똑같은 6월인데도 하늘은 구름 한 점 없이 맑고 비는 올 생각조차 안 했다. 게다가 900m가 넘는 고지대의 낮 기온이 섭씨 35℃를 웃돌고 있다.

아 폰사그라다를 벗어나는데 해가 반짝 떴다. 이른 아침인데도 나뭇가지 사이를 뚫고 들어오는 햇살은 따가워질 기색을 이미 갖춘 것처럼 보인다. 파드론Padrón의 숲길에서 찻길로 내려서는 카미노는 건너편에 있는 공동묘지 쪽으로 나 있다. 소나무 숲과 아스팔트길을 번갈아 걷다 보면 차도 옆 오르

내가 선 900m 고지보다 낮은 산들이 구름 사이로 섬처럼 떠있다.

막을 올라 시골 길을 걷게 된다. 평탄한 산등성이를 걷는 내내 나의 왼쪽 산 아래쪽 풍경은 그림이 되어 나를 따른다. 내 위쪽 하늘에는 구름 한 점 없이 해가 쨍한데 발 아래로는 구름이 솜이불을 펼쳐놓은 듯 가득하다. 내가 서 있는 900m 고지보다 봉우리가 낮은 산들이 구름 사이로 얼굴을 내밀어 섬처럼 떠있다. 아름답고도 신비로웠다. 나는 천상의 세계에 서있고 구름 아래로는 다른 세계가 펼쳐지고 있는 건 아닐까? 잠시 별천지에 있는 듯한 생각도 들었다. 저 구름 아래에는 비가 오고 있을까? 비는 안 오더라도 흐리고 시원할까? 고지대라 시원할 줄 알았는데 오히려 구름 위에 있으니 더운 게 당연한 건가? 잠시 우아했던 상상은 온몸에 흐르는 땀 때문에 금방 유치함으로 바뀌어 있었다.

풀밭 사이를 걷는 들길은 계속되었고 멀리 풍력 발전기도 보였다. 카미노

몬토우토의 유적지. 17세기에 옮겨진 순례자 숙소와 고인돌 터가 있다.

삶을 일구며 사는 일은 그 어떤 것 하나도 쉽지 않다는 걸 지붕 위 무거운 돌덩이가 보여주는 것 같았다.

는 내리막길로 이어져 차도와 가까워진다 싶었지만 차도로 내려서지 않고 숲길로 향한다. 몬토우토<sup>Mont-outo</sup> 마을 위를 지나 자갈이 많은 흙길로 접어들면 풍력 발전기를 향해 걸어야 하는데, 이 길은 풍력 발전단지 옆에서 몬토우토의 유서 깊은 유적지까지 올라간다. 이곳에는 17세기에 옮겨왔다는 순례자 숙소 건물과 고인돌 터가 남아있다. 옛 모습 그대로 1997년에 다시 지은 조그만 소성당도 자리하고 있다. 유적지들은 풍력발전단지로 인해 많이 훼손되었다고 하는데, 이런 내용을 모르고 이 길을 걷는 이들은 이곳이 유적지가 아니라 버려진 농가라고 볼 수밖에 없을 정도로 관리가 엉망이었다. 유적지 앞에 훼손 이전의 모습이나 이곳에 대한 설명들이 붙어있다면 좋았을 텐데, 하는 아쉬움이 남았다.

우리는 유적지를 떠나 오스피탈 산을 올랐다 내렸다 했다. 길은 완만하기도 했다가 경사가 급해지기도 했다. 이름을 알 수 없는 조그만 산속 마을을 빠져나오면서는 가슴이 뭉클했다. 혹독한 고지대의 기후를 견디기 위해 돌판으로 이은 지붕 위에 또 돌덩이를 얹어놓았는데, 그게 내 마음을 울렸다. 세상 어느 곳에서 어떤 모습으로 살든, 삶을 일구며 사는 일은 그 어느 것 하나도 쉽지 않다는 걸 지붕 위에 얹힌 무거운 돌덩이가 보여주는 것 같았다. 그런데 나처럼 순례자들의 마음이 이곳에 너무 오래 머물까 염려라도 되었던지, 마을이 끝나는 돌담 옆에는 얼른 마을을 빠져나가라는 듯 노란 화살표가 산길을 향해 뻗어있었다.

오늘 구간 중 가장 힘들다는 아 라스트라<sup>A Lastra</sup>까지의 오르막은 땡볕의 위력과 함께 우리를 맞이했다. 1km에 이르는 오르막은 발이 쉽게 미끄러지는 푸석푸석한 흙길에 자갈길이었다. 게다가 오르막의 기울기도 너무 가팔라서 무거운 배낭을 멘 순례자들은 올라야 할 길에 먼저 손을 짚어가며 네 발로 기듯 가야 하는 구간들도 있었다. 그렇게 힘든 오르막도 끝이 있긴 있었다. 길은 차도로 이어져 아 라스트라 마을로 우리를 이끌었다. 힘겹게 고개를 오르느라 갈증은 극에 달했고 물은 똑 떨어져 버렸다. 다행히 마을에서 차도로 이어지는 곳에 바르가 하나 있었다. 이미 몇몇 순례자들이 쉬며 수분을 보충하고 있었다. 우리도 "아구아<sup>Agua</sup>~ 프리오 아구아<sup>Frío Agua, 시원한 물</sup>~"를 외쳤다. 캔 콜라도 함께 시켰는데, 주인 할머니가 컵에 레몬을 커다랗게 잘라 넣고는 얼음을 가득 채워 왔다.

우리가 쉬는 동안 바르 앞 차도에 버스 한 대가 서고 단체로 걷는 순례자들이 차에서 내렸다. 가장 힘겹다는 고갯길은 버스로 건너뛴 모양이다. 게다가 날이 너무 덥다 보니 남은 7km 구간도 걷지 않은 채 대부분의 사람들이 다시 차에 올랐고 몇몇 사람들만 등산 스틱을 짚으며 길을 나섰다. 우리도 충분히 휴식한 뒤 그들의 뒤를 따랐다.

차도 옆으로 난 흙길과 소나무 숲을 이어 걸어서 폰타네이라<sup>Fontaneira</sup>로 향

땡볕의 산길과 땡볕의 찻길과 땡볕의 마을을 지나 땡볕의 오르막과 땡볕의 내리막이 있을 뿐이었다.

했다. 남은 7km도 걸어온 10여 km와 다를 바가 없었다. 그저 땡볕의 산길과 땡볕의 찻길과 땡볕의 마을을 지나 땡볕의 오르막과 땡볕의 내리막이 있을 뿐이었다. 폰타네이라에서 오 카다보O Cádavo로 향해 난 내리막은 정말 길고도 길었다. 아 라스트라의 바르 앞에서 걷기 시작한 맨몸의 순례자들은 우리를 훨씬 앞서 걷고 있었다. 길고 먼 땡볕 내리막 아래로 양산을 쓰고 걷는 이도 보였고 손을 잡고 걷는 부부도 보였다.

순간, 어깨를 짓누르며 등에 매달려 등짝을 땀범벅으로 만드는 배낭이 원망스러웠다. 그래서 양산을 들고 손을 맞잡을 수 있는 그들의 홀가분함이 미웠다. 엊그제 팔로봉을 넘으며 각자의 처지에 맞는 순례 방식을 이해했다 생각했는데, 그게 아니었던 모양이다. 우리는 짐 없는 순례자들이 한 번에 걸어 내려간 길을 한 번에 걸어내지 못했다. 나무 그늘이 있는 길가에서 잠시 쉬었다. 그런데 저 멀리 우리가 걸어왔던 길을 배낭을 메고 걸어오는 이들이 있었다. 아일랜드에서 온 청년 숀과 그의 아버지였다. 산탄데르에서부터 북쪽 순례길을 걷고 있다는 그들. 끊임없이 대화를 나누며 걷는 아버지와 아들이 신기하고도 멋져 보였다. 우리는 그들에게 쉬었던 그늘을 내어주고 다시 길에 올랐다.

길고도 급격한 오르내림의 향연을 지나 힘들게 도착한 마을 오 카다보는 멋지지 않았다. 좁은 숲길을 지나 마을에 들어서면 좀좀히 박아놓은 돌길이 우리의 발을 이끌고, 옛 모습 그대로인 중세 교회가 우리 마음을 품어 안고, 화사한 꽃들로 장식된 집들이 우리를 반겨줄 줄 알았다. 하지만 거의 탈진상태로 도착한 오 카다보는 그저 본새 없는 농촌 마을일 뿐이었다. 그래도 하루 묵어갈 수 있는 방을 얻었으니, 얼마나 다행인가? 우리는 미리 예약해둔 사립 알베르게로 들어섰다. 우리의 몰골을 본 알베르게 직원이 방을 안내하며 연신 같은 말을 했다.

"날씨 때문에 정말 힘들지? 그런데 이건 갈리시아의 정상적인 날씨가 아니야. 정말 왜 이런지 모르겠어."

# [32구간] 오 카다보 ~ 루고 30.1km
## "이건 갈리시아의 날씨가 아니야"

아일랜드 청년 숀이 그의 아버지와 순례길 위에서 끊임없이 대화를 나누는 것을 그동안 부럽게 생각하고 멋지다 여겼는데 밤사이 그 생각은 바뀌었다. 오래된 농가를 개조해 만든 알베르게는 방음이 거의 되지 않았다. 옆방에 묵는 숀과 그의 아버지의 수다는 밤늦도록 이어졌고 그들의 이야기 소리에 잠이 달아나버린 나는 그들이 코를 고는 소리를 듣고 나서도 쉽게 잠들지 못했다. 새벽녘에 살짝 잠이 들었나 싶었을 때는 위층 도미토리에서 움직이는 사람들의 발자국 소리에 또 잠을 깼다. 더위에 탈진 상태로 오 카다보에 도착했던 나는 충분히 자면서 몸을 회복하고 싶었지만 거의 뜬눈으로 밤을 새고야 말았다.

오늘은 30km를 걸어야 하는 긴 루트. 우리는 알베르게 주인이 함께 운영을 한다는 식당에서 아침을 먹고 출발하기로 했다. 이전의 마을에 비해 문을 여는 시간이 늦었지만, 8km를 걷고 나서야 오늘 루트에서 유일하게 식당이 있는 마을에 도착할 수 있어 밥을 먹고 가는 것이 낫겠다 싶었다. 그런데 이 식당은 약속한 시간보다 30분이나 늦게 문을 열었고 아주 간단한 메뉴를 주문했는데도 음식은 30분이 지나서야 나왔다. 게다가 말 한마디 통하지 않는 아침 담당 아주머니가 만들어온 음식은 상식 밖의 상태라 먹을 수가 없었다. 우리는 순례길에서의 천금같은 오전 시간을 2시간 가까이 허비하고 배도 채우지 못한 채 길에 섰다.

지체한 시간만큼 해는 더 높이 올라가 있었다. 오전부터 체감기온은 한여름 낮처럼 느껴졌다. 우리는 마을을 벗어나 완만한 오르막을 올라 바카리사Vacaroza 고개를 넘었다. 빌라바데Vilabade 마을을 거치지 않고 가는 카미노도 있다는데, 우리는 소나무 숲길을 지나 마을을 향해 걸었다. 마을 중심지에는 1457년에 세워졌다는 규모가 큰 고딕 양식의 교구 성당Catedral de Castroverde이 있다. 세월의 향기가 가득 배어있는 이곳에서 잠시 쉬어가도 좋았겠지만, 성당의 문은 닫혀 있었다.

빌리바데에서 넓은 목초지 사이 아스팔트길을 걸어 카스트로베르데Castro-verde까지 내리막을 내려갔다. 찻길과 합류한 카미노는 마을 중심지까지 이어졌다. 대형 마트를 비롯해 길 양쪽으로 가게들이 즐비했다. 하지만 일요일이어서 문은 대부분 닫혀 있었다. 우리는 오 카다보에서 실패했던 아침을 제대로 먹고 싶어 가게를 찾으며 카미노를 걸었다. 조그만 광장 한쪽, 문을 연 카페 하나가 보였다. 안쪽을 보니 이미 대여섯 명의 손님이 늦은 아침을 먹고 있었다. 우리는 따뜻한 크루아상과 오렌지주스, 커피 등으로 아침 식사를 다시 했다. 하지만 이때까지도 우리는 알지 못했다. 충실히 배는 채웠지만, 시간을 너무 많이 지체해 햇빛이 자꾸만 뜨거워지고 있다는 것을.

카페에서 나와 노란 화살표를 따라 걸으니 조그만 성당과 카스트로베르데의 시청이 마주보고 있는 광장이 나왔다. 광장 중심에는 하나의 우산을 여러 아이들이 함께 받쳐 든 모양의 분수대가 있다. 우산살을 따라 빗물 떨

카스트로베르데 시청과 아이디어가 빛나는 분수

어지듯 물방울이 떨어지는 분수는 앙증맞으면서 감동적이었다. '혼자만 살려하지 말고 함께 살아요.' 물방울 떨어지는 소리마다 그런 울림이 들리는 듯했다. 카미노는 광장을 벗어나 오른쪽 숲길을 오른다. 시골길을 걸어 다음 마을인 소우토 데 토레스CSouto de Torres까지 길은 험하지 않았지만 볕은 뜨거웠다. 그래도 산티아고 데 콤포스텔라까지 119.924km가 남았다는 순례길 공식 표지판이 걸음에 힘을 실어주었다. 우리가 사는 진주에서 부산까지 가는 거리다. 차로는 1시간 30분이면 충분한 거리, 정말 다 온 것 같은 기분이 들었다.

"그래도 진주에서 부산까지 걸어간다고 생각해봐라."

남편이 기분을 깼다. 하지만 맞는 말이다. 마지막까지 긴장을 늦추지 말고 겸손히 걷자, 다짐을 하며 걸음을 다시 옮겼다. 카미노는 나무 향기 가득한 숲길을 지나 로마네스크 양식의 소우토 데 토레스 성당으로 향했다. 성당 앞 널찍한 광장에는 이곳의 주임신부였던 사비노 세이하스Sabino Seijas가 1999년에 기증했다는 십자고상이 서있다. 그런데 섬세하게 조각된 그 돌 십자가보다 우리는 나무 그늘아래 놓인 벤치에 더 눈이 먼저 갔다. 더운 날과 긴 구간에 대비해 포도와 복숭아 등 과일을 충분히 챙겨 배낭에 넣어왔다. 벤치에 앉아서 먹은 포도는 체력회복에 도움이 좀 되는 듯했다. 하지만 이어진 좁고 험한 길 위를 걷는 몸은 조금 전 쉬었다 해도 돌아서면 다시 주저앉고 싶을 만큼 더위에 무기력해져 있었다. 십자고상 앞 벤치에서 한참을 쉬고난 뒤 고작 2.4km를 걸었는데, 돌로 지어진 농가들이 멋스럽게 자리한 빌라르 데 카스Vilar de Cas에 도착했을 무렵에는 더 이상 발이 옮겨지지 않았다. 마을에 가게는 없었지만 다행히 순례자를 위한 자동판매기 쉼터가 마련되어 있었고, 시설도 좋았다. 쉼터에는 과자와 음료 자판기를 비롯해 파스타와 샐러드 같은 요기가 될 만한 음식을 판

로마네스크 양식의 소우토 데 토레스 성당

사비노 세이하스Sabino Seijas 신부가 1999년에 기증한 십자고상

매하는 자판기까지 마련되어 있었다. 게다가 음식을 따뜻하게 조리해서 먹을 수 있도록 전자레인지와 조리대도 갖춰져 있었다.

그런데 어느 순간부터 나의 몸 상태가 조금 이상했다. 틀림없이 그늘에서 쉬고 있는데도 머리위에 뜨거운 주머니를 올려놓은 듯한 열기가 가시지 않았다. 그리고 피부의 숨구멍이 모두 막혀버린 듯 아무리 쉬어도 온몸의 뜨

빌라르 데 카스의 자판기 쉼터. 쉬어도 쉬는 것이
아닌, 열사병의 징조가 보이기 시작했다.

끈한 열감이 그대로였다. 남편이 샐러드와 파스타를 뽑아서 먹으라고 권했지만 나는 한 입도 삼키지 못했다. 그런데 지금 생각해보면, 물을 쓸 수 있는 싱크대가 있었는데 왜 여기서 얼굴과 팔에 물을 뿌려 열기를 내릴 생각을 못했었는지 모르겠다. 나는 그저 걸어야 할 길이 아직 한참 남았다는 생각에, 떨어진 물만 보충해 배낭에 넣고 다시 길에 올랐다.

평지에 숲길이 이어졌지만 이제 그 어떤 좋은 길이 나와도 걷기가 힘들 만큼 몸은 지칠 대로 지쳐있었다. 우리는 도로 옆 소나무 길에서 또 걸음을 멈췄다. 나무 아래 자리를 깔고 납작 복숭아를 먹으며 '더워야 물러가라' 외치며 빌었다. 찬 물을 머리에서 발끝까지 쏟아 붓고 싶었다. 그런데 우리에겐 마실 물도 점점 줄어들고 있었다. 속이 메스꺼워왔다. 이후에는 숲길도 아닌 찻길이 이어졌다. 그늘이 조금도 없는 그냥 땡볕이었다. 너무 더워 그런지 차들도 다니지 않았다. 우리가 너무 늦게 출발해서 그런 거라 생각은 되었지만, 어제 마을에서 봤던 그 많은 순례자들이 단 한 명도 보이지 않는다는 것이 두렵게 느껴졌다.

내 상태가 좋지 않다는 것을 안 남편은 다 비냐Da Viña 마을까지만 견디면 된다고 위로했다. 순례 안내 책자에는 이곳에도 자판기 쉼터가 있다 했으니, 물을 마음껏 마시고 몸도 식혀갈 수 있을 거라는 생각이었다. 드디어 마을에 도착을 했다. 하지만 마을을 아무리 둘러봐도 쉼터는 없었다. 오늘 같은 날에는 물을 살 수 있을 때 왕창 사서 욕심만큼 짊어지고 가고 싶지만, 그것은 그대로 짐이 된다. 몸을 더 빨리 지치게 할 뿐이다. 그래서 하루 전에 다음 루트를 살펴보고 물을 살 수 있는 마을, 자판기가 있는 마을을 꼭 체크해야 한다. 그렇게 내 몸이 짊어질 수 있는 만큼의 무게를 채우고 비우고 또 채워가며 걷는 것이다. 그런데 이날, 그게 어긋나버렸다. 살 수 없으면 얻어서라도 채워야 하는데, 인구가 26명이라는 마을에서는 단 한 명의 주민도 만나지 못했다. 닫힌 문이라도 두드려서 찬 물을 얻어 마시고 빈 물통을 채웠어야 했는데, 나는 그 요구를 강력히 하지 못했고 남편은 남은 물을 아껴 먹으면 될 것이라는 안이한 생각을 하고 말았다.

목적지인 루고Lugo까지 남은 거리는 6km. 우리는 계속 걸었다. 땡볕에 흙길이었다. 나는 토할 것처럼 속이 울렁거렸고 잠이 쏟아졌으며 온몸에서 열이 났고 쓰러질 것 같았다. 물도 몇 모금 남아있지 않아 마음껏 갈증을 씻어내지도 못했다. 나는 얼마 걷지 못하고 헬기장 옆 그늘에 주저앉았다. 나를 바라보는 남

위협적인 햇볕 아래 열사병 증상은 심각해져왔다.

편의 표정은 걱정으로 가득 찼다. 나중에 들어보니, 만약 내가 쓰러졌을 때 어떻게 해야 할지를 머릿속으로 떠올려 봤다고 한다. 차도 사람도 지나지 않는 길. 스페인 응급 전화번호는 몇 번일까? 전화를 해서는 이 상황을 어떻게 설명해야 할까? 겁이 났었다고 한다. 나중에 우리가 내린 결론은 이랬다. 그런 상황이 오기 전 몸이 이상 신호를 처음 보냈을 때, 순례니까 힘들어도 그냥 걷겠다는 오기를 접고 차를 불러 이동하는 융통성을 발휘했어야 한다는

것. 하지만 그 때는 그럴 수 있는 기회를 모두 보내버린 상황이었다. 그늘에서 쉰다고 하지만 나는 뜨거운 공기 속에 갇혀있는 듯 숨을 헐떡였다. 그래서 남편에게 천천히 걷자 했다. 그렇게 걸었다. 그냥. 어떻게 걸었는지, 고속도로 위를 지나는 두 개의 육교를 어떤 마음으로 건넜는지 모르겠다. 정신이 있었는지, 없었는지도 모르겠다. 그런데도 해는 끊임없이 우리 머리에서 약간 앞, 이마와 코 사이를 비추며 끝까지 따라왔다. 그늘 하나 주지 않고 죽어라 온 몸에 뜨거운 햇빛을 쏟아 부었다.

그런데 그렇게 걷고 또 걷다 보니, 저만치 거대한 돌 아치가 받치고 있는 오래된 철교가 보였다. 루고에 정말 다 왔다는 신호였다. 그제야 나도 정신이 들었다. "철교 안 찍어요?" 나에 대한 걱정 때문에 혼을 쏙 빼놓고 걷던 남편에게 동영상을 찍어놓으라 말하고 나도 사진 한 장을 남겼다. 나도 남편도 표정은 되찾았지만, 몸은 쓰러지기 직전이었다. 숙소에 발을 딛기까지, 도대체 얼마나 걸릴까를 생각하게 되자 또 기운이 쭉 빠졌다. 그런데 철교를 지나고 루고 구시가로 가는 계단을 오르자, 눈앞에 문을 연 카페가 보였다. 규모도 크고 인테리어도 멋졌는데, 우리에게 중요한 것은 문을 열었다는 것이었다. 축 늘어진 배낭에 조개를 달고 카페에 들어선 우리의 몰골을 본 주인아주머니가 주문을 하기도 전에 얼음이 가득 든 컵 4개와 커다란 물병을 가져와 우리 테이블 위에 놓았다. 이 더위에 미쳤냐는 표정이다. 그러면서 어제도 들었던 말을 쏟아놓았다.

"날씨가 정말 이상해! 갈리시아의 평범한 날씨가 아니야! 너무 덥지?"

나는 얼음물부터 벌컥벌컥 들이켜고 화장실로 향했다. 얼굴과 팔에 찬물

1879년 만들어진 20개의 돌 아치로 된 거대한 철교. 철교가 보이면 루고에 다 왔다!

을 끼얹었다. 두 번, 세 번, 계속해서 찬 물을 끼얹어 피부의 열을 내렸다. 눈이 반짝 살아나는 느낌이 들었다. 정신을 차리고 테이블에 돌아와 얼음이 가득 든 컵에 콜라 한 잔과 물 두 잔을 부어 마시고 카페를 나섰다. 감사의 인사를 여러 번 남기는 것도 잊지 않았다. 그제야 카페 간판이 눈에 들어왔다.

Ego mundi.

라틴어로 '나는 세상입니다'라는 뜻의 '에고 문디'였다. 어쩜, 눈물이 찔끔 났다. 순례길은 득도를 향해 있지 않다 했지만 결국은 깨달음을 위한 것이었을까. 분노와 감사와 행복과 고통까지 싸안고, 하루 온종일 내가 걷는 세계의 삼라만상을 경험하고는, 꼴딱 숨이 넘어가기 직전의 상태로 루고의 숙소에 발을 들여놓았다.

# 루고, 로마시대 성벽으로 둘러싸인 곳

밤 10시를 넘겨서야 지는 해. 루고의 산타 마리아 대성당의 첨탑 뒤를 아름답게 물들인다. 낮 동안 그렇게 우리를 힘들게 하고서는 아무 일 없다는 듯.

루고Lugo에서는 하루를 통으로 쉬어가기로 했다. 산티아고 데 콤포스텔라까지 이제 네 구간밖에 남지 않았는데, 몸을 추스르지 못해 포기하는 구간이 생겨서는 안 될 일이었다. 어제 우리가 탈진에 이르렀던 건 늦은 출발 때문이라고 남편과 나는 결론지었다. 그로인해 최고기온 36℃를 기록했던 그 시간에 길 위에 있게 되었고 온몸에 열이 찼던 것이다. 우리는 일단 해가 뜨기 전에 많이 걸어놓자는 계획을 세웠다. 그리고 최대한 짐을 줄이기 위해서 순례 뒤에 들를 발렌시아의 지인에게 짐을 한 번 더 보내기로 했다. 보낼 짐이라고는 갈리시아의 추위에 대비한 내피가 전부였지만, 그거라도 줄여서 몸의 부담을 덜기로 했다. 그리고 잘 먹고 푹 자자는 다짐도 빼놓지 않았다.

루고는 북쪽 순례길에서 오비에도와 함께 중요한 도시로 손꼽힌다. 로마시대에 쌓아올린 성벽으로 둘러싸인 구시가는 옛 모습을 고스란히 간직하고 있다. 성벽 바로 바깥에 숙소를 둔 우리는 성 안으로 들어가는 10개의 문 중 중앙광장을 향해 난 문을 통과해 구시가로 들어섰다.

우리는 구시가 관광에 앞서 우체국에 먼저 들러 배낭에서 덜어낸 짐을 지인에게 택배로 보냈다. 이어서 우리는 산티아고 아 노바 성당을 찾았다. 우리는 안내 데스크를 통해 성당으로 들어섰는데, 루고에서 순례를 시작하는 사람들은 이곳에서 순례자 여권을 만드는 모양이었다. 우리에게 크레덴시알을 만들 것이냐고 물어보는 여직원에게 바욘에서 만든 우리의 순례자 여권을 펼쳐 세요를 받았다. 제단을 향해 앉아 잠시 기도를 올린 우리는 다시 중앙 광장으로 돌아가 수많은 식당들 중에서 가장 친절하게 호객을 하는 직원의 안내를 받아 점심을 먹었다. 정말 고기를 양껏 먹었다. 잘 먹고 잘 쉰 뒤 내일 건강하게 다시 길 위에 서야겠다는 마음뿐이었다.

커피까지 여유롭게 마신 후 우리는 산타 마리아 대성당Catedral de Santa María

루고의 산타 마리아 대성당

산타 마리아 대성당의 주제단. 미사를 끝낸 노신부가 제단을 정리하고 있다.

으로 걸음을 옮겼다. 옛 바실리카가 있던 자리에 지어진 성당인데 1129년에 짓기 시작해 14세기에 완공이 되었다고 한다. 전체적으로는 로마네스크 양식을 따랐지만 증축과 개축을 거치다 보니 지금은 고딕과 바로크, 네오클래식 양식까지 어우러진 형태가 되었다. 그래도 그 덕에 성당은 서 있는 방향에 따라 전혀 다른 모습을 우리에게 보여주었다.

내부로 들어서니 주제단이 가장 먼저 눈에 들어왔다. 16세기에 만들어진 화려한 제단은 그야말로 빛을 뿜고 있었다. 제단의 모든 조각과 장식은 천상의 예수 그리스도를 표현한 천장의 그림에까지 시선이 옮겨가도록 역동적으로 표현되어 있었다. 평소에는 미사를 드리러 온 신자가 아니고서는 투명한 유리벽 바깥에서만 제단을 볼 수 있도록 해놓은 모양인데, 우리가 도착했을 때는 미사가 방금 끝났는지 제단으로 가는 낮은 철문이 열려 있었다. 운 좋게 제단 바로 앞자리에 앉아 제단벽도 감상하고 짧은 묵상의 시간도 가졌다. 미사를 끝내고 제단 주변을 살피던 노신부님은 정리가 모두 끝났는지, 우리에게 손짓하며 함께 나가자 하셨다. 우리가 뒤따라 나서자 신부님은 철문을 조심히 닫아 잠그고서는 우리 어깨를 두어 번 토닥여주셨다. 우리는 신부님께 고개 숙여 인사했다.

대성당을 빠져나온 우리는 산티아고 문 옆쪽의 계단을 통해 성벽을 올랐다. 성벽은 3세기에 완성되었다고 하는데, 2.1km의 길이로 루고의 구시가를 둘러싸고 있다. 성벽 위에는 2000년에 유네스코 세계 문화유산으로 지정된 것을 기념하는 비석이 서있었다. 무려 3세기에 지어진 로마의 성벽이 이렇게 원형 그대로 보존되어 있으니, 널리 알리고 잘 지켜내야 할 세계 문화유산임은 분명해 보였다. 루고의 성벽은 중간

3세기에 완성된 성벽을 오르는 길. 2000년에 유네스코 세계 문화유산으로 지정되었다.

중간에 동그란 망루가 있어 긴 길이임에도 밋밋해 보이지 않는다. 성벽의 원형 망루는 모두 72개나 되는데, 그 옛날에는 적군의 침입을 감시하는 곳이었겠지만 지금은 루고의 사람 사는 풍경을 조망하는 곳이 되었다. 40분 정도면 성벽 전체를 둘러 걸을 수 있다고 하는데, 우리는 체력을 아끼기 위해 숙소 근처의 계단까지만 걸었다. 짐도 줄였고, 입에 맞는 음식을 챙겨 먹으며 몸도 좀 추스렸으니 이제 다시 걸을 일만 남았다.

| 7.2km | 2.3km | 3.6km | 5.2km | 3.7km | 4.5km |
|---|---|---|---|---|---|
| 루고 | 세오아네  부르고 | 바쿠린 | 레토르타 | 네구랄 | 페레이라 |

이른 새벽, 여러 개의 성문들 중 산티아고 문 앞에서 순례를 시작했다. 문 위쪽에 조각된 말을 탄 전사 모습의 야고보 성인처럼 씩씩하게 오늘 순례를 끝낼 수 있기를 빌었다. 카미노는 산티아고 길로 이어졌고 미뇨 Miño 강가까지 내려가 1세기 로마인들에 의해 만들어졌다고 하는 로마 다리로 연결됐다. 다리는 수차례에 걸쳐 보수공사가 이루어졌지만, 루고의 성벽처럼 원래의 모습을 잘 유지하고 있는 유산이란다.

산티아고 문을 통해 다시 길에 올랐다. 문 위쪽에 말을 탄 전사로 묘사된 산티아고 성인의 모습이 보인다.

루고를 출발한 지 두 시간. 어느새 7km를 걸어 산 비센테 도 부르고 San Vicente do Burgo 마을에 들어섰다. 딱 쉬고 싶은 순간인데, 마을 어귀에 순례자를 위한 자판기 쉼터가 있었다. 오늘 거쳐 가는 마을도 인구가 적은 산골 마을들이라 식당이나 바르를 찾기 힘들다고 하는데, 순례자 숫자가 늘어나다 보니 이런 간이 휴게 공간도 필요해진 모양이다. 마을을 빠져나와 마음까지 탁 트이는 넓은 들판 사이를 걸었다.

이어서 카미노는 숲길로 바뀌었다. 숲길을 빠져나와 산 미구엘 데 바쿠린San Miguel de Bacurín 마을로 이어지는 도로에서는 순례길 표지석을 새롭게 단장하는 작업이 한창이었다. 원래 있던 조가비 문양을 파내고 새로운 문양을 채워 넣는 작업이었다. 갈리시아에 접어들어 지나온 길에서 본 표지석이 모두 새로운 것으로 바뀐 걸 보면 주 경계에서 산티아고 데 콤포스텔라를 향해 작업을 해나가고 있는 듯했다. 따가

순례 표지석을 새롭게 꾸미는 작업이 한창이었다.

운 햇살 아래 하나하나 수작업을 해야 하니 힘들 것은 분명했지만 좀 아쉬운 점이 있었다. 파손되거나 색이 바랜 걸 바꾸는 건 좋은데 앞서 도자기 재질이었던 가리비를 떼어내고 본새 없는 스티커를 붙이는 건 실망스러웠다. 그리고 가리비 모양이 이랬다저랬다 방향에 일관성이 없는 것도 이해가 되지 않았다.

우리는 12세기에 지어진 로마네스크 양식의 산 로마오 다 레토르타 성당 Iglesia de San Romao da Retorta과 그에 딸린 묘지를 에둘러 걸었다. 성당 옆 표지판에

는 레토르타의 공립 알베르게와 우리의 목적지인 페레이라의 사설 알베르게 표지가 나란히 서 있다.

우리는 사립 알베르게의 야외 테이블에 배낭을 내렸다. 하지만 아직 개방 시간이 아니라 그런지 닫힌 알베르게 앞 풍경은 조금 을씨년스러웠는데, 다리를 절룩이는 한 남자와 그를 부축한 여자가 입구에 들어섰다. 우리가 휴식을 취하는 동안 그들은 이미 불러 놓은 듯 보이는 택시에 황급히 올라탔다. 두 사람의 얼굴에는 스스로에 대한 실망이 가득해 보였다. 긴 순례를 한 것 같지는 않아 보였지만, 자신들이 약속한 길을 걸어내지 못했기에 절망이 컸으리라. 이제 산티아고 데 콤포스텔라까지 남은 거리는 고작 80km 정도. 하지만 남은 길을 쉬이 여기진 말자, 다짐을 했다.

우리가 '단추나무'라 불렀던 유칼립투스 길을 따라 걷는다.

순례자를 위한 푸드 트럭. 쉼터가 많이 없는 프리미티보 길에서는 더욱 반가운 존재다.

목적지인 페레이라로 가는 길에는 '단추나무'가 참 많았다. 열매가 마치 코트 단추처럼 생겨 우리가 붙인 이름인데, 진짜 이름은 유칼립투스 나무다. 우리의 기억 속에는 이 단추나무가 보이기 시작하면 길은 평탄했고 그늘이 평온을 줬으며 이들이 뿜어내는 독특한 향기가 상쾌함으로 우리를 감쌌다. 그래서 우리는 "단추나무~ 단추나무~"로 시작하는 자작곡을 만들어 부를 정도로 이 유칼립투스 나무를 좋아했다. 아쉽게도 오늘 길에는 열매인 단추가 없어 향은 덜했지만 멋지게 뻗어있는 '단추나무' 길을 거쳐 자갈과 모래가 많은 흙길을 걸었다.

빌라카르피데Vilacarpide 언저리에 들어서니 나무그늘 아래 푸드 트럭이 하나 세워져 있었다. 손님은 없는데 젊은 부부와 예닐곱 살쯤의 남자 아이까지 세 가족이 트럭을 지키고 있었다. 우리가 캔 콜라 2개를 주문하자, 아빠는 일부러 아이에게 돈 계산을 시키며 덧셈 뺄셈을 가르쳤다. 아이는 우리가 콜라를 마실 동안 그림을 그리고, 엄마와 수다를 떨고, 아빠와 장난을 쳤다. 속속들이 그들의 삶을 알지는 못하지만, 생업이자 여행인듯 보이는 길 위에서의 모습이 여유롭고 또 행복해 보였다.

마을을 지나면서 보니 독특한 무늬의 돌로 만든 오레오가 넓은 정원을 독차지하고 있는 농가가 보였다. 갈리시아의 오레오는 옆으로 길쭉한 직사각형 모양으로 아스투리아스 지역의 오레오와는 다르게 생겼다. 오전부터 걸

갈리시아의 오레오는 가로로 길게 생겼다.

으며 여러 개의 갈리시아 오레오를 봤는데, 모두 나무판으로 벽을 둘러 만들어 놓았었다. 그런데 이 오레오는 특이하게도 돌로 벽을 세웠고 색깔로 무늬도 그려 넣어 눈길을 끌었다.

등 뒤로 해를 둔 채 도착한 인구 5명의 페레이라Ferreira 마을에는 2개의 사립 알베르게와 작은 바르가 있다. 우리가 묵은 곳은 바르 옆에 있는 축사를 개조해 만든 사립 알베르게였다. 마을에 식당이나 편의시설이 충분히 없다 보니 숙소에서는 미리 예약을 받아 정해진 시간에 순례자들이 모두 모여 저녁을 먹도록 했다. 와인과 빵, 샐러드가 기본으로 제공되고 해산물 파에야 Paella, 스페인의 전통 쌀요리가 주 메뉴로 나왔다. 커다란 솥에 수십 명이 먹을 파에야를 한꺼번에 만들어 특별 행사처럼 포토타임까지 가졌다. 식사를 하는 동안

알베르게의 순례자 공동식사. 한곳에 묵고 한솥밥을 나눠먹으니 식구가 된 것 같다.

에는 이야기꽃이 피고 웃음꽃이 만발했다. 다른 테이블에 앉은 순례자들까지 모두 친해질 수는 없었지만, 우리 곁에 함께 앉아 손짓발짓 섞어가며 온갖 이야기를 나눠준 네덜란드 두 아저씨와 마드리드에서 온 모녀는 그야말로 식구가 된 것 같았다.

순례자들의 식사는 짧고 굵었다. 그리고 거의 동시에 자리에서 일어선 30여 명 순례자들의 작별 인사는 간단했다. 때와 장소 가리지 않고 통용되는 순례자들의 만국 공통어가 이곳저곳에서 울려 퍼졌다.

"Buen Camino!"

```
        5.6km         1.3km        4.5km         7.2km         1.4km
  ▶ ─────────●─────────●─────────●─────────●─────────▶
페레이라   아스 세이샤스  카사카미뇨    빌로우리스       오마스카뇨  멜리데
```

페레이라의 새벽 풍경

차가운 공기를 간직한 페레이라<sup>Ferreira</sup>의 새벽 풍경을 안개가 감쌌다. 지난 서른 네 구간의 순례길을 걸으며 엄청난 안개 속을 헤쳐 왔건만, 이날은 마음이 남달라서 조금 당황스러웠다. 그렇다, 이제 순례는 고작 3일 남았다. 게다가 오늘은 프랑스 길과 합쳐지는 멜리데가 목적지라, 프리미티보 길을 걷는 날은 오늘이 마지막이다. 가슴은 쿵쾅대는데 마음은 그 어느 때보다 고요했다.

우리가 묵었던 숙소는 페레이라의 초입, 조그만 개울에 걸쳐있는 로마식 다리를 지나 마을로 향했다. 우리가 묵었던 곳보다 먼저 생겼다는 알베르게에서 순례자 두 명이 길에 합류했다. 카미노는 식수를 제공하는 샘터<sup>Fuente de San Jorge de Augasanta</sup>로 이어졌다. 성인의 석상이 자리한 것을 보니 의미가 있는 샘터인 것 같아 손을 모아 물을 떠서 목을 축였다. 샘터 옆 앙증맞은 다리를 건너니 길은 농가들을 지나 공동묘지로 둘러싸인 성당으로 향해 있었다. 산슈르쇼<sup>San Xurxo</sup>의 이 작은 성당은 아침 햇살을 받아 신비롭게 빛나고 있었다.

숲길을 가리키며 서 있는 공식 표지석에는 산티아고 데 콤포스텔라<sup>Santiago de Compostela</sup>까지 남은 거리가 68.107km라고 표시되어 있다. 내 마음이 생글생글 웃고 있음이 느껴졌다. 지나치는 몇몇 순례자들의 얼굴에도 여유가 살아난 듯 보였다. 그늘을 이룬 숲길은 걷기 편했다. 해는 벌써 중천에 뜨고 기온도 조금씩 높아져 가지만, 독특한 오렌지 빛 카미노 타일을 비추는 햇살은 왠지 뜨겁지 않고 따스하게만 느껴졌다.

아스 세이샤스<sup>As Seixas</sup>의 농가들을 거쳐 카사카미뇨<sup>Casacamiño</sup>를 지난 우리는 해발 798m의 카레온<sup>Careón</sup> 산을 향해 올랐다. 그늘이 되어줄 나무가 없어 햇볕을 고스란히 받으며 걸어야 했지만 시야는 시원하게 트여 있었다. 카미노는 카레온 산의 정상까지 오르지 않고 정상을 1.3km 앞두고서 왼쪽으로

산 슈르쇼 데 아우가산타스 성당. 묘지의 십자가들 너머로 종탑이 보인다.

우회한다. 내리막이 시작되면 저 멀리 오늘의 목적지 멜리데가 보인다. 목
초지가 펼쳐진 완만한 내리막을 걷는 동안에 바람이 선들선들 불어 더위를
조금은 날려 주었다.

빌로우리스Vilouriz 마을을 지날 즈음 뒷모습이 낯익은 순례자 한 명이 앞서
걷는 것이 보였다. 일흔 나이는 훌쩍 넘겼을 일본 어르신이었다. 북쪽 길 15
번째 구간을 걷고 도착한 산티야나 델 마르에서 처음 본 이후 오비에도로 향
하던 길에 묵은 폴라 데 시에로의 공립 알베르게에서도 만났고 어제 페레이
라의 숙소에서도 함께 묵었다. 가장 긴 구간 동안 우리와 함께 걷고 있는 순
례자인 셈인데, 희한하게도 이야기를 나눌 시간이 지금껏 단 한 번도 나지
않았다. 그런데 빌라모르 데 아리바Vilamor de Arriba 마을에 도착해 보니 십자가
가 있는 조그만 광장의 샘터 옆 돌 의자에서 그가 쉬고 있었다. 우리도 그 옆

에 자리를 잡고 앉았다.

그는 도쿄에서 왔다고 했다. 우리
가 대화를 나눌 수 있는 언어인 영
어를 어르신이 잘 하지 못해 깊은
이야기를 나누지는 못했는데, 그가
걸어온 카미노에 대한 내용은 이해
할 수 있었다. 그는 프랑스의 솜포

카레온 산 정상을 왼쪽으로 우회하는 길에 우리를
앞서 걷던 부부 순례자. 우리의 모습도 저럴까?

르트Somport에서 시작해 스페인의 푸엔테 라 레이나Puente la Reina에 도착하는
200여 킬로미터의 아라곤 길Camino Aragonés을 먼저 걸었다 했다. 푸엔테 라 레
이나는 프랑스 길이 지나는 마을이기도 해서 보통은 그곳에서 프랑스 길
Camino Francés을 걷는데 그는 북쪽 길을 걷고 싶어 산탄데르로 이동했고 거기
서부터 북쪽 길과 프리미티보 길을 걷고 있다는 것이었다. 새까맣게 그을린
피부와 약간 저는 듯 걷는 걸음이 불안해 몸은 괜찮으냐고 여쭈었더니 엉뚱
하게도 이런 답을 하셨다.

"난 걷는 게 가장 좋아."

내 말을 못 알아들어서 한 대답일지는 몰라도 그 말은 내 가슴에 콕 박혔다.
그랬다, 걷다 보면 그런 순간이 온다. 걷는 순간이 가장 행복하다고 여겨
지는 순간이. 순례길을 걷는다 하면 사람들은 누구나 물어온다. '왜 힘든 순
례를 하느냐'고. 뭔가 멋진 대답을 해야 할 것만 같아서 이것저것 궁리를 해
본 적도 있었다. 하지만 걷다보면 안다. 답은 "그냥"이라는 걸. 발에 물집이
생겼다가 사라지고 다리에 생긴 근육통으로 잠 못 이루던 날들도 지나고, 비

"난 걷는 게 가장 좋아"라고 이야기했던 일본인 순례자가 우리를 앞서 걷고 있다.

바람 속을 걷다 천둥번개에 놀라 자빠질 뻔한 일도, 일사병이 걸릴 만큼 힘들었던 하루도 모두 지난 일이 된 지금, 이른바 산전수전 다 겪은 뒤에도 내가 순례길을 걷는 이유는 '그냥'이다. 그냥 그렇게 걷다 보면, 길 위에 있을 때의 내가 가장 행복한 모습인 것을 깨닫는다. 그러면 '길 위의 순간이 가장 행복해서'라고 선뜻 답하면 될 것 같지만 그럴 수는 없다. 그건 그냥, 걸어봐야 알 수 있는 거니까.

일본 어르신과 헤어져 빌라모르 데 아바이쇼Vilamor de Abaixo를 지나고 도시화된 주택들이 들어선 지역을 거쳤다. 이어진 길을 따라 푸렐로스 개천으로 다가서는데 다리 위 나무그늘 아래에서 쉬고 있던 미국 청년 4인방이 우리를 먼저 발견하고는 크게 손을 흔들었다. 프리미티보 길이 우리에게 선사한 거센 비바람과 혹독했던 더위를 모두 견뎌내고 여기까지 잘 왔다며 서로를 격려했다. 이제 프랑스 길과 합쳐지는 멜리데Melide로 들어서면 다시는 볼 수 없을 거라는 생각도 들어 인사를 더 뜨겁게 나눴다.

빽빽한 유칼립투스 길을 지나고 콤포스텔라 마을을 거쳐 멜리데로 가는 차도에 올랐다. 멜리데에 도착해 카미노를 이어갈 순례자들은 노란 화살표를 따라 성당이 있는 콘벤토 광장 방향으로 길을 걸었지만, 우리는 검색해둔 저렴한 호스텔을 찾아 조금 다른 길을 걸었다. 그랬더니 마을 어르신들이 우리가 길을 잃었나 싶어, 이 길은 카미노가 아니라며 몸짓발짓을 섞어 카미노를 알려주신다. 매일 수많은 순례자를 볼 텐데도 순례자를 향한 친절을 잃지 않는, 그들의 신심에서 비롯된 따뜻함이 느껴졌다. 숙소를 찾으며 보니 프랑스 길을 통해 도착한 순례자들의 물결이 눈에 띄었다. 내일부터는 그 순례자 물결 속에 우리도 한 점이 되어 합류하게 되겠지, 나는 숙소를 찾아 걷던 것도 잊고 산티아고 데 콤포스텔라로 향하는 물결을 조금 오랫동안 지켜보며 서 있었다. 그렇게 여유를 부렸는데도 숙소에 도착한 시간은 정오가 되기 전이었다. 이날 이 지역의 낮 최고 기온은 무려 39℃, 폭염이 쏟아지기 전에 도착해 천만다행이었다.

멜리데에 들어서니 강렬한 벽 그림이 순례자를 반긴다.

어둠이 채 가시기도 전, 우리는 멜리데의 숙소를 나서 산 페드로 성당Iglesia de San Pedro de Melide 앞에 섰다. 33km가 넘는 먼 길을 걸어야 하는 날이라 다른 날보다 더 일찍 길에 올랐다. 카미노는 멜리데 시내를 빠져나가 국도인 N547을 건너 이어져 있다. 길을 곧장 가면 산타 마리아 성당 옆으로 카미노가 나있고, 성당을 지나 돌 징검다리가 놓여있는 작은 개울을 건너 숲길을 걷는다. 라이도Raido에 들어서면 곧바로 큰 도로를 만난다. 이 도로 옆을 따라 걷는 자갈길이 바로 카미노다.

보엔테Boente 마을에 이르러 찻길로 들어서려는데 우리를 앞서가려던 자전거 순례자들이 속도를 늦춰 '부엔 카미노'하며 크게 인사를 건네 왔다. 찻길 건너 보이는 성당은 19세기에 지어진 산티아고 성당Iglesia de Santiago ed Boente이다. 4년 전 프랑스 길을 걸을 때의 추억 때문에 이 성당은 잊을 수가 없다. 당시 성당 쪽을 향해 찻길을 건너고 있는데 성당을 나와 어디론가 가시려던 노신부님이 우리를 보고는 걸음을 멈추셨다. 그리고 우리를 성당 옆문으로 이끄셨는데, 문을 들어서니 왼쪽 안으로는 사무실이 있는 듯했고 입구의 좁은 공간에는 산티아고 성인을 기념하는 사진들이 벽에 가득 붙어 있었다. 신부님은 우리의 순례자 여권을 받아 손수 세요를 찍어주시고 우리를 위한 축복 기도를 한참이나 해주셨다. 당시 프랑스 길과 북쪽 길을 오가며 좌충우돌했던 고된 순례길이라 마음이 너무 굳어있었는데, 신부님의 친절과 기도 덕분에 굳었던 마음이 사르르 녹아내리는 걸 경험했었다. 이번에는 그 옆문이 굳게

보엔테의 산티아고 성당. 4년 전의 고마운 추억이 담긴 곳이다.

닫혀 있었다. 다행히 본당으로 들어서는 문은 활짝 열려 있었는데, 아침부터 세요를 찍으려는 순례자들이 성당 입구 테이블 쪽으로 길게 줄을 서 있었다. 우리는 그 복잡함을 뚫고 성당 안으로 들어서서 잠시 기도하는 시간을 가졌다. 두 번째 순례길을 무사히 걷고 있음에 감사를 드리고 4년 전 우리에게 무한한 축복을 해주셨던 노신부님의 건강과 행복을 빌었다.

마을을 벗어나면 보엔테 계곡으로 1km 가량은 내리막 숲길이 이어지며 카스타녜다Castañeda와 리오Río 마을을 지난다. 국도 위를 건너는 육교를 통해 유칼립투스 숲으로 올라가는데, 뒤따라오는 발소리가 들려서 돌아보니 아일랜드 순례자 숀이다. 그런데 이번에는 아버지가 없이 혼자였다. '안녕!'하고 반갑게 인사를 건넸는데, 그는 시무룩한 표정으로 우리를 앞질러 갔다. 흰 머리칼이 무성했던 아버지에게 무슨 일이 있었나, 걱정이 되었다. '부디 아무 일 없기를!' 앞서가는 그의 등을 보며 순례길 끝까지 그도 아버지도 무

탈하기를 기원했다.

중세 시대의 돌다리를 걸어 이소^Iso 강을 건너면 리바디소 다 바이쇼^Ribadiso da Baixo 마을이다. 이곳에서 쉬어가도 좋았겠지만, 우리는 다음 마을인 아르수아^Arzúa에서 점심을 먹으며 쉬기로 하고 계속 길을 걸었다. 무더웠던 어제와 달리 아르수아에 도착할 무렵에는 빗방울이 듣기 시작하더니 점심을 먹고 다시 길에 오를 때는 빗방울이 굵어졌다. 우리는 비옷을 갖춰 입고 14세기에 지어진 막달레나 소성당^Capilla de la Magdalena과 현대식 교구 성당을 지나 아르수아를 빠져 나왔다. 여기서부터 목적지인 페드로우소까지 20km에 이르는 길은 숲길이 아름답고 오르막과 내리막도 완만해 어려움 없이 걸을 수 있다.

숲길에 들어서고 얼마 지나지 않아 비는 그쳤다. 하지만 구름 가득한 하늘은 그대로여서 더위에 허덕이지 않고 편히 걸을 수 있었다. 비가 오고 바람

카미노는 헷갈리는데, 알베르게를 향한 길은 멋지게 설명돼 있다.

이 불고 갑자기 차가운 기운마저 몰려오고, 변화무쌍한 갈리시아의 날씨를 순례길이 끝날 무렵에서야 맛보는가 싶었다.

우리는 랑구에요Langüello 개천 위로 설치된 보행자 길을 걸어 떡갈나무 숲으로 들어섰다. 언제부터인지 영어를 쓰는 단체 순례자들이 떠드는 소리가 숲 전체를 울리고 있었다. 이제는 새소리가 아닌 사람들의 목소리를 벗 삼으며 걸어야 하는 성지 가까운 지점까지 정말 오기는 온 모양이었다.

살세다Salceda 마을을 지나니 지금껏 찻길과 나란히 나있던 카미노가 도로와 점점 멀어져 언덕으로 이어진다. 숲길을 걷는 길은 또 다시 여러 작은 마을들을 거친다. 그런데 오 엠팔메 마을의 굴다리를 앞에 두고 애매한 표지판 때문에 길이 헷갈리기 시작했다. 프랑스 길에서는 순례 표지는 볼 필요도 없이 사람들만 따라 걸으면 된다고 생각했는데, 그 많던 순례자들은 어디로 사라져버린 것인지. 두 길 모두 어디선가 만나겠지 싶었지만, 이미 녹초가 될 만큼 긴 거리를 걸어온 터라 에둘러 가고픈 마음은 조금도 없었다. 그런데 그때 어디에선가 성큼성큼 청년 순례자 한 명이 나타나더니 갈등 없이 터널 길로 향했다. 우리도 그를 따라 걸었다.

산타 이레네Santa Irene에 이르자, 삼삼오오 걷는 순례자들이 보이기 시작했다. 열 살쯤 돼 보이는 여자아이와 엄마가 함께 걷고 있는 모습도 보였다. 점심 때 이후부터 계속 봤으니 아이도 오늘 20km 이상 긴 길을 걸었을 텐데, 여전히 발걸음이 경쾌했다. 엄마랑 도란도란 이야기도 나눠가며 즐겁게 걸었다. 만날 때마다 그랬던 것처럼 이번에도 우리는 아이와 눈을 마주치며 "올라!" 인사를 했다. 그런데 지금껏 맞받아 인사를 하던 아이가 이번에는 아무 말 없이 앞으로 달려가버리는 것이 아닌가. 조금 서운한 마음이 들 즈음 아이는 10미터 쯤 앞에 있던 순례 표지석 위에 유칼립투스 열매를 올리

"부엔 카미노" 선물 같은 인사를 건넸던 아이와 엄마

고 우리를 돌아보며 "부엔 카미노~" 수줍게 인사를 한다. 우리는 아이가 건
넨 소중한 선물을 안고 산티아고 데 콤포스텔라로 가기 위한 마지막 기착지,
오 페드로우소O Pedrouzo에 도착했다.

[36구간] 오 페드로우소 ~ 산티아고 데 콤포스텔라 19.4km

## "드디어! 감사의 울컥함"

| 3.3km | 3.9km | 3.6km | 3.7km | 4.9km |
|---|---|---|---|---|
| 오페드로우소 | 아메날 | 산파요 | 빌라마요르 | 산마르코스 | 산티아고 데 콤포스텔라 |

처음 경험하는 것도 아닌데, 순례의 '끝'이 왔다는 느낌은 너무도 신기했다. 오 페드로우소의 찻길을 벗어나 아무도 없는 들판 길을 걷다가 우리는 신발을 찍어놓기로 했다. 흙길 위에 발을 모아 신발 네 짝을 찍었다. 36 구간의 순례길을 걸으며 산전수전 다 겪은 등산화는 닦아도 닦이지 않는 찌든 때는 기본이고 발가락이 접히는 부분에는 구멍까지 나버린 초라한 행색이다. 우리가 어떤 길을 걸어왔는지를 거짓 없이 보여주는 증인. 우리는 행여나 산티아고에 도착했을 때 내 감정에만 너무 빠져 이들에 대한 감사를 잊을까 싶어 미리 카메라에 담아 두었다.

오 페드로우소의 순례 기념 비석. 수많은 순례자들이 이곳에서 순례 마지막 날을 기념한다.

우리는 찻길과 숲길을 연이어 걸어 순례자들이 기념촬영을 많이 하는 순례비석도 지났고 산티아고 공항 옆길도 지났다. 길 위의 순례자는 정말 폭발적으로 늘어나 있었다. 프랑스 길 위에는 순례자를 위한 시설이 워낙 많아 화장실 가는 건 문제도 아닐 듯 싶었는데, 산 파요<sup>San Piao</sup>에서는 시설이 수요를 따라가지 못하는 듯했다. 마을에 거의 다다랐을 때 소변이 급해진 나는 순례자들로 넘쳐나는 길 옆 바르에 들렀다. 잠시 화장실만 쓰고 나오려고 했는데, 화장실은 음료를 주문하고 받은 영수증에 적힌 비밀 번호를 누르고서야 들어갈 수 있었다. 그것도 짧지 않은 줄을 서야 했다. 상황을 눈치 챈 남편이 얼른 바깥의 빈 테이블을 보고 자리를 잡은 뒤 주문을 했다. 나는 비밀 번호를 받아 무사히 화장실을 이용했고 우리는 본의 아니게 야외 테이블에 앉아 수많은 순례자들의 움직임을 지켜보며 커피를 마셨다.

콘코르디아 공원. 다 왔는데 다 온 것이 아니다!

그런데 그렇게 쉬기를 잘했다. 네 사람이 한꺼번에 우리를 보고 두 손을 번쩍 들며 오는데, 그들은 프리미티보 길을 내내 함께 걸었던 미국 청년 4인방이었다. 4인방 중에서도 흑인 여성의 감격이 가장 큰 듯했다. 그녀는 날렵한 몸매에도 불구하고 경사가 급한 프리미티보의 산길을 무척이나 힘들어 했었는데, 마지막 목적지를 코앞에 두고서는 "다 왔어, 축하해, 멋져!"라고 소리치며 춤을 추듯 뛰었다. 우리도 "축하해, 고생했어!"하고 외치며 두 손을 뻗어 그들의 마지막 순례길을 축복했다. 그곳에는 순례 마지막 길에 선 수많은 순례자들이 있었지만, 프리미티보 길을 함께 걸어온 우리만의 기쁨은 알 수 없을 터였다.

산과요를 벗어나 다음으로 우리가 걸음을 멈춘 마을은 라바코야Lavacilla였다. 카미노는 라바코야의 개천을 건너도록 나 있다. 전해지는 이야기에 따르면 중세의 순례자들은 깨끗한 몸으로 성지聖地에 들어서기 위해 산티아고 데 콤포스텔라를 10km 정도 앞둔 이곳에서 옷을 벗고 몸을 씻었다고 한다. 그 너머 시작되는 오르막은 산 마르코스 마을 끝, 순례자 기념물이 있는 고소산Monte do Gozo를 향해 있다. 고소Gozo는 '기쁨'을 뜻하니, 곧 '기쁨의 산'이라는 뜻이다. 고소산은 순례길에서 처음으로 산티아고 대성당의 탑과 도시가 보이는 곳이라 한다. 중세의 순례자들이 순례 마지막 날 이곳에 올라 처음으로 산티아고 데 콤포스텔라Santiago de Compostela를 눈으로 확인 했을 때의 기쁨이 어땠을까? 지금은 고소산에 서도 대성당은 잘 보이지 않는다. 하지만 많은 순례자들이 여전히 그곳에 서서 순례의 마침을 기뻐하고 감사한다.

이제 정말 산티아고 데 콤포스텔라로 들어선다. 야고보 성인의 품을 향해 걷는 순례자들의 격한 감정을 아는지 모르는지, 길은 정말 볼품없고 혼잡하며 위험하기까지 하다. 고속도로 위를 건너고 철길을 지나고 찻길 옆을 걸어 콘코르디아 공원Praza da Concordia에 도착했다. 다른 순례자들 틈에 끼여 순례자 기념물과 거대한 기념비를 배경으로 사진도 찍으며 여유를 부려보지만, 마음은 이미 길을 걷고 있었다. 외곽의 현대적인 상가와 주택가는 어떻게 지났는지도 모르겠다. 구시가로 들어서 산 페드로 길을 지나고 포르타 도 카미뇨Porta do Camiño, '카미뇨'는 '카미노'의 갈리시아 표현이다.를 통과해서 저 멀리 산티아고 대성당의 첨탑이 보이는데도, 대성당은 좀처럼 나타나지 않았다. 36일에 걸쳐

산티아고 대성당이 보이는 오브라도이로 광장에 앉아 산전수전 다 겪은 발과 신발에 감사하며!

850km를 걸어오면서, 눈에 목적지가 보이더라도 걸음걸음을 옮겨 도착하려면 결코 가까이 있지 않다는 걸 매일 경험했었다. 하지만 산티아고 대성당을 눈앞에 두니, 그 경험도 무색해지고 말았다. 마음이 서둘러 뛰었다.

가슴이 쿵쾅대는 리듬에 따라 사진 폴더를 클릭해 넘기듯 수많은 장면들이 머리를 스쳐갔다. 걷지 않았으면 보지 못했을 순례길의 순간순간들이 단번에 떠올랐다. 그때마다 내 삶의 소소한 순간들 역시 놓치지 않으며 살겠다, 다짐했던 기억도 고스란히 살아났다. 한 걸음 한 걸음을 걸어 힘겨운 순례를 끝까지 이어왔듯이, 험난한 인생의 날들도 고스란히 나의 것으로 받아 안으며 아름답게 걸어낼 수 있겠다는 믿음이 생겨났다.

우리는 드디어 오브라도이로 광장Praza do Obradoiro에 발을 딛고 산티아고 대성당Catedral de Santiago의 정면을 향해 섰다. 드디어 북쪽 길 850km를 모두 걸어냈다.

"애썼다."

다른 이들은 이런 순간에 어떤 말들을 나누는지 모르겠지만, 남편과 나는 그렇게 서로를 토닥였다. 그리고 격한 포옹도 나눴다. 끝냈다는 감정이 커서 의외로 덤덤했던 4년 전과는 달리 나는 왈칵 눈물이 났다. 감격과 환호, 기쁨, 그런 감정 보다는 '감사'의 울컥함이 컸던 것 같다. 무탈하게 지켜주신 하늘의 그분께, 응원과 기도를 해준 모든 분들께, 길 위에서 친절과 배려로 도움을 준 수많은 이들에게, 짐과 몸의 무게를 싣고 끝까지 버텨준 발과 신발에게, 그리고 무엇보다 함께한 서로에게.

# 산티아고 데 콤포스텔라, 꿈꾸는 영혼들의 종착지

"완전 공사 중이네?"

울컥했던 마음을 추스르고 난 뒤 우리가 동시 내뱉은 말이다. 산티아고 대성당 Catedral de Santiago은 두 탑을 제외하고는 정면 전체가 상상했던 화려한 조각이 아닌 수많은 공사용 파이프로 뒤덮여 있었다. 이번이 처음이었다면 엄청 실망할 뻔 했다. 순례자 모두가 이곳까지 걸어오는 과정에 의미를 두고 있겠지만, 번듯한 산티아고 대성당을 배경으로 순례 증명사진을 남기고 싶은 마음에 아쉬움이 클 것임은 분명해 보였다.

산티아고에 도착하는 날, 순례자들은 대부분 걷는 구간을 짧게 잡거나 꼭 두새벽부터 길을 걸어 오전에 순례를 마치려 한다. 낮 12시에 열리는 산티아고 대성당의 순례자 미사에 참석하기 위해서다. 하지만 우리는 마지막 순례길도 여유롭게 걸었다. 정오를 넘긴 시간에 산티아고 대성당 앞에 도착해 수만 가지의 감정들을 고스란히 느끼며 광장에 머물렀다. 순례자 사무소에 줄을 서서 순례 인증 증서인 콤포스텔라 Compostela를 받느라 더 많은 시간이 걸리긴 했지만, 급할 것 없는 마음은 그것 또한 순리로 받아들였다.

우리는 순례를 끝낸 다음 날 순례자를 위한 대성당의 정오 미사에 참석을 했다. 미사가 시작되기 전 일찍 자리를 잡고 앉아 머리를 숙이고 두 손을 모았다. 순례의 걸음을 모두 끝냈을 때의 그 감사를 하나하나 떠올려 기도했

2013년 6월 산티아고 대성당. 바로크 풍으로 화려하게 조각돼 있다. 이 서쪽 정면은 18세기에 증축되었다.

다. 미움과 분노와 힘겨움과 아픔까지 길 위에서는 수많은 나쁜 감정들도 있었는데, 희한하게도 눈을 감으니 감사만 떠오른다.

스페인어로 집전되는 미사의 내용을 제대로 알아듣지는 못했지만, 순례에 참석한 나라들을 하나하나 부르며 축복하는 중에 '한국'을 불렀을 때는 마치 나의 지난 걸음을 모두 알고 위로하는 것 같아 가슴이 뭉클했다. 단체로 순례길을 걸어온 학생들의 성가도 가슴을 울렸다. 그런데 아이들의 성가가 끝난 뒤, 미사도 끝나 버렸다. 당연히 4년 전처럼 커다란 황금빛 향로 보타푸메이로Botafumeiro를 흔드는 강복 의식이 있을 줄 알았다. 대성당 천장에는 1851년 조세 로사다가 제작한 무게 80kg, 높이 1.6m에 이르는 초대형 향로가 매달려 있다. 4년 전 미사 때는 8명의 붉은 옷을 입은 사람들이 향로가 매달린 줄을 잡아당겨 대성당 천장을 크게 비행하도록 하는 의식을 행했는데, 놀라움과 감동으로 눈을 뗄 수가 없었다. 특히 순례를 하느라 땀 냄새가 배고 혹은 질병에 걸린 순례자들에게 향을 쏘이게 했던 전통적인 의식이라, 다시 볼 수 없었던 게 아쉬웠다. 나중에 다른 순례자들의 글을 보니,

2013년 순례자 미사. 8명의 수사들이 커다란 향로를 비상시키는 의식을 하고 있다.

2017년 영광의 문은 대대적인 복원 작업 중

2013년 촬영한 산티아고 대성당 영광의 문 중앙    2013년 촬영한 사도 마태오의 흉상
기둥

요즘은 특정 요일에만 혹은 특별한 요청이 있을 때만 하는 듯했다.

대성당은 내부도 엄청난 공사 중에 있었다. 미사가 집전되던 중앙 제단의
일부도 가림막이 쳐져 있었다. 야고보 성인의 모습은 볼 수 있었지만 제단
위쪽은 공사로 인해 모두 막혀 있었다. 순례자들에게 가장 뜻 깊다 할 수 있
는 〈영광의 문Portico de la Gloria〉은 단 한 뼘도 볼 수 없게 전체가 가려져 있었다.
이 문은 거장 마르테스 마테오가 12세기에 조각한 로마네스크 예술의 걸작
으로, 사도와 예언자 등 200여 개의 상이 조각되어 있다. 중세 때 대성당에
도착한 순례자들은 가장 먼저 이 문으로 다가와 야고보 성인의 조각이 있
는 중앙 기둥에 손을 얹고 무사히 순례를 끝냈음을 감사하는 기도를 올렸다
고 하니, 순례자들에게는 더없이 의미 깊은 곳이다. 또 중앙 기둥 하단부에

중앙 제단에 모셔진 야고보 성인의 모습

는 사도 마태오의 흉상도 있는데, 이곳에 머리를 갖다 대면 사도의 지혜를 얻을 수 있다는 이야기도 전해진다. 이미 옛 순례자들의 손에 닳고 닳아 4년 전에 왔을 때도 손이나 머리를 대지 못하도록 막아놓았던 곳이었는데, 체계적인 보수작업에 들어간 모양이었다. 꼭 필요한 작업일 테지만, 먼 길을 힘겹게 걸어 온 순례자들에게는 이 공사가 야속할 따름. 우리는 4년 전 기억으로 위안을 삼아야 했다.

그래도 제단 위쪽에 자리한 야고보 성인의 좌상은 올라가 포옹할 수 있었다. 제대 뒤 좁은 계단을 올라 13세기에 만들어진 야고보 성인의 등을 껴안으며 망토에 입을 맞추는 것이 전해 내려오는 순례자 의식이다. 그리고 지하묘소로 걸음을 옮겨 성인의 유해가 모셔진 곳을 참배함으로써 이번 우리의 산티아고 순례는 '정말' 끝이 났다.

산티아고 성인의 유해가 모셔진 곳을 참배함으로써 우리의 순례는 끝이 났다.

# 에필로그, 피스테라 fisterra 에서

피스테라의 0.00km 표지석

중세의 순례자들은 세상의 끝이라고 여겼던 카미노의 끝에서 순례동안 입었던 옷과 신었던 신발을 태워버리고 또 다른 자신이 되어 고향으로 되돌아갔으리라.

사실 산티아고 데 콤포스텔라는 순례길의 끝이 아니다. 순례길 0.00km 표지석이 있는 곳은 갈리시아어로는 피스테라 Fisterra, 스페인 지명으로는 피니스테레 Finisterre다. 중세의 순례자들은 '땅의 끝'으로 불리는 이곳까지 걷고 나서야 배를 타고 고향으로 돌아갈 수 있었다. 세상의 끝이라고 여겼던 카미노의 끝에서 순례동안 입었던 옷과 신었던 신발을 태워버리고 또 다른 자신이 되어 살던 곳으로 되돌아갔으리라. 지금은 환경오염과 화재 등을 염려해 태우는 의식을 금지하고 있지만 여전히 많은 순례자들이 이곳까지 걸어서 순례를 마무리한다. 하지만 우리는 첫 번째 순례에서는 피스테라에 아예 발을 딛지 않았고 이번 두 번째 순례에서는 버스를 타고 가서 땅 끝을 밟았다. 남편과 나는 한 번도 그러자 말자 의논한 적이 없는데, 진정한 '끝'을 밟았다고 인정하기는 둘 다 아직 싫었던 모양이다.

순례는 구슬을 꿰는 일 같다. 235cm의 발을 가지고 한 걸음씩 한 걸음씩 온종일 발걸음의 구슬을 꿰어 20km의 거리를 잇는다. 악천후 속 추위와 그늘 없는 땡 여름 더위도 버티며 또 하루하루를 꿰어 850km를 잇는다. 그렇게 순례가 끝나고 긴 구슬 줄의 매듭을 묶고 나면 영혼의 정화를 경험하는가, 내 인생에 대한 성찰의 구슬도 꿰어지는가.

아니다. 아니, 잘 모르겠다.

순례길을 '진짜' 걸어본 이들은 안다. 순례는 신체와 정신력의 시험대이다. 눈물이 쏙 빠질 만큼 견디기 버거운 순간들이 연이어 등장하고, 길 위에선 동료 순례자들과 마음의 전쟁을 끊임없이 치른다. 먹고 마시고 배설하는 1차원적인 문제들로 하루가 가득차 그것이 순례의 전부일까봐 절망적일 때도 있다. 그럼에도 순례를 계속할 수 있었던 건, 그것이 다가 아니기 때문이다. 기나긴 오르막이 끝나면 느긋한 내리막이 있고 뙤약볕 아래에서 허덕이는 시간이 지나면 울창한 나무그늘을 지나며 피톤치드로 샤워도 한다. 빗물에 흠뻑 젖어 찾아 든 싸구려 숙소의 주인은 우릴 위해 특별히 난방을 지펴

주었고 우리가 틀린 방향으로 갈 때마다 고함치고 손짓하고 경적을 울리며 갈 길을 바로 잡아주는 사람들이 어김없이 나타났다. 세상의 이치가, 내 주변의 따스함이, 카미노 위에서도 어김없이 나를 감싸며 마음을 울리기 때문에 포기 없는 순례가 가능했었다.

그렇게 카미노가 끝나고 나니, 순례는 우리네 삶과 다름없다는 참으로 허탈한 결론을 얻었다. 생업의 치열함과는 정 반대 지점에 있는 극한의 단순함이 행복을 준다는 것만이 다를 뿐. 그러니 어쩌면 나의 순례는 일상을 치열하게 살지 못했던 나의 고해였는지도 모르겠다. 우리 모두는 산티아고에 가지 않아도 안다. 가장 중요한 것들은 산티아고에 있는 게 아니라 지금 걷는 카미노(길) 위에 있다는 것을. 그래서 지금도 나는 일상을 순례처럼 걷고 있다. 그러다 또 치열함에 대한 고해가 필요해지면 끝나지 않은 카미노 위에 서게 되지 않을까. 그때는 땅의 끝, 피스테라까지 걷게 될까. 그와 내가 함께.

끝으로 여행하는 삶을 알려주고 그 삶의 동반자가 되어준 남편 이중휘씨, 늘 기도로 딸을 응원해주는 엄마 유일선님, 그리고 말하지 않아도 철석같이 내 마음을 알아줄 우리 가족들에게 사랑과 감사의 마음을 전한다. 여행이야기로 꽃을 피우다 책을 쓸 수 있게 용기를 북돋워주고 도와준 박용은 선배에 대한 고마움과 미안함을 빼놓을 수가 없다. 그리고 늘 따스함으로 곁을 지켜주는 친구 최인환, 고마워!

테마★로 만나는 인문학 여행 ⑮

저자협의
인지생략

느 리 고  요 령  없 는  빅 풋  부 부 의  순 례 기

# 산티아고,
# 이제는 북쪽 길로 가자

**1판 1쇄 인쇄** 2018년 8월 5일
**1판 1쇄 발행** 2018년 8월 10일

———

지 은 이  박성경
발 행 인  이미옥
발 행 처  J&jj
정     가  18,000원
등 록 일  2014년 5월 2일
등록번호  220-90-18139
주     소  (03979) 서울 마포구 성미산로 23길 72 (연남동)
전화번호  (02) 447-3157~8
팩스번호  (02) 447-3159

———

979-11-86972-37-3 (03920)
J-18-06

www.jnjj.co.kr

Book · Character · Goods · Advertisement · Graphic · Marketing · Brand consulting

# D · J · I
# BOOKS
# DESIGN
# STUDIO